BASTEI
LÜBBE

Johanna Bohn

UNSER LEHRER DOKTOR SPECHT

Roman zur gleichnamigen
Fernsehserie

BASTEI LÜBBE

BASTEI LÜBBE TASCHENBUCH
Band 14 245

Erste Auflage: Dezember 1999

Der Roman enstand auf Basis der Drehbücher
zur gleichnamigen ZDF-Serie. Eine novafilm-Produktion.
Im Auftrag des ZDF, Lizenz durch ZDF Enterprises.
Redaktion und Lektorat: Literatur-Agentur Axel Polder

Titelbild: novafilm-Produktion / ZDF
Umschlaggestaltung: QuadroGrafik, Bensberg
Satz: Fotosatz Steckstor, Rösrath
Druck und Verarbeitung:
Brodard & Taupin, La Flèche, Frankreich
Printed in France
ISBN 3-404-14245-4

Sie finden uns im Internet unter
http://www.luebbe.de

Der Preis dieses Bandes versteht sich einschließlich der gesetzlichen Mehrwertsteuer

Inhalt

Fahrt ins Grüne

»Mensch, schaut doch mal! Alles voller Schlüsselblumen! Das ist ja traumhaft hier!« Sunny lehnte sich mit beiden Ellenbogen auf die Rückenlehne des Fahrersitzes vor ihr und spähte an Mathilde vorbei durch die Windschutzscheibe. So viele Schlüsselblumen auf einmal hatte sie noch nie gesehen. Überhaupt, fiel ihr ein, kannte sie die nur aus dem Blumenladen.

Ein warmer Frühsommerwind spielte mit Mathildes Haaren. Sie hatte das Fenster neben dem Fahrersitz heruntergekurbelt und steuerte den Wagen lässig mit einer Hand. Specht, der sich's neben ihr bequem gemacht hatte, beobachtete aufmerksam ihre Mimik. Es gelang ihm nicht herauszufinden, was hinter ihrer Stirn vorging. Begeisterung über die idyllische Voralpenlandschaft konnte er sich bei seiner Frau kaum vorstellen. Friedvolles Landleben genoß sie lieber nur in der Vorstellung von erholsamen Wochenenden irgendwo im Grünen. Die Turbulenz der Stadt behagte ihr weitaus mehr als gemächlich dahintuckernde Traktoren.

Mathilde hupte dreimal ungeduldig. Ein schwer beladener Heuwagen versperrte ihr die Sicht, so daß sie nicht überholen konnten. Uhren scheinen im Leben der Bauern hier eine untergeordnete Rolle zu spielen, dachte sie und schüttelte den Kopf. Wenn der so weiterschlich wie eine Schnecke in Pension, hatte er vor morgen sein Heu nicht in der Scheune.

Vorsichtig manövrierte sie schließlich den Wagen dicht an dem Hindernis vorbei. Der Bauer lupfte seinen mit Gamsbart und Ziernadeln geschmückten Hut zum Gruß.

Fräulein Lydia bestaunte das mächtige Gefährt mit

plattgedrückter Nase durch die Scheibe. Vor Staunen hielt sich die kleine Tochter von Specht und Mathilde ganz still in ihrem Kindersitz. Beeindruckt wandte sie sich schließlich an Sunny. »Die Kuh ißt Heu. Lydia hat auch Hunger.« Specht lachte, stolz auf die Kombinationsfähigkeit seiner Tochter. Sunny schälte eine Banane und ließ Fräulein Lydia abbeißen.

In der Ferne war ein Dorf zu sehen. Der Zwiebelturm der Kirche leuchtete gelb unter dem strahlenden Himmel. Es roch nach Sommer und wohliger Sattheit. Zu beiden Seiten glitten blühende Wiesen oder Getreidefelder an ihnen vorüber, die eine schläfrige Mittagswärme ausatmeten. Hin und wieder führte die Fahrt durch schattigen Wald, vorbei an dunklem Gehölz und Schildern mit der Warnung vor Wildwechsel.

Specht lehnte sich entspannt in seinen Sitz und griff nach hinten, um einen der kleinen Füße Fräulein Lydias zu streicheln. Mathilde gähnte. Sie zog die Schultern hoch, hielt einen Moment inne und ließ sie entspannt wieder sinken. Entschlossen steuerte sie den Wagen an den Rand einer Wiese und stellte den Motor ab.

Überrascht wandte sich Specht zu ihr. »Warum hältst du an?«

Mathilde reckte sich ein wenig und zog den Schlüssel ab. »Pause.«

Sie stieg aus und streckte sich. Sie machte ein paar Kniebeugen, atmete tief durch und ließ sich dann ins Gras fallen.

Specht befreite das ungeduldig strampelnde Fräulein Lydia aus ihrem Kindersitz. Er nahm sie huckepack und lief mit ihr durch die hohen Halme. Dabei schnalzte er mit der Zunge, wieherte zu ihrem Vergnügen und setzte sie mit Schwung neben Mathilde ins Gras. Er pflückte ein gelbes Marienpantöffelchen und roch daran. »Du weißt, wo ich in einer Stunde sein muß?«

Mathilde lächelte. »Darum halte ich ja. Du hast zehn Minuten Bedenkzeit.«

»Das wird nicht reichen, Frau Möhring. Ist schließlich eine Entscheidung fürs Leben.«

Je zwei übereinandergestapelte Joghurtbecher auf den Handflächen balancierend, kam Sunny näher, die Pflegetochter von Specht. Sie ließ die Becher und die Löffel einfach ins Gras purzeln.

Mathilde nahm sich einen Brombeerjoghurt und riß den Deckel ab. »Ich weiß auch, wie die ausfällt.« Sie tippte sich mit ihrem Löffel an die Brust. »Gegen mich natürlich.«

Besänftigend meinte Specht: »Ist doch noch gar nicht raus, ob die mich überhaupt nehmen.« Sehr überzeugend klang das nicht. Er setzte Fräulein Lydia vor sich ins Gras und fütterte sie mit Joghurt. Hin und wieder ließ er schnell einen vollen Löffel im eigenen Mund verschwinden.

Mathilde betrachtete die Landschaft und resümierte trocken: »Außer dir ist bestimmt keiner bereit, den Rest seines Lebens in dieser Einöde zu verbringen.« Sie legte sich auf den Rücken und beschloß, alle störenden Gedanken für eine Weile zu ignorieren.

Sunny hatte in der Zwischenzeit ein kleines Blumenarmband geflochten und band es Fräulein Lydia um. Die betrachtete entzückt die gelben und violetten Blüten und streckte den kleinen Arm vorsichtig aus. So ein Armband hatten bestimmt nur Feen.

Specht beugte sich zu Mathilde. »Schau mal, deine Tochter scheint sich hier wohlzufühlen. Sie lächelt.«

»Weil sie nicht weiß, was ihr hier blüht«, murmelte Mathilde und scheuchte eine Fliege weg. Fehlt noch, daß ich von dem Viehzeug hier zerstochen werde, dachte sie. Sie fühlte sich schon jetzt in ihrer Meinung vom Landleben bestätigt. Es war zwar stiller als in der Stadt. Von Ruhe allerdings konnte man hier nicht reden. Grashüpfer sprangen einem um die Beine, Mücken sirrten unberechenbar durch die Gegend, die Fliegen stippten ihre Rüssel in die Joghurtbecher, und man konnte noch von Glück sagen, wenn man nicht auf eine Biene oder Wespe traf. Mathilde war überzeugt davon, daß auf dem Land kein Schritt ohne kleine Hausapotheke möglich wäre. Seltsamerweise schienen die Insektenheere den anderen überhaupt nichts auszumachen.

»Was sind das für Sandhaufen da hinten?« Sunny deutete in Richtung Süden und blickte Specht fragend an. Der verdrehte die Augen und und antwortete: »Gut, daß uns keiner hört, Sunny.« Es war erschütternd, was Schüler heutzutage über Geographie wußten. Oder, besser gesagt, nicht wußten.

Mathilde setzte sich auf. Sie blitzte Specht boshaft lächelnd an. »Ich habe mir die deutschen Alpen auch imposanter vorgestellt.«

Specht seufzte. Vorerst sagte er lieber gar nichts mehr. Betreten kratzte er mit seinem Löffel die letzten Reste aus dem Joghurtbecher.

Sie hatten noch eine gute Stunde Fahrt vor sich. Je näher sie den Sandhaufen kamen, wie Sunny die Alpen bezeichnete, desto angespannter wurde die Stimmung im Auto. Nur Fräulein Lydia entdeckte immer wieder Neues und wies lautstark auf Hunde, Kühe oder Pferde hin, die sie am liebsten alle haben wollte. Specht hatte keine Lust, sich von der bissigen Laune Mathildes anstecken zu lassen. Noch stand ja nichts fest. Er dachte an die Fotos vom Internat, die

Karin Anselm ihm mit der letzten Post geschickt hatte. Ein altes Herrenhaus mit Nebengebäuden inmitten saftiger Wiesen und Felder.

Nur die nahe gelegene Kleinstadt und die Nähe Münchens hatten Mathilde dazu bewegen können, sich die Gegend zumindest anzusehen. Abendelang hatten sie diskutiert. Mathilde kannte seine Begeisterung für ländliche Abgeschiedenheit. Die teilte sie allerdings nicht.

Sunny war neugierig. Sie war gespannt auf die Internatsschüler und probierte sowieso gerne Neues aus. Im Grunde war es ihr zu verdanken, daß sie jetzt gemeinsam durch diese Postkartenidylle fuhren. Als Specht ihr erzählte, daß die Schüler des bayrischen Carl-Spitzweg-Internats jeweils eine Woche die Schule besuchten und in der nächsten Woche arbeiteten, immer im Wechsel, da war sie sofort Feuer und Flamme. Sie beschwor Mathilde gegenüber sogar die Vorzüge eines Lebens in der Kleinstadt. Die Nähe so toller Städte wie München oder Wien malte sie in den glühendsten Farben und schmückte sie mit der Schilderung ihrer zukünftigen Ausflüge nach Italien aus. Angesichts Sunnys temperamentvoller Beschreibungen hatte Mathilde nachgegeben. Fürs erste, wie sie betont hatte.

Sunny gefiel vor allem die Vorstellung, daß die Schüler nicht wie sonst überall dem langweiligen Trott ausgeliefert waren, jeden Tag von acht Uhr bis mindestens eins über Schwachsinn brüten zu müssen. Sie hatte häufig mit Specht darüber gesprochen, daß die Schule einem über das wirkliche Leben nichts beibrachte. Besser, so fand sie, sei es, wenn junge Menschen lernen würden, wie man zurechtkommt, wenn eine Katastrophe passiert. »Oder stell dir doch einfach mal vor, ich wache morgen früh am Bahnhof Zoo in

Berlin auf und habe nichts bei mir, außer meinen Paß und das, was ich anhabe. Kein Geld. Nichts. Und ich würde niemanden kennen. Traust du mir zu, daß ich zurecht käme? So was lernen wir in der Schule nicht.«

Specht kramte im Handschuhfach. Er fand die Kassette mit Mathildes Lieblingsmusik. Paganini, Violinkonzert Nr. 2 h-moll. Er legte das Band ein, und als die ersten Töne sich wie ein Fächer ins Auto breiteten, lächelte ihn Mathilde versöhnlich an. Sie würden sich das Ganze erst einmal ansehen. Entscheiden könnten sie dann immer noch. Erleichtert nahm Specht die Landkarte und orientierte sich. Jetzt konnte es nicht mehr weit sein.

Blümchen entnahm der obersten Schublade ihres Schreibtischs das Pfadfindermesser mit dem bunt bemalten Holzgriff, das ihr Böck, der Direktor des Carl-Spitzweg-Internats, zu Ostern mit den Worten verehrt hatte: »Bei Ihnen ist es in den besten Händen. Was man von einigen Personen in diesem Hause nicht behaupten kann.« Er hatte seiner Sektretärin gezeigt, wie das Messer funktioniert. Ein leichter Druck auf den silbernen Knopf an der Seite des liebevoll gearbeiteten Geräts, und schon klappte die scharfe Klinge hervor. Vor Schreck hatte sie das gefährlich blitzende Werkzeug erst einmal fallen lassen. Böck beruhigte sie und zeigte ihr mit Engelsgeduld den einfachen Mechanismus. Dabei hatte er ihr erzählt, wie nützlich ihm das Messer in seinen Jugendjahren gewesen sei. Er hatte damit geschnitzt, Brot und Wurst geschnitten, die Schulbank um manche Eingravierung bereichert, diese oder jene Schraube wieder befestigt und es jahrelang als Brieföffner benutzt. Als Blümchens hölzerner Kranich, dessen ausladende Schwanzfeder ihr bis kurz vor den Osterferien als Brieföffner gedient hatte, eines Morgens beim Zerschlitzen eines überaus widerstandsfähigen Umschlags durchgebrochen war, hatte Böck beschlossen, sich von seinem ›Heimwerker‹ zu trennen. Den Kranichkopf hatte Blümchen in die Zimmerlilie gesteckt, wo er von nun an müßig ins beständig wachsende Grün blicken durfte.

Seitdem hatte das alte Pfadfindermesser einen Ehrenplatz an Blümchens Arbeitsplatz und wurde gehütet wie ein Augapfel. Nach Feierabend schloß sie es sogar ein.

Sie steckte es nun in die Rocktasche und begann die Post zu sortieren. Auf einen Stapel legte sie die Briefe an die Schüler, auf einen zweiten den Amtskram, Zeitungen und Werbeblättchen von Möbelhäusern oder Gartenmärkten, in denen sie ab und zu eine Viertelstunde genüßlich die Sonderangebote studierte.

Der stellvertretende Direktor der Schule, Leitmeier, saß ihr gegenüber am Schreibtisch. Er schien angestrengt in die Lektüre eines Schnellhefters vertieft, der vor ihm lag. Hin und wieder blätterte er um und strich mit dem Daumen seiner rechten Hand die Papiere penibel glatt. Leitmeier haßte Unübersichtlichkeit wie die Pest. Hatte er eine Seite auf diese Weise in Form gebracht hatte, glättete er die nächste ebenso sorgfältig. Ordnung ist das halbe Leben. Diesen Leitsatz konnte man gar nicht oft genug wiederholen, fand er. Aber heutzutage waren es nicht nur die Schüler, die das Gesicht verzogen, wenn er solche alten Sprichwörter zitierte. Einige seiner Lehrer taten die Weisheiten aus dem Volke mindestens ebenso geringschätzig ab.

Er hielt es für angebracht, ab und zu ein paar mahnende Worte über Organisation und Verwaltung zu sprechen. Gerade in seinen Mathematikstunden fiel ihm immer wieder das Chaos in den Schülerheften auf, das noch gefördert wurde durch die Loseblättersammlungen, die von manchen Lehrern nicht nur erlaubt, sondern sogar bevorzugt wurden. Daß dem Schlendrian damit Tür und Tor geöffnet war, sahen sie leider nicht. Aber bedachte man alleine die Freizeitkleidung, in der der eine oder andere Lehrer zum Unterricht erschien, so brauchte man sich nicht zu wundern, wenn dreizehnjährige Schülerinnen sich die Lippen grell bemalten oder Jungen mit gefärbten Haaren im Klassenzimmer erschienen. Oder gar zu spät kamen wie dieser Specht, auf den er schon seit einer geschlagenen Stunde wartete.

Herr Leitmeier schloß den Schnellhefter und blickte auf seine Armbanduhr. Er zog heftig die Luft ein und setzte zu einer Gardinenpredigt für seine Sekretärin an, als die Biologielehrerin Karin Anselm schwungvoll das Büro betrat. Leitmeier sah ihr mit zusammengezogenen Augenbrauen entgegen und trommelte mit allen zehn Fingern eine Art Marsch auf der Schreibtischplatte.

»Frau Anselm, Sie haben mir Herrn Doktor Specht als einen verläßlichen Menschen beschrieben.«

Sie wechselte einen kurzen und verständnisvollen Blick mit der Sekretärin. Dann ging Karin Anselm in aller Ruhe zur Kaffemaschine und goß sich eine Tasse Kaffe ein. »Woraus schließen Sie, daß er das nicht ist?« Sie tat zwei Löffel Zucker dazu und rührte um. »Es hat noch nicht geläutet, Herr Leitmeier.«

Der wies mit ausgestreckter Hand und inzwischen hochrot vor Zorn auf die Uhr über der Tür. »Es läutet in zehn Sekunden, werte Kollegin. Sie sollten Herrn Specht an eine andere Schule empfehlen.« Er stand auf, reckte sich zu seiner vollen Größe, zupfte Jackett und Krawatte gerade und wischte nicht vorhandene

Flusen von seinem Revers. Die Schulglocke dröhnte los wie eine Sirene.

Leitmeier nahm einen Stapel ordentlich eingebundener blauer Hefte an sich. Das Ergebnis der letzten Mathematikarbeit war wieder einmal erschütternd. Er knipste demonstrativ die Kaffemaschine aus und wandte sich zur Tür. »Sie entschuldigen mich dann wohl.« Und hinaus war er.

Karin Anselm schaltete die Kaffemaschine wieder an und ließ sich gemütlich auf der Fensterbank nieder. Sie schüttelte eine Hand, als habe sie sich gerade verbrannt. Mit dem Ausdruck vollkommener Erschöpfung fragte sie: »Haben Sie einen Schnaps für mich, Blümchen?«

Die lächelte. »Klar.« Das kannte sie. Es gab kaum einen an der ganzen Schule, den Leitmeier wenn nicht auf die Palme, dann doch in die Grenzgebiete nervlicher Belastbarkeit brachte. Sie öffnete das untere Schränkchen ihres Schreibtischs und beförderte eine hübsche Flasche Enzian und zwei Gläser ans Tageslicht. Während sie die Gläser für sich und die Biologielehrerin füllte, mußte sie grinsen. Wenn Leitmeier ahnte, daß sie sich hier einen Schnaps genehmigten, würde sein Weltbild völlig in sich zusammenkrachen.

»Prost. Auf die Gesundheit!« Blümchen reichte Karin Anselm das gut gefüllte Glas.

Beide ließen den ersten Schluck genußvoll auf der Zunge zergehen. Die Biologielehrerin atmete laut aus. Das hatte gut getan. Sie stellte ihr Glas auf Blümchens Monitor ab und seufzte erleichtert. »Ich bin manchmal richtig froh, daß ich keine Schußwaffe besitze. Ich würde den Rest meines Lebens im Gefängnis sitzen, nachdem ich Leitmeier erschossen hätte.« Versonnen drehte sie sich zum Fenster und blinzelte in das weiße Licht.

»Vielleicht können Sie Herrn Dr. Specht dazu überreden.« Blümchen ließ beide Beine gemütlich über ihrer Stuhllehne baumeln. Sie stieß sich mit einer Hand vom Schreibtisch ab und rollte mit ihrem Bürostuhl gegen den Aktenschrank in ihrem Rücken. Von derlei Spielchen hatte der schon einige Blessuren. Leitmeier hatte sie schon zweimal dabei erwischt und sie gebeten, diese kindischen Verhaltensweisen abzulegen. Erstens wegen der Kosten. Zweitens weil eine Schulsekretärin Vorbild zu sein habe. Punkt.

Vom Fenster her fragte Karin Anselm: »Wozu soll ich Specht überreden?«

»Daß er Herrn Leitmeier erschießt.« Blümchen zog sich und ihren Stuhl wieder an den Schreibtisch. »Sie haben mir so viel von seiner Hilfsbereitschaft erzählt ...«

»So hilfsbereit, daß er einen Menschen umbringt, ist er nun auch wieder nicht.« Karin Anselm nahm ihr Gläschen vom Monitor. »Trotzdem Blümchen. Prosit. Und danke.« Damit sprang sie von der Fensterbank und begab sich zur 10b.

Als die Luft rein war, öffnete Kaspar leise die Toilettentür im Waschraum. Mit vorgestrecktem Kopf lauschte er in Richtung Flur. Die Stimmen der Schüler entfernten sich. Er unterschied Josefines Stimme von einigen anderen. Sie lachte laut über irgend etwas. Wahrscheinlich hatte Lucy sich wieder einen neuen anstößigen Witz ausgedacht, mit dem sie Felix schockieren wollte.

Plötzlich wurde die Tür aufgerissen und Axel rannte zum Waschbecken. Er kühlte sein Gesicht mit einer Ladung Wasser. Kaspar knallte die Tür einer Toilette zu und schloß ab.

»Hey, die Anselm ist im Anmarsch«, sagte Axel. »Willst du in die Klasse gehen oder schreibst du hier lieber auf ökologisch getesteten Klopapierrollen zarte Liebesbriefe?«

»Blödmann! Hau ab. Ich muß nachdenken.« Kaspar saß auf der Toilettenbrille und wartete darauf, daß Axel endlich fertig wurde. Der nahm noch schnell eine Handvoll Wasser und spritzte sie durch den breiten Spalt unter der Tür auf Kaspars Füße. »Zur Abkühlung, Riedel. Bis gleich.«

Kaspar wischte schnell mit Toilettenpapier seine Sandalen trocken. Vor den Spiegeln betrachtete er sich danach kurz im Profil und strich sich eine Strähne aus der Stirn. Vorsichtig öffnete er die Tür und spähte auf den Flur. Gott sei Dank, leer. Leise huschte er zur Nische in der Wand. Von hier aus hatte er das Direktorat im Blick.

Sie war noch drin. Er hatte sie reingehen sehen und war während der Pause auf dem Flur herumgegangen. Gleich würde sie herauskommen.

Die ganze Nacht hatte er wach gelegen. Jeden Schritt hatte er sich genau überlegt. Er war sicher, daß sich Frau Anselms Gefühle für ihn nicht nur auf seine Leistungen im Unterricht beschränkten. Zu ihm war sie immer eine Spur freundlicher als zu den anderen. Kaspar sehnte jede Biologiestunde mit Herzklopfen herbei. Er war jedesmal so gut vorbereitet, daß Frau Anselm ihm vor kurzem sogar geraten hatte, nach dem Abitur Biologie zu studieren. Die anderen lästerten. Natürlich! Gerade die Mädchen nahmen neuerdings das Aussehen der Biologielehrerin besonders kritisch unter die Lupe. Kaspar fand es toll, wie sie sich anzog. Nicht nur das. In den Biologiestunden studierte er hingebungsvoll jede ihrer Bewegungen und entdeckte in jeder Frage, die sie ihm stellte, hintergründiges Interesse an ihm. Was sie natürlich kaschieren mußte. Felix Löffelholz, der Spitzel Leitmeiers, hatte ja nichts Besseres zu tun, als möglichen Unregelmäßigkeiten aufzulauern. Von sich aus konnte die Lehrerin ja nicht gut auf ihn zukommen. Kaspar hatte sich vorgenommen, sie nach Literatur über Stabheuschrecken zu fragen. Bestimmt hatte sie so etwas zu Hause. Er sah sich gemeinsam mit ihr in ihrem Zimmer auf dem alten Bauernhof. Dicht nebeneinander saßen sie über Bücher gebeugt, ihr Haar streifte zärtlich seine Wange.

Er hörte Schritte auf der Treppe und versteckte sich schnell hinter dem mannshohen Philodendron in der Nische. Verflixt, wer kam denn jetzt noch angetrabt? Kaspar hielt den Atem an und sah den Sportlehrer Lohmann in seinem neuen roten Jogginganzug vorbeigehen. In dem Moment wurde die Tür des Direktorats geöffnet. Kaspar schob einige Zweige beiseite und beugte sich nach vorne.

Lohmann war stehengeblieben und strahlte Karin Anselm an. »Sehen wir uns nach der Schule?

»Nein.« Sie sagte das freundlich, aber bestimmt.

Lohmann lächelte erstaunt. Er war mit der Sorte Selbstbewußtsein ausgestattet, die Ablehnungen niemals auf die eigene Person bezog.

»Warum nicht?« Der Sportlehrer strich ihr zart mit dem Mittelfinger über die Wange und wollte sie in den Arm nehmen. Er deutete mit dem Kopf in Richtung Nische. »Hast du Angst vor deinem Lieblingsschüler?«

»Nein, habe ich gesagt.« Damit schob sie Lohmanns Hand beiseite und ließ ihn stehen.

Kaspar gab dem Blumentopf einen Tritt. Er wandte Karin Anselm den Rücken zu und ging in Richtung Klassenraum. Lohmann also! Das Muskelpaket! Angewidert verzog Kaspar das Gesicht und blieb an der Klassentür stehen.

Karin Anselm kam gutgelaunt den Gang entlang und hielt verblüfft inne, als Kasper ihr die Tür vor der Nase zuknallte. Innerhalb weniger Sekunden war ihr das Dilemma klar, in dem sich ihr Schüler befand. Sie starrte die Türklinke an und zögerte. Da mußte sie ihm nun auch wieder heraushelfen.

»Grüß Gott. Kurt, Axel, bitte das Casino jetzt zu schließen. Die anderen auf ihre Plätze. Wir schreiben heute einen winzigen Test«, sagte sie, als sie den Klassenraum betrat. Unbeeindruckt von lautem Protest und Stöhnen ging sie durch die Reihen und teilte die Arbeitsblätter aus.

»Wieso heißt die Straße hier eigentlich Bahnhofstraße?« Mathilde wandte sich an Specht, der sie, den Zeigefinger auf der aufgeschlagenen Landkarte, durch die Kleinstadt dirigierte. »Ich habe noch keine einzige Schiene gesehen.«

»Der Bahnhof wird am Stadtrand liegen. Weiter geradeaus jetzt. Im Zentrum fragen wir mal.«

Sie lachte spöttisch auf. »Jawohl, Herr Doktor, laß uns achtgeben, daß wir uns in diesem Häuserlabyrinth bloß nicht verirren. Man sieht ja den Himmel nicht vor lauter Stadt.«

Rechts und links der Straße standen schön restaurierte Häuser, in deren Erdgeschoß der kleinstädtische Handel für die Einwohner und Touristen blühte. Die Fassaden leuchteten in barockem Pastell, auf den Fensterbänken blühten Blumen in tausend Farben. Neben Hauseingängen oder in eigens eingelassenen Nischen blickten Madonnen oder Schutzpatrone verschiedener Zünfte wohlwollend auf die meist gemächlich dahinschlendernden Passanten. Vor fast jedem Geschäft standen mächtige Blumenkübel mit blühendem Oleander, orange und gelb wuchernder Kapuzinerkresse oder Fuchsienbäumen, deren kardinalrote Blütenblätter wie gebauschte Ballröckchen um die Stengel standen. Straße und Bürgersteig blitzten vor anheimelnder Sauberkeit. Selbst die Feriengäste aus den Großstädten hielten sich hier an die öffentliche Ordnung und warfen weder ihr Kaugummipapier noch die benutzten Papiertaschentücher auf der Straße.

Specht dachte an einen Artikel, den er vor kurzem gelesen hatte. Ein niederländischer Journalist hatte darin das Phänomen der Verwahrlosung ehemals sehr sauberer bürgerlicher Bezirke in Amsterdam und Hilversum beschrieben. Standen Häuser oder mehrere Wohnungen eine Zeitlang leer, weil sie teuer saniert werden sollten, waren nach kurzer Zeit manche Fensterscheiben zu Bruch gegangen, Getränkedosen, alte Zeitungen und leere Zigarettenpackungen sammelten sich auf den Gehsteigen und Straßen. Innerhalb von wenigen Monaten änderte sich das Straßenbild. Und je mehr so ein Viertel von den Mietern aufgegeben wurde, desto üppiger blühten Vandalismus und schlichte Gleichgültigkeit. Daß dahinter sicher auch handfeste finanzielle Interessen steckten, beschäftigte den Holländer weniger als die Tatsache der Verwahrlosungsinfektion, wie er es nannte.

Das alles hier konnte man im Gegensatz dazu als heile Welt bezeichnen, sinnierte Specht mit Blick auf die Aushängeschilder behaglicher Kleinbürgerlichkeit. Wenn er die liebevoll gepflegten alten Häuser betrachtete und an die Ruhe ringsum dachte, stand einmal mehr für ihn fest, daß er in den nächsten Jahren keineswegs im Lärm und Dreck irgendeiner Großstadt leben wollte. Dafür mußte man geboren sein. Er kannte eine Menge Leute, die das Café nebenan, das Kino um die Ecke und den Supermarkt in der Nähe brauchten wie das Wasser zum Leben. Mathilde gehörte zu diesen Menschen. Es war noch nicht einmal so, daß sie dauernd auf Achse war. Sie brauchte lediglich die Gewißheit, innerhalb der nächsten halben Stunde schnell in eine Drogerie springen, Obst und Milch besorgen, auf dem Weg noch schnell ein paar Zeitungen kaufen und am besten noch Lydia aus der Kindergruppe abholen zu können. Daß man seinen Tagesablauf auf dem Land anders organisieren muß, betrachtete sie als Rückschritt.

Soweit er sah, gab es hier absolut alles, was man zum Leben brauchte. Der Einzelhandel schien wie zu Großmutters Zeiten zu florieren. Zwei Friseursalons hatte er gesehen, Schreibwarenläden, eine Bäckerei, mehrere Cafés, Restaurants mit einladenden Terrassen, Haushaltswarengeschäfte, einen Blumenladen, Trachtenmodenboutiquen und ein Schaufenster mit Jagdzubehör. Aber auch einen schrillen Laden mit Teeniemoden und ein Elektrogeschäft, aus dem die vom englischen Kronprinzen favorisierte Mädchengruppe *Spice Girls* den Passanten ihren Einkauf akustisch versüßte.

Sunny trällerte gleich fröhlich mit. Sie zeigte auf eine Kindergartengruppe, die im Gänsemarsch einer Erzieherin im feschen Dirndl hinterhertrottete. »Guck mal, Specht! Die hat ihre Zwerge voll im Griff.«

Tatsächlich hatten sich je zwei Kinder an der Hand gefaßt und alle spazierten wie eine Miniaturprozession an den Auslagen vorbei, ohne daß eines der Kinder aus der Reihe tanzte. Eine ältere Frau mit lila getönter Wasserwelle blieb sichtlich entzückt stehen. Sie betrachtete die Kleinen mit einer Miene vollkommener Zufriedenheit.

»Specht, ich fahre da vorne mal rechts ran. Laß uns lieber mal nach dem Weg fragen.«

Mathilde bremste neben der Fleischerei, über deren Eingang ein in Sandstein gemeißelter Schweinehirte seine steinerne Herde hütete. METZGEREI OBERRAINER stand in weißer Schrift auf dem Schaufenster. Ein junges Mädchen in adretter weißer Schürze wienerte die Scheiben blank.

Sunny kurbelte Fräulein Lydias Fenster hinunter. Mitten im Schaufenster war ein ganzes Ferkel in einem Kranz von Würsten, Schmalztöpfchen und Pasteten ausgestellt. Fräulein Lydia betrachtete das Ferkel andachtsvoll. Die weiß-blaue Girlande um dessen Hals veranlaßte sie zu der Feststellung: »Schweinkind hat Geburtstag.« Alle drei mußten lachen. Auf die Idee wäre keiner von ihnen gekommen.

Mathilde stieg aus. Sie ging um das Auto herum und rief: »Hallo. Guten Tag. Darf ich Sie etwas fragen?«

»Grüß Gott. Ja, sicher. Sie können aber auch reingehn und die Chefin fragen.« Verlegen zerknautschte die offensichtlich als Lehrling beschäftigte junge Dame das Fensterleder in der Hand.

Mathilde machte eine abwehrende Geste. »Nein, nein, ich möchte bloß wissen, wo das Carl-Spitzweg-Internat ist. Bis hierher haben wir's geschafft. Aber jetzt wissen wir nicht weiter.«

»Da müssen sie bloß geradeaus weiterfahren. Hier die Bahnhofstraße ganz durch. Dann sind sie auch schon am Stadtrand.« Sie trat an den Rand des Bürgersteigs und zeigte mit der Hand nach vorne. »Dann fahr'n Sie die nächste Straße links, über den Hügel.«

»Wie lange dauert das denn noch?« Mathilde wurde langsam ungeduldig. Die hatten hier alle die Ruhe weg.

Das Mädchen zuckte mit den Achseln. »So ungefähr fünf Minuten Fahrtzeit von hier aus. Am Hügel seh'n Sie 's dann schon.«

»Prima. Dankeschön.« Mathilde ging zum Wagen zurück und winkte dem Mädchen zu. »Tschüß und danke nochmal.«

»Pfüat Eaner«, rief sie und berichtete ihrer Chefin, die die Szene von der Ladentür aus beobachtet hatte, was die Fremden gewollt hatten. Frau Oberrainer warf einen Blick auf das Nummernschild des Wagens. »Aus München kommen die nicht«, stellte sie fest und wandte sich wieder ihren Kunden zu. Vielleicht wußte ja die Huberin vom Bürgermeisteramt etwas. »Josef, kümmere dich um den Truthahnaufschnitt und mach die Auslage frisch. Ich bediene derweil die Frau Huber selber.«

Die beiden Damen waren innerhalb kürzester Zeit in einen lebhaften Austausch der aktuellsten Geschehnisse vertieft.

Während Sunny das Autofenster hochkurbelte, sang sie »Kimm umma auf die Sunnseitn« und schlug sich auf die Schenkel. Mathilde startete den Motor und drehte sich überrascht um. »Seit wann bist du unter die Fans alpenländischen Liedguts geraten? Kannst du das mal übersetzen?«

»Komm herüber auf die Sonnenseite, heißt das auf deutsch«, erklärte Sunny. »Ich habe mir neulich abends mal so eine volkstümliche Hitparade angesehen. Ich dachte, es kann nicht schaden, wenn ich mir schon mal eine Lektion Sprache und Brauchtum reinziehe, bevor wir fahren.«

Sie beugte sich zu Fräulein Lydia. »Fräulein Lydia, sag mal: Pfüat Eaner.«

Mit gespitzten Lippen sprach sie das erste und mit breit gezogenem Mund das zweite Wort vor. Fräulein Lydia lauschte dem Klang des Wortes nach und wiederholte es gleich mehrmals.

»Was immer auch das heißen mag«, stellte Mathilde trocken fest, »gewiß ist auf jeden Fall, daß ich hier einen Dolmetscher brauche.«

Am Ortsausgang hielt sie kurz neben einer grünen Wandertafel und bat Specht, einen Blick darauf zu werfen. Specht fand Stätten kulinarischer Erbaulichkeiten, zwei Landgasthöfe eingezeichnet, und Wege, die zu Wildfutterplätzen und einem See führten. Das Internat fehlte. Mathilde sah sich suchend um. »Da vorne ist ein Schild.«

Das Mädchen von der Metzgerei hatte keinen Unsinn erzählt. Mathilde verließ sich meist ungern auf Wegschilderungen Einheimischer. Die wußten häufig nicht einmal Namen von Seitenstraßen, die fünf Minuten von ihrer Wohnung entfernt waren.

An der Kreuzung wies ein bemalter Holzpfeil mit der Aufschrift *CARL-SPITZWEG-INTERNAT* in Richtung ihres Zieles. Mathilde tippte mit der Fußspitze auf das Gaspedal. Da, hinter dem Hügel mußte es sein. Auf der Anhöhe drosselte sie die Geschwindigkeit verblüfft.

Eingebettet in blühende Wiesen lag vor ihnen ein riesiger Park. Zwischen schattenspendenden Buchen, Ahorn und Kastanienbäumen nahm sich der alte Gutsbesitz beinahe herrschaftlich aus. Eine kleine Lindenallee führte zu dem Anwesen, dessen jetzige Bewohner zweifellos wohlbehütet, wenn auch oft unfreiwillig, ihr Schulpensum absolvierten.

Allein an den Nebengebäuden konnte man den Reichtum der früheren Besitzer erkennen. Hier hatte sich einst viel Personal einer adligen Familie der alltäglichen Besorgungen in selbstverständlicher und häufig dankbarer Pflichterfüllung angenommen. Das Gut hatte den Besitzer mehrmals gewechselt. Karin Anselm hatte Specht in einem Brief von den umfangreichen Renovierungs- und Modernisierungsarbeiten berichtet, deren Kosten den Direktor der Privatschule allerdings nicht vom Kauf abgehalten hatten.

Mathilde parkte den Wagen vor der Schule. Alle betrachteten mit mehr oder weniger gemischten Gefühlen die lauschige Szene auf dem Vorplatz. Einige Schüler aalten sich am Rand eines Brunnens in der Sonne, andere schlenderten plaudernd umher und sahen neugierig zu ihnen herüber. Aus einem Klassenzimmer im ersten Stockwerk, dessen Fenster weit geöffnet waren, hörten sie Kinderstimmen ›Im Frühtau zu Berge, wir ziehn, fallera‹ singen.

Sunny meinte: »Ist doch ganz einladend, oder?«

Mathilde wandte sich Specht zu. »Noch kannst du dir überlegen, ob du aussteigen und *da* reingehen willst.«

Es fehlte wenig, und sie hätte sich vor Unbehagen geschüttelt.

»Habe ich Karin Anselm leider versprochen.« Specht machte ein zerknirschtes Gesicht.

»Versprochen!« Langsam kroch Ärger in ihr hoch. »Wenn dir Frau Anselm wichtiger ist als deine Familie ...«

Specht legte beruhigend eine Hand auf ihren Arm. »Ich überlege mir die Sache, sobald ich da wieder raus bin. Einverstanden?«

»Ja«, antwortete Sunny an Mathildes Stelle.

Mathilde fauchte nach hinten. »Fall mir nicht in den Rücken, Sunny. Du kennst Specht und weißt, daß wir ihn abschreiben können, sobald er da erst mal drin ist. Das dauert nicht mal fünf Minuten!«

»Dauert mindestens eine Stunde«, verteidigte er sich.

Mathilde nickte. Ihr machte er nichts vor. »Du meinst, bis du dich vom normalen Menschen in einen Lehrer verwandelt hast?«

»Bis ich mir den Laden etwas genauer angesehen habe«, stellte er richtig. Er hob beruhigend beide Hände. »Und wenn er mir nicht gefällt, fahren wir morgen zurück.«

Mathilde sah ihm stirnrunzelnd in die Augen. Sie glaubte ihm kein Wort. Specht hatte noch nie gut lügen können.

Er machte schnell die Tür des Autos auf. Besser, er ging jetzt.

»Sie dürfen die Stelle natürlich nur annehmen, wenn ich hier mein Abitur machen kann, Herr Specht«, rief Sunny ihm nach.

»Versprochen, Sunny.« Er warf Fräulein Lydia eine Kußhand zu und ging rasch auf das Schulgebäude zu.

Mathilde sah ihm verdrossen nach. Sie legte den Rückwärtsgang ein. »Den können wir abschreiben«, murmelte sie. »Ich seh's an seinem Gang.«

Die Dorfschule

Professor Böck, der Direktor des Carl-Spitzweg-Internats, kniete vor dem Kellerfenster neben dem ehemaligen Dienstboteneingang. Über einer dunkelbraunen Kordhose trug er einen abgetragenen blauen Hausmeisterkittel, der von Flecken, die auf vielfältige handwerkliche Tätigkeiten schließen ließen, übersät war. In seinem Mundwinkel hing eine halbgerauchte Zigarre. Sie war erloschen. Böck war kein nervöser Zigarettenraucher. Ihm genügten hin und wieder ein paar Züge an seiner Zigarre, wenn er nachdenken mußte. Hatte er seine Gedankengänge zu Ende geführt, vergaß er die Zigarre einfach. Kaum einer hatte ihn jemals ohne braunen Stumpen gesehen. Professor Böck ohne Zigarre, das ist wie eine Brezel ohne Salz, hatte seine Sekretärin unlängst einem vorwitzigen Schüler erklärt.

Nach vielen Jahren als Lehrer und Leiter von zwei städtischen Gymnasien hatte sich Böck kurz vor seiner Pensionierung einen Lebenstraum erfüllt. Nicht etwa, daß er unbedingt wieder Direktor einer Schule werden wollte. Es war dieses alte Landhaus, das sein Handwerkerherz höher schlagen ließ. Vor ein paar Jahren, als er sich die Häuser des alten Herrschaftssitzes angesehen hatte, hatte hier noch vieles im argen gelegen. Da die Gebäude lange leergestanden hatten, waren die Fußböden und die Fenster marode gewesen, auch die Innen- und Außenwände hatten renoviert, die Türen allesamt abgeschliffen und hergerichtet werden müssen. Ganz zu schweigen von den sanitären Einrichtungen. Als langsam aber sicher das Internat, wie er es sich in den Kopf gesetzt hatte, unter den Händen der Maurer, Zimmerleute und Maler und seiner eigenen wackeren Hilfe Gestalt angenommen hatte, war er so zufrieden mit sich gewesen wie nie vorher in seinem Leben. Man mußte nur immer fest an die Erfüllung seiner Wünsche glauben, dann ließen sie sich auch verwirklichen.

Letztendlich hatte Böck es sich nicht nehmen lassen, dem Internat zumindest pro forma als Direktor vorzustehen. Praktisch denkend, auch in Kostendingen, wußte er, wie vorteilhaft seine Leidenschaft für den Fall war, daß Reparaturen anstanden. Ob es tropfende Wasserhähne waren, wackelnde Tische, kaputte Diaprojektoren oder über Putz liegende Elektroleitungen, Professor Böck richtete alles. Er hatte sich im hinteren Teil des Anwesens eine Werkstatt eingerichtet, in der sämtliche Spezialwerkzeuge für mindestens vier Handwerksbetriebe zu finden waren. Über einer Werkbank waren in Regalen die unterschiedlichsten Hobel, Meißel, Hämmer und Bohrer säuberlich angeordnet. Letztes Jahr hatte er einem Kunstschmied sogar einen Amboß abgeschwatzt. Auf dem bearbeitete er neuerdings altes Aluminium oder Kupfergeschirr, das er von weiß Gott woher anschleppte.

In den Schulräumen standen etliche Bauernmöbel, die er restauriert hatte. Jeder wußte, daß er manchmal sogar noch spätabends mit seinem Handwerkskasten durch die Räume ging, in der Hoffnung, es möge eine Tür knarrren oder ein Lichtschalter durchgeschmort sein.

Nun erfreute sich Böck an der bröckeligen Abdichtung der Kellerfensterscheibe. Das war dieses neumodische Zeugs, mit dem sie vor drei Jahren die Fenster gedichtet hatten. Er hatte gleich geahnt, daß das nichts taugte. Früher hatte der Fensterkitt wenigstens noch gut gerochen. Er kratzte vorsichtig den Rest der körnigen Masse aus einer Ritze und pustete hinein.

Richtiger Kitt war nirgendwo mehr zu kriegen. Komisch, daß so ein bewährtes Material einfach vom Markt verschwand. Er schob den Spachtel unter den Deckel des kleinen Eimers und hebelte ihn ab. Prüfend fuhr er mit zwei Fingern über die Masse. Nachdem er eine fingerdünne Wurst geformt hatte, preßte er sie sorgfältig in die Spalte zwischen Scheibe und Holz.

Ihm fiel ein wie er als Kind, zum Leidwesen seiner Mutter, den warmen Teig aus den frisch gebackenen Semmeln gepuhlt und Kügelchen daraus gerollt hatte. Seine Hände hatten manchmal vor Dreck gestarrt, wenn er von seinen mannigfaltigen Erforschungen der Umgebung hungrig in die Küche gerannt war. Er hatte alles auseinander genommen, was ihm in die Hände fiel. Für ihn war der Dachboden das reinste Paradies gewesen. Auf dem hatte er zahllose Stunden seiner Kindheit verbracht. Er hatte gehämmert und geschraubt, war in die Herrlichkeiten alter Radioapparate, Wecker oder Schlösser verstaubter Truhen vertieft gewesen.

Böcks Gesicht verzog sich zu einem spitzbübischen Grinsen. Seine Mutter hatte ihm mehrmals in der Woche einen Vortrag über Bakterien und Manieren gehalten. »Anton«, hatte sie ihn streng ermahnt, »man wäscht sich die Hände bevor man ißt. Wir sind hier nicht bei den Hottentotten.« Worauf Böcks Großmutter prompt geantwortet hatte: »Ach was, Dreck macht Speck. Laß den Jungen.« Das darauf folgende Streitritual zwischen Mutter und Großmutter war wie eine hundertmal gespielte Szene im Volkstheater nach feststehenden Regeln abgelaufen. Er hatte den temperamentvollen Schlagabtausch immer mit mäßigem Interesse verfolgt. Die Mutter hatte ihre Ansichten über hygienische Lebensführung auf der einen Seite verteidigt, die Großmutter die bäuerlichen Erfahrungen auf der anderen. Die Rüstigkeit seiner Oma und ihrer Ahnen, auf die sie regelmäßig verwiesen hatte, hatte dabei durchaus für sie gesprochen. Meist hatte er während ihres Disputs zwei oder drei Semmeln ausgehöhlt. Die Großmutter hatte die knusprigen Hülsen später mit Appetit in ihren Milchkaffee getunkt. Es kam nichts um, wie sie das nannte.

Böck prüfte mit den Fingerspitzen, ob die Scheibe fest saß. Dann kippte er das Fenster und kramte in seinem Werkzeugkasten. Die Schrauben an den Kellerfenstern waren besonders rostanfällig und immer verdreckt. Mit einem kleinen Handbohrer kratzte er das Gemisch von Sand, Schlamm und winzigen Blütenteilchen aus den Schraubenschlitzen und fuhr mit einem kleinen Borstenpinsel nach, den er auf der Fensterbank der 7b gefunden hatte. Für solche Arbeiten war der wie geschaffen.

Zufrieden betrachtete Böck sein Werk. Das wäre wieder einmal geschafft. Morgen würde er sehen, ob das neue Dichtungszeug hielt, was der Hersteller auf der Verpackung versprach. Er drückte den Deckel fest auf den Eimer, damit keine Luft an die Spachtelmasse kam, und räumte Spachtel und Bohrer in den Kasten. Schmatzend sog er an seiner Zigarre.

Irgendwas hatte er vergessen. Nachdenklich kratzte er sich am Hinterkopf. Ach ja, richtig! Die Vorderbeine des Lehnstuhls im Direktorat! Da rutschte das Gestell neuerdings aus der Sitzfläche und mußte geleimt werden. Hoffentlich hatte sich keiner draufgesetzt.

Blümchen befühlte die Erde des Zierspargels auf der Fensterbank des Direktorats. »Halb verdurstet«, konstatierte sie mitleidig. »Du brauchst ja dringend Wasser.« Sie ging mit der langschnäbeligen Gießkanne von Pflanze zu Pflanze und zupfte welke Blätter von Farn, Benjamini und Petunien. Mit jeder der Pflanzen sprach sie ein paar Worte. Der einen redete sie freundlich zu, andere lobte sie. Blümchen war überzeugt davon, daß die Pflanzenwelt auf Berührungen, Worte und Stimmungen höchst empfindsam reagierte.

Nachdem sie den Rittersporn in der Sitzecke neu arrangiert hatte, trug sie die Gießkanne ins Sekretariat. Sie kam mit einem Stapel Akten und zwei Unterschriftsmappen zurück. Die Akten legte sie auf Leitmeiers Schreibtisch. Die Mappe plazierte sie gut sichtbar auf der gegenüberliegenden Arbeitsfläche, auf der Professor Böck hin und wieder Chaos veranstaltete, wie sie fand. Damit er die Mappe nicht übersah, räumte Blümchen etliche wild durcheinanderliegende Unterlagen zur Seite. Sie ordnete sie flink zu übersichtlichen Stapeln. Auf einen Zettel vom Notizblock schrieb sie dick: BITTE HEUTE NOCH UNTERSCHREIBEN!!! Das Blatt heftete sie mit einer Büroklammer an die Unterschriftsmappe des Direktors.

Sie seufzte und überlegte, wo Professor Böck sein könnte. Er hatte irgend etwas von Dichtungen gesagt. Frau Blum nahm die Akten unter den Arm und schloß das Direktorat zweimal ab. Vielleicht war er ja in der Küche.

Auf der Treppe, über die Specht in den ersten Stock ging, konnten ohne Mühe vier Menschen aneinander vorbeigehen, ohne daß sich jemand an die Wand oder das schön geschwungene Geländer zwängen mußte. Auf dem langen Flur blickte er sich suchend um. Kein Mensch da, den er nach dem Weg fragen konnte. Er ging an den Türen vorbei, fand schließlich die mit der

Aufschrift Direktorat. Eingang nebenan. Ein Pfeil räumte jedes Mißverständnis aus.

Specht klopfte zweimal und wartete. Ein bißchen Herzklopfen hatte er schon. Keine Antwort. Komisch. Vielleicht wurde drinnen ja telefoniert. Er klopfte noch einmal und drückte zaghaft die Türklinke nach unten. Verschlossen. Specht sah auf seine Armbanduhr. Mist! Jetzt war er viel zu spät. Unschlüssig starrte er auf die Tür. Er hörte Schritte. Ein Mann im fleckigen Handwerkerkittel kam gemütlich um die Ecke. Das ist bestimmt der Hausmeister, dachte Specht. Frage ich den halt mal.

Professor Böck glaubte, die Gedanken des Besuchers lesen zu können. Er nahm seine erloschene Zigarre aus dem Mund. Sein listiges Grinsen hätte Specht warnen müssen. »Grüß Gott!« Böck musterte Specht bewußt argwöhnisch. »Wollen sie zum Herrn Professor?«

»Tag. Ja, Böck oder wie der heißt«, antwortete Specht. »Ich habe mich leider verspätet.«

Böck zog ein gewaltiges Seil aus seiner Kitteltasche, auf den eine Unmenge verschieden großer Schlüssel gereiht war. Am verknoteten Ende hing ein winziger Plüschelch. Das war eines seiner Maskottchen, ein Geschenk seines Freundes Helmut, den es nach Kanada verschlagen hatte. Er schloß die Tür auf und ließ Specht den Vortritt.

»Müssen Sie also mit mir vorlieb nehmen. Sie heißen?«

»Specht.« Angenehm überrascht sah er sich um. Kein muffiges Amtszimmer mit Sechziger-Jahre-Möbeln und Plastikfurnieren. An den Wänden endlich mal keine vergilbten Poster mit bunten Tulpensträußen, deren abgefallene Blüten Melancholie andeuten sollten oder Bilder von fernen Stränden mit

Papageien, die robinsonsche Abenteuer verhießen. Die beiden Schreibtische am Fenster waren wertvolle alte Stücke. Sogar die Aktenschränke und Regale schienen mit Bedacht gesammelte Möbel zu sein. Der Raum hatte etwas angenehm Familiäres.

Böck wies mit einer Hand zur Sitzgruppe. »Ich soll Sie ein bißchen unterhalten.« Mit der flachen Hand klopfte er suchend über seine Kitteltaschen und zog Streichhölzer hervor.

»Wer sagt das?« Specht glaubte ihm kein Wort. Der Mann machte sich doch nur wichtig.

Während Böck sich umständlich seine Zigarre anzündete, erwiderte er paffend: »Professor Böck. Wie Sie wissen, ist der hier Direktor. Er nennt sich jedenfalls so.« Er nahm den wackeligen Stuhl und lehnte ihn schräg an einen der Aktenschränke. Behutsam hob er das Polster aus der Sitzfläche. Leutselig fuhr er fort: »Böck ist fast nie in seinem Büro. Er läßt lieber andere für sich arbeiten. Seinen Stellvertreter zum Beispiel. Leitmeier.« Mit der Hand klopfte er mehrmals so fest auf das Polster, daß Staubwolken aufflogen. »Den Namen sollten Sie sich merken.«

Specht rümpfte die Nase, in der es juckte. Der Kerl war anscheinend ein richtiger Sprücheklopfer. »Wozu?« fragte er.

Böck ging zum Fenster. Er stellte den Zierspargel auf Leitmeiers Schreibtisch, damit er Platz für sein Polster hatte. Auf der Suche nach einem Teppichklopfer entschied er sich kurzerhand für den zuoberst liegenden Schnellhefter auf seinem Schreibtisch. Er hieb kräftig auf das Polster ein.

»Wenn Sie hier wirklich als Pauker anfangen wollen, kriegen Sie es hauptsächlich mit Leitmeier zu tun.« Nach einer kurzen Pause resümierte er in bedauerndem Ton: »Das wird nicht leicht für Sie werden. Denn der hält die Schule für eine moralische Anstalt.«

Unwillig beschloß Specht, seine Ohren auf Durchzug zu stellen.

Böck warf einen erheiterten Blick auf ihn und redete sich in Fahrt. »Moral kommt bei dem vor Mathematik. Obwohl er dieses Fach unterrichtet.« Mit zusammengekniffenen Augen beobachtete er die Wirkung seiner Worte. »Der Mann ist sicher ein Kotzbrocken für Sie.«

Specht verschränkte die Arme vor der Brust. Der Kerl stellte seine Geduld wirklich auf die Probe. »Ich weiß nicht, woraus Sie das schließen«, antwortete er kühl. »Ich kenne Herrn Leitmeier nicht.«

»Ein hinterhältiger Mensch, wenn Sie mich fragen.« Böck ließ sich jetzt ächzend auf einen Stuhl gegenüber von Specht fallen. »Ein Feigling wie Böck ist dem hilflos ausgeliefert.« Bin gespannt, wie er jetzt reagiert, dachte der Direktor. Er nahm seine Zigarre zwischen Daumen und Zeigefinger und drehte sie spielerisch hin und her. Nach einem tiefen Zug blies er den Rauch zur Decke. Er warf einen prüfenden Blick zu Specht. Schön, wie der von Anfang an seiner Posse aufgesessen war. Aber es gefiel ihm, wie er reagierte.

Specht maß den vermeindliche Hausmeister mit einem eisigen Blick. »Ich kenne auch Herrn Professor Böck nicht, weiß aber schon jetzt, was mir an seiner Schule nicht paßt.«

»Nämlich?« Böck war schon wieder aufgestanden und ruckelte an einem der Stuhlbeine. Saß auch nicht mehr ganz fest.

»Sie und Ihre anmaßende Art, über Leute zu reden.« Specht war jetzt wirklich wütend. Dieser Kerl nahm sich hier Freiheiten heraus, die jedes Maß überschritten.

»Gefällt mir.« Böck nickte ihm von unten zu.

»Mir nicht.« Specht betrachtete das Gespräch als beendet. Offensichtlich waren Anstand oder Redlichkeit Begriffe, von denen dieses Faktotum noch nie etwas gehört hatte.

Plötzlich kam Böck lachend auf ihn zu und streckte ihm die Hand hin. »Ihre Antwort gefällt mir.« Da Specht sich nicht rührte, hatte er einfach seine Rechte ergriffen und schüttelte sie.

Vielleicht hat er eine leichte Macke, dachte Specht irritiert und schrak zusammen, als die Tür aufgerissen wurde.

»Da sind Sie ja, Herr Professor.« Erleichtert atmete Blümchen auf, als sie Böck sah. »Ich brauche dringend ein paar Unterschriften.« Sie öffnete die oberste Akte und blätterte darin herum.

Specht war sprachlos. Na das war's dann wohl! Am liebsten hätte er sich unsichtbar gemacht.

»Sind ja wohl keine Todesurteile dabei, hat also Zeit, Blümchen.« Damit klappte Direktor Böck die Mappe wieder zu und gab Specht nochmal die Hand. »Böck mein Name. War mir ein Vergnügen, Sie reinzulegen, Herr Specht.«

Der Händedruck wurde kräftig erwidert. Specht lachte. So ein Scherzkeks!

»Damit hätten wir das Einstellungsgespräch hinter uns und können zum gemütlichen Teil übergehen.« Der vermeintliche Hausmeister nahm Blümchen die Akten aus der Hand und stellte seine Sekretärin vor. »Frau Blum, die gute Seele unserer Anstalt. Dr. Specht, unser Neuer. Was halten sie von Kaffee und Kuchen, Blümchen?« Er wandte sich zu Specht. »Und anschließend besuchen wir Ihre neue Schulklasse.«

Specht lächelte unsicher. »Sie meinen, falls ich hier anfange.«

Mit einer Handbewegung scheuchte Böck alle

kleinlichen Zweifel aus dem Weg. »Das ist so gut wie sicher. Sage nicht ich, sagt Frau Anselm.«

Als Blümchen das Tablett mit frischem Kaffee und Bienenstich brachte, waren Specht und Professor Böck bereits in ein angeregtes Gespräch über die Restaurierung von Bauernmöbeln vertieft.

Mathilde zog an einer Schublade des alten Küchenschranks. Sie klemmte. Wie konnte es auch anders sein. Das, was Mathilde bisher von der Wohnung in dem alten Bauernhaus gesehen hatte, war nicht berauschend gewesen. Die Küche war ihrer Meinung nach eine Katastrophe. Sämtliche Möbel schienen prähistorischen Zeiten zu entstammen. Neben dem Kühlschrank Marke Zanussi stand ein vorsintflutlicher Kohleofen, dessen Rohr bedenkliche Rostflecken zeigte. Die Eckbank am Küchenfenster war sicher dreißig Jahre alt, das Muster aus braun-gelb-orangenen Blumen zeugte vom schrillen Einfluß der Flower-Power-Zeit, selbst in diesem entlegensten Dorf. Die Wohnung mochte für hartgesottene Landfreaks genau das richtige sein, Mathilde fand das gesamte Ambiente einfach nur widerwärtig. Sie gab der Schublade einen Stoß, daß die Scheiben des Schrankaufsatzes klirrten, und ging hinüber in eines der Schlafzimmer zu Sunny, die gerade die Belastbarkeit der Matratzen ausprobierte. Der Staub, der daraus aufstob, roch muffig, und Mathilde hielt sich die Nase zu.

»Wenn du glaubst, daß ich in dieser möblierten Ruine auch nur eine Nacht zubringe, irrst du dich gewaltig.«

»Ist doch alles ganz anheimelnd und gemütlich«, antwortete Sunny und ließ sich mit voller Wucht auf das Bett fallen.

Mathilde ging zum Fenster, schob die Gardinen weg und riß es weit auf. »Der Satz könnte von meinem Mann sein. Specht gibt auch nichts auf Äußerlichkeiten. Siehst ja, wie der manchmal rumläuft.«

»Mir gefällt er sehr gut.« Sunny breitete die Arme aus und bewegte sie wie Flügel auf und ab.

Mathilde dreht sich zu ihr um. »Mein Mann?« fragte sie entrüstet.

»Stört mich nicht mal, daß er Lehrer ist«, stichelte Sunny.

Mathilde zog ein Taschentuch hervor und wischte über die Sitzfläche eines Hockers neben einem Monstrum von Schrank. Vorsichtig setzte sie sich auf die äußerste Kante. »Mich stört das ganz erheblich, Sunny«, sagte sie ernst. »Wenn er so weitermacht, kann es passieren, daß ich mich scheiden lasse.«

Sunny seufzte träumerisch. »Schön wär's. Ich würde ihn sofort übernehmen.« Sie streckte sich behaglich und fuhr plötzlich, vom Klirren einer berstenden Fensterscheibe erschreckt, hoch.

»Glück gehabt«, sagte Mathilde. »Ich wollte dir nämlich gerade eine runterhauen.«

Sie horchten. Das mußte vom Ende des Flurs gekommen sein. In böser Vorahnung lief Mathilde aus dem Zimmer und fand Fräulein Lydia in einem wohnlich eingerichteten Raum. Sie stand auf einem Stuhl am Fenster und hielt ihr eine hübsche steinerne Tänzerin entgegen. »Fenster ist kaputt«, sagte sie erstaunt.

Mathilde nahm sie besorgt auf den Arm und betrachtete ihre kleine Hand. Gott sei Dank, es war nichts passiert. »Hast du fein gemacht, Fräulein Lydia.« Sunny, die Mathilde gefolgt war, musterte das Loch im Fenster. Sie zog vorsichtig an einer der hervorstehenden Glasscherben. »Wir werden ganz schön

Ärger bekommen. Das ist das Zimmer, in dem Frau Anselm wohnt.«

Mathilde setzte Fräulein Lydia auf dem Boden ab. Erstaunt fragte sie: »Woher weißt du das?«

»Sehe ich am Nachthemd.« Sunny war zum Kleiderschrank gegangen und hielt sich ein türkisfarbenes Gebilde aus fast nichts an den Körper. Mit schräg gestellter Hüfte posierte sie vor dem Schrankspiegel. »Das hat sie von Herrn Specht bekommen.«

Ärgerlich nahm Mathilde ihr das Nachthemd weg und hängte es wieder an den Schrank. »Wann soll das gewesen sein?« fragte sie mißtrauisch, obwohl sie sicher war, daß Sunny einen ihrer derben Scherze machte.

Sunny stach heute offensichtlich der Hafer. Wie beiläufig erzählte sie Mathilde, daß Frau Anselm das erotische Gebilde nur bei ganz besonderen Gelegenheiten trage und schloß beruhigend: »Ist aber schon eine Weile her, daß Specht ihr das geschenkt hat.«

»Na, sehr viele Gelegenheiten, es zu tragen, scheint sie nicht zu haben. Sieht ja wie neu aus.« Mathildes Stimme klang verächtlich. Sie hockte sich neben Fräulein Lydia, die eine Schale mit getrockneten Rosenknospen entdeckt hatte und nun hübsch ordentlich eine nach der anderen in eine Kaffeetasse legte, die noch vom Frühstück auf dem Tisch stand.

»Was machen wir jetzt mit dem Fenster?« fragte Sunny.

»Gar nichts. Wir stellen uns dumm. Die Anselm hat Specht hierher gelockt. Also kann sie ruhig ein bißchen büßen.« Damit kippte sie die restlichen Rosen aus der Schale und machte sich auf den Weg ins Bad.

Sunny nahm Fräulein Lydia an der Hand. »Frau Möhring ist heute auf hundertachtzig«, flüsterte sie ihr ins Ohr.

»Mir fehlt nur noch der Schlußsatz.« Axel blickte gehetzt auf Frau Anselms ausgestreckte Hand. Gleichzeitig schrieb er weiter.

Die Lehrerin nahm das Arbeitsblatt von seinem Tisch und verleibte es ihrem Stapel ein. »Werden wir wohl oder übel drauf verzichten müssen, Axel.«

Sie ging weiter zu Kaspar Riedel. Der überreichte ihr ein leeres Blatt. Frau Anselm stutzte. Kaspar hielt ihrem Blick herausfordernd stand.

Plötzlich wurde die Tür geöffnet. »Guten Morgen!« Professor Böck und Specht betraten die Klasse.

»Guten Morgen, Herr Professor«, antworteten die Schüler im Chor.

Böck wandte sich an die Biologielehrerin. »Wie ich sehe, haben Sie Ihre Schüler mit einer schriftlichen Arbeit belästigt.« Er nahm ihr die Blätter aus der Hand und vertiefte sich konzentriert in das eine oder andere Ergebnis.

»Kleiner Test«, antwortete sie. »Ich glaube nicht, daß sich jemand belästigt gefühlt hat.«

Professor Böck zog Kaspars Blatt aus dem Stapel und hielt es erst ihr, dann Felix Löffelholz unter die Nase. »Was ist das, Löffelholz?«

Mit schuldbewußtem Gesicht stammelte Felix: »Ein, ehm, ein leeres Blatt.«

»Wer hat das abgegeben?«

Böcks strenges Gesicht machte Eindruck. Mehrere Sekunden lang herrschte Schweigen. Die meisten fixierten ratsuchend einen imaginären Punkt auf ihrem Tisch, einige wagten einen scheuen Blick zum Nachbarn.

Kaspar stand auf. »Ich war es«, sagte er trotzig.

»Und warum?«

»Ich war mit meinen Gedanken woanders, Herr Böck.«

Einige Schüler grinsten breit angesichts dieser Unverschämtheit. Andere versuchten ihre Gedanken hinter möglichst unbeteiligt wirkenden Mienen zu verstecken.

In Böcks Augen glitzerte es listig. »Sie haben es gehört, werte Kollegin.« Er sprach im Tonfall eines Menschen, der volles Verständnis für die Schwächen eines Schülers hat. In bedauerndem Ton fuhr er fort: »Kaspar Riedel war mit seinen Gedanken woanders.«

Aufmunternd nickte er Karin Anselm zu. »Versuchen Sie es bitte mündlich mit ihm.«

»Jetzt?« Sie war sichtlich erschrocken. Das konnte ja heiter werden.

Böck rückte für sich und Specht zwei Stühle zurecht. »Ist ja wohl nicht zuviel verlangt.« Mit erwartungsvoller Miene lehnte er sich zurück. »Ich höre.«

Einigermaßen aus dem Konzept gebracht, versuchte die Lehrerin ihrer Stimme einen festen Klang zu geben. »Sie wissen, wie das Thema hieß, Kaspar?«

Er tat gelangweilt. »Keine Ahnung.«

»Wie können wir diploide Planzen von polyploiden Pflanzen unterscheiden?« half sie.

Kaspar zuckte die Achseln. »Wie gesagt, keine Ahnung.«

Ärgerlich wandte sie sich an die anderen Schüler. »Wer hilft ihm auf die Sprünge?«

Böck unterbrach die Biologielehrerin. »Sie haben mich falsch verstanden, Frau Anselm. Sie sollen Kaspar Riedel und nicht seine Mitschüler examinieren.«

Böck ist heute morgen anscheinend mit dem linken Fuß zuerst aufgestanden, dachte sie genervt. Und das kann ich jetzt ausbaden. »Wir haben den Stoff, von dem Sie behaupten, keine Ahnung zu haben, vor einigen Wochen durchgenommen.« Ihre Stimme klang vorwurfsvoll, als sie fortfuhr. »Damals haben Sie einen glänzenden Vortrag darüber gehalten.«

»Vor ein paar Wochen war eben alles anders, Frau Anselm.« Kaspar ließ jedes Wort auf der Zunge zergehen. »Tut mir aufrichtig leid. Ich habe genug mit mir selbst zu tun, kann mich also nicht auch noch um irgendwelche Pflanzen kümmern.«

Karin Anselm hob resigniert eine Hand. »Schade, Kaspar Riedel. Ich hatte gehofft, daß Sie Ihre Eins in Biologie behaupten würden.«

Kaspar funkelte sie verächtlich an. »Ist mir auch schon passiert«, stieß er leise zwischen den Zähnen hervor.

»Was?«

»Daß ich mir falsche Hoffnungen gemacht habe.« Kaspar drehte Frau Anselm respektlos den Rücken zu, als die Schulglocke läutete, und verließ mit den anderen Schülern die Klasse.

Auch Karin Anselm war froh, daß sie von dieser peinlichen Situation befreit war. Ihr war nicht sehr behaglich zumute.

Professor Böck hatte das kleine Duell zwischen der Lehrerin und dem Schüler regelrecht erfrischt. Er wandte sich an den neuen Lehrer. »Na, zufrieden mit Ihrer zukünftigen Klasse?«

Specht rieb sich skeptisch das Kinn. Der Direktor legte ihm beruhigend eine Hand auf die Schulter. »Sie brauchen mir nicht zu antworten, Herr Specht. Ich weiß, daß Sie Konflikte lieben, also werden Sie anbeißen.« In der Tür blieb er kurz stehen und drehte sich noch einmal um. »Schlafen Sie eine Nacht drüber.«

Auf dem Schulhof jagten die jüngeren Schüler hintereinander her. Ein paar Mädchen spielten Himmel und Hölle. Die älteren standen in Grüppchen beisammen und erzählten sich den Tratsch aus der letzten Stunde oder heckten Streiche für die nächste aus. Einige standen alleine herum, hingen ihren Träumereien nach, andere machten in letzter Sekunde noch ein paar Hausaufgaben, zu denen sie sich vorher nicht hatten aufraffen können.

Karin Anselm und Specht gingen, jeder in seine Gedanken versunken, durch den Park, der das Schulhaus und die Wohnräume der Schüler umgab. Neben einem mächtigen Ahorn blieb Karin Anselm stehen. Sie sah Specht ratlos an.

»Ist mir noch nie passiert, daß sich ein Schüler in mich verliebt hat«, brachte sie zögernd hervor.

Specht schmunzelte. »Wird also höchste Zeit. »Ich hätte mich auf Anhieb in Sie verliebt«, wären Sie meine Lehrerin.

Das nette Kompliment heiterte sie ein wenig auf. Es war gut, daß Specht endlich hier war. »Wir sollten bei Gelegenheit darauf zurückkommen.« Erleichtert hakte sie sich bei ihm ein und erzählte ihm von Kaspars Wünschen, von der Heftigkeit seines Verliebtseins und ihrer Ratlosigkeit. »Sie haben ja gesehen, wie er im Unterricht reagiert hat. Seine Liebe ist in blinden Haß umgeschlagen, weil ich ihn mit einem anderen Mann betrüge.«

Specht sah sie verwundert von der Seite an. Sie nickte ihm spöttisch zu. »Seit ich geschieden bin, führe ich ein ausschweifendes Liebesleben, Herr Specht. Aber Spaß beiseite. Ich glaube, es wird nicht einfach, Kaspar davon zu überzeugen, daß seine begehrlichen Wünsche hier fehl am Platz sind.«

Auf dem Weg ins Wohnheim plauderte Specht mit ihr aus dem Nähkästchen über seine letzte Lehrerstelle in Berlin. Gemeinsam erinnerten sie sich an die Zeiten, als sie seine Direktorin dort gewesen war. Jetzt hatte er endlich Gelegenheit, sich für ihre Hilfe bei dem einen oder anderen Problem damals zu revanchieren.

Im Wohnheim balancierte Felix Löffelholz einen Bücherstapel über den Flur. Vorsichtig setzte er einen Fuß vor den anderen und bemerkte nicht, wie Lucy und Josefine ihm den Weg versperrten.

»Hast du schon mal geküßt, Felix?« fragte ihn Josefine unvermittelt.

Fast wären ihm die Bücher aus den Händen gefallen. »Warum?« fragte er alarmiert.

Lucy näherte sich ihm von der Seite. »Warum man sich küßt, ist ja wohl klar. Weil man sich liebt, Felix«, flüsterte sie ihm ins Ohr.

Felix wich zurück. Josefine schnalzte tadelnd mit der Zunge und beugte sich zu Josefine. Sie küßten sich mit Hingabe auf den Mund. »Paß schön auf, damit du das später nachmachen kannst, Felix.«

Angewidert ging Felix um die beiden herum und wies mit dem Kopf zur Eingangstür. »Könnt ihr gleich mal Frau Anselm vorführen. Die glaubt nämlich nicht, daß ihr was miteinander habt.« Rasch verschwand er in seinem Zimmer.

Karin Anselm, die gerade mit Specht vorbeikam, drohte den beiden scherzhaft mit dem Finger. An Amandas Tür klopfte sie zweimal und trat mit Specht ein. »Ich weiß, daß wir Sie stören, Amanda. Ich möchte Ihnen Herrn Specht vorstellen. Er wird, wenn alles gutgeht, Ihr Klassenlehrer.«

Amanda legte ihren Stift beiseite und gab Specht höflich die Hand. »Ich heiße Amanda Klug. Vorhin habe ich sie beobachtet. Sie sahen nicht gerade glücklich aus.«

Amanda gehörte zu den stillen, zurückhaltenden Schülerinnen. Sie war einfühlsam und eine gute Zuhörerin. Über sich selbst sprach sie kaum. Specht gefiel das Mädchen auf Anhieb.

»War ich auch nicht«, gab er offen zu. »Ein Schüler, der ein leeres Blatt abgibt, ist mir schon öfter begegnet. Ungewöhnlich war nur, wie er sich aufgespielt hat.«

»Er legt es darauf an, von der Schule zu fliegen.« Amanda zwinkerte Karin Anselm kameradschaftlich zu. »Er ist unglücklich wie wir alle.«

Specht wurde hellhörig: »Sie fühlen sich hier also auch nicht richtig wohl?«

»Nicht sehr«, antwortete sie leise und fügte schalkhaft hinzu: »Ich kann kein Blut sehen.«

Irritiert suchte Specht Hilfe bei Frau Anselm, die sich über seine verwirrte Miene amüsierte. Er mußte langsam den Eindruck gewinnen, in einem Irrenhaus gelandet zu sein.

»Ich glaube, Amanda, das müssen Sie Herrn Specht schon etwas genauer erklären.«

Amanda berichtete von ihrer Arbeit im Krankenhaus. Sie fiel regelmäßig in Ohnmacht. Blutbeflecktes Verbandszeug war nichts für sie.

Specht nickte verständnisvoll. Bevor er sich in das Problem vertieften konnte, unterbrach Karin Anselm die beiden gutgelaunt. »Amanda, ich kenne Herrn Specht. In seinem Unterricht fließt ganz selten Blut.«

Draußen erläuterte sie Specht noch einmal im Detail das Lern- und Arbeitssystem der älteren Schuljahrgänge. Daß die Schüler im Wechsel arbeiteten und Unterricht in der Schule hatten. Specht berichtete ihr von Sunnys Begeisterung, endlich etwas Nützliches zu lernen, etwas fürs richtige Leben. Karin Anselm gab zu bedenken, daß einige Schüler nach anfänglicher Begeisterung den reinen Schulalltag durchaus vorzögen. Aber Sunny würde ja selbst sehen.

Bevor Specht zu seiner Familie ins Bauernhaus fuhr, mußte er erst noch das Gespräch mit Leitmeier hinter sich bringen. Karin Anselm versuchte ihn darauf einzustimmen. »Den Gang ins Lehrerzimmer kann ich Ihnen leider nicht ersparen«, begann sie entschuldigend.

»Was erwartet mich dort?«

»Leitmeier«, antwortete sie trocken. »Stellvertretender Direktor, im Nebenberuf Moralapostel. Ihr künftiger Widersacher also.« Nach einer kleinen Pause, fügte sie hinzu: »Ich hoffe, daß Sie ihn so bald wie möglich umbringen.«

Specht hielt ihr lachend die Tür des Schulhauses auf und ließ sie vorgehen. »Ihre Schule gefällt mir immer besser, Frau Anselm.«

Während Specht auf dem Weg ins Lehrerzimmer einige wichtige Anekdoten aus Herrn Konrektor Leitmeiers Berufsleben erfuhr, stand Felix Löffelholz demselben im Lehrerzimmer gegenüber und erstattete Bericht. Wichtigtuerisch sagte er: »Ich stand ganz dicht dabei. War ein richtiger Zungenkuß, Herr Leitmeier.«

»Sie scheinen sich auszukennen, Löffelholz.« Leitmeiers Stimme klang verächtlich. »Genügt leider nicht, wenn Sie mir die Sexualpraktiken der beiden schildern.« Er hob den Mittelfinger der rechten Hand. »Ich brauche Beweise, Löffelholz.« Er tippte mehrfach mit dem Finger auf die Tischplatte. »Beweise!«

Felix betrachtete den klopfenden Finger, der in den Mathematikstunden Ursache heimlicher Heiterkeitsausbrüche war. Er überlegte, ob Leitmeier nicht wußte, daß Gesten mit dem Mittelfinger oft böse Streitigkeiten nach sich zogen, und bemerkte plötzlich dessen bohrenden Blick. Er fühlte sich ertappt, fuhr zusammen und hob die Schultern. »Ist schwer. Die beiden sind mißtrauisch, weil sie wissen, daß sie etwas Verbotenes tun.«

»Was nachzuweisen Ihnen nicht gelingt.«

Leitmeier trank einen Schluck Kaffee und setzte zu einem belehrenden Vortrag an, als Specht und Karin Anselm das Lehrerzimmer betraten. Er wechselte umgehend das Thema. »Obwohl es sich um eine ganz einfache Aufgabe handelt. Schulstoff dritte Klasse, Löffelholz. Sie können gehen.«

Leitmeier widmete sich seinem Kaffee, als sei er alleine im Zimmer. Karin Anselm spürte Zorn in sich aufsteigen, nahm sich aber zusammen. Schließlich ging es um mehr als solche Albernheiten wie kleine Machtproben. Betont freundlich sagte sie: »Ich möchte Ihnen Herrn Dr. Specht vorstellen.«

Specht grüßte höflich: »Guten Morgen.«

»Leitmeier«, schnarrte es vom Stuhl. »Ich habe zur verabredeten Zeit auf Sie gewartet, Herr ...«, er machte eine bedeutsame Pause, bevor er das Specht folgen ließ.

Tatsächlich ein schwieriger Fall! Specht hielt ihm trotzdem die Hand hin. »Tut mir leid.«

»Ich nehme nicht an, daß Sie mich absichtlich warten ließen.« Leitmeier hatte nach einem schlaffen Händedruck Spechts Hand fallen lassen, als sei sie schmutzig. »War sicher höhere Gewalt im Spiel.« Er versuchte ein Lächeln.

»Stimmt«, antwortete Specht provokant. »Wir hatten Hunger, also haben wir erstmal ausgiebig gefrühstückt.«

»Wer ist wir?«

»Mein Frau, meine eheliche und meine uneheliche Tochter«, klärte Specht seinen Gesprächspartner auf. Er konnte es sich nicht verkneifen, süffisant hinzuzufügen: »Wir hatten vor lauter Hunger schon schlechte Laune. Wollte ich Ihnen nicht antun, Herr Leitmeier.«

Mit undurchdringlicher Miene ging Leitmeier über Spechts Frechheit hinweg. Lediglich ein kurzes Hochziehen seiner Augenbrauen zeigte den winzigen Schatten einer Erregung. Er betrachtete Specht mit kühler Höflichkeit und ließ sich Zeit.

Donnerwetter, dachte der. Der Kerl ist nicht nur ein Widerling. Das ist ein ganz gewiefter Taktierer. Vorsicht! »Sie haben in der Zwischenzeit mit Professor Böck gesprochen«, stellte Leitmeier fest.

»Flüchtig.«

»Das heißt«, fuhr Leitmeier fort, »er hat Sie mit den Besonderheiten unserer Schule vertraut gemacht.«

Specht ließ sich von der eisigen Kälte des Mannes nicht aus dem Konzept bringen. Er nickte und erwähnte, daß er bereits wußte, daß Professor Böck sogar Stühle repariere und als Hausmeister einsprang.

»Ich bin auch darüber im Bilde, daß Ihr letzter Hausmeister rausgeflogen ist, weil er pädophile Neigungen hatte«, berichtete er, Leitmeiers humorlosen Ton imitierend. »Ist allerdings auch keine Besonderheit.«

Specht wartete vergeblich auf eine Reaktion. Leitmeier war viel zu intelligent, sich unbesonnen nach irgendwelchen Fehdehandschuhen zu bücken. Er ging auf Spechts herausfordernde Art überhaupt nicht ein und resümierte kurz. »Wir sind eine Privatschule, Herr Specht, die besondere Anforderungen nicht nur an die Schüler, sondern auch an die Lehrer stellt.«

Die Schulglocke läutete zur nächsten Stunde. Herr Leitmeier griff nach seiner Aktentasche.

»Und Sie glauben, daß ich dem nicht gewachsen bin?« fragte Specht.

Leitmeier ging an ihm und der Biologielehrerin vorbei. »Ich erwarte Sie morgen früh um acht Uhr. Vielleicht können Sie ausnahmsweise pünktlich sein.«

Specht blickte ihm nach. Ein harter Brocken!

Karin Anselm brachte ihm einen Kaffee. »Jetzt wissen Sie, warum ich Sie hier brauche. Sie müssen mich davor bewahren, einen Mord zu begehen.«

Die Kreide knirschte, als Specht groß das Wort SISYPHOS an die Tafel schrieb. Seine Probestunde in der 10b näherte sich dem Ende. In der zweiten Bankreihe verfolgte Herr Leitmeier mit äußerster Konzentration seinen Unterricht. »Weiß einer, wer das war«, wandte sich Specht an die Klasse.

Lucy meldete sich. »Ein Held der griechischen Sage.«

»Wodurch berühmt geworden?«

Specht las Josefines Namen auf dem Tischkärtchen und bat sie fortzufahren. In Stichpunkten erzählte sie vom Felsbrocken, den der Held unentwegt den Berg hinaufrollen mußte, weil dieser, oben angekommen, immer wieder hinunterrollte.

Specht verglich Josefines Ausführung mit der alltäglichen Mühsahl aller Menschen und folgerte, daß der griechische Held also nichts Besonderes war. »Wenn alles so mühevoll und beschwerlich ist, warum, glaubt ihr, hängen die meisten Menschen trotzdem am Leben?«

Eine Weile herrschte Stille, die Schüler dachten angestrengt nach. Fridolin zeigte auf. »Das Leben besteht ja nicht nur aus Arbeit. Es gibt schließlich auch Glücksmomente.«

»Vielleicht träumen viele auch immer nur vom Glück. Wie die Frau, die im Supermarkt an der Kasse sitzt«, schloß sich Dörte an.

Specht lächelte. »Das ist genau der Punkt, auf den ich hinaus will.«

Er hob Dörtes Namensschild hoch und fragte, wer die schöne Idee mit den Kärtchen gehabt habe. Amanda wurde vor Freude ein wenig rot, als Specht sich bei ihr bedankte. Er ging weiter zur hinteren Bankreihe, in der Lukas und Axel in aller Seelenruhe Karten spielten.

»Darf ich mich an eurem Spiel beteiligen?« Specht nahm sich einige Spielkarten und betrachtete sie.

Lukas war keine Spur verlegen. »Wenn Sie zehn Mark riskieren, gerne, Herr Specht.«

Specht legte die Karten auf den Tisch. »Zehn Mark kann ich verschmerzen. Fragt sich nur, ob verbotenes Glücksspiel zu unserem Thema gehört.«

Axel verteidigte Lukas spaßhaft. »Joker ist ein leidenschaftlicher Spieler. Er empfindet Glück, wenn er spielt.«

»Womit wir beim Thema wären. Glücksmomente«, sagte Lukas provozierend.

Specht suchte vergeblich nach einem Namensschildchen. »Wie heißt du?«

»Lukas Brahms. Allgemein Joker genannt.«

Leitmeier räusperte sich. »Ich darf Sie kurz unterbrechen, Herr Specht. Es entspricht nicht den Gepflogenheiten unserer Schule, die Schüler zu duzen. Ich bitte Sie, das zu berücksichtigen.«

Specht ging nach vorne und wandte sich an die gesamte Klasse. »Wer schließt sich der Meinung von Herrn Leitmeier an?«

Lediglich Felix Löffelholz meldete sich. Im Tonfall aufrechten Bedauerns sagte Specht: »Ein eindeutiges

Ergebnis, Herr Leitmeier.« Falls ihn der allgemeine Heiterkeitsausbruch ärgerte, so ließ Leitmeier sich das nicht anmerken. Bis jetzt jedenfalls nicht.

Specht fragte Felix nach seinem Namen. Er versprach ihm, seinen Wunsch zu respektieren und ihn künftig mit Sie anzureden.

Felix ging langsam hinter den anderen aus der Klasse, als es zur Pause läutete.

Während Specht seine Sachen zusammenpackte, räsonierte Leitmeier. »Sie haben den Charakter unserer Schule offenbar nicht begriffen. Sie hätten sonst kaum den Versuch unternommen, mir in den Rücken zu fallen. Keine sehr gute Empfehlung für unser Haus, finde ich.«

Specht sah ihn an. »Kann man nichts machen, Herr Leitmeier. Ist eine alte Schwäche von mir, meine Schüler mit du anzureden. Hat sich auch noch nie einer beschwert.«

Leitmeier reagierte kühl. »Wie Sie mit Ihren Schülern umgehen, ist mir egal. Herr ... Kollege, hätte ich fast gesagt. Ich glaube nicht, daß wir Kollegen werden. Ich möchte Herrn Böck zwar nicht vorgreifen ...«

Specht unterbrach ihn. »Schade, Sie würden meiner Frau eine große Freude bereiten.«

»Ihrer Frau?« Leitmeier machte ein überraschtes Gesicht.

»Die war von Anfang an dagegen, daß ich hier Lehrer werde.« Specht nahm seine Tasche unter den Arm und ging zur Tür. »Sie muß geahnt haben, was hier für Kleingeister rumlaufen.«

Auf dem Flur blieb Specht erstaunt stehen. Vroni Seelig, die Musiklehrerin, hatte einen kleinen Chor vor der Klassentür versammelt und gab den Einsatz. ›Horch, was kommt von draußen rein, hollahi, hollaho‹, erklang die muntere Begrüßung. Das war ja wirklich eine nette Überraschung. Nach der ersten Strophe brach die Musiklehrerin das Ständchen ab und stellte sich vor. »Seelig mein Name. Es war mir in der Kürze der Zeit nicht möglich eine größere Sängerschar aufzubieten, Herr Specht. Ich heiße Sie in unserer Schule herzlich willkommen.«

Specht gab ihr die Hand. Vor Rührung wußte er nicht so recht, was er sagen sollte.

Die Musiklehrerin lächelte. »Sie wurden mir erst vor wenigen Minuten als ein Mann beschrieben, der dem Volkslied nahe steht, gottesfürchtig ist und einen hintergründigen Humor hat.«

Specht staunte. »Wer hat denn die Beschreibung abgegeben?«

»Eine Kollegin, die schon einschlägige Erfahrungen mit Ihnen gemacht hat.« Specht hüstelte verlegen und dachte an Karin Anselms ständigen Übertreibungen. Leitmeier zog ein verächtliches Gesicht.

Begeistert, völlig unbeeindruckt von Leitmeiers Bittermiene fuhr Frau Seelig fort: »Aber auch die Schüler, die ich soeben gefragt habe, sind von Ihnen und Ihrem Unterricht angetan.« Leitmeier hatte genug gehört. Ohne die Musiklehrerin, Dr. Specht oder die sangesfreudigen Schüler eines Blickes zu würdigen, schritt er in Richtung Lehrerzimmer davon. Frau Seelig lächelte Specht noch einmal freundlich zu und gab den Einsatz zur zweiten Strophe.

Specht warf seine Aktentasche auf den Rücksitz des Taxis, das er bestellt hatte. Ihm hatte die Klasse gefallen, die er unterrichtet hatte. Die nette Begrüßung der

Musiklehrerin ging ihm noch ein wenig durch den Kopf. Seelig hieß sie also. Er war überzeugt, daß sie es faustdick hinter den Ohren hatte. Die Art und Weise, wie sie Leitmeier hatte wissen lassen, was die Schüler der 10b von seinem Unterricht gehalten hatten, war einfach Spitze gewesen. Aber auch Karin Anselm hatte wieder mal alle Register gezogen. Specht schmunzelte. Er und ein Liebhaber des Volkslieds! Und gottesfürchtig! Er konnte gerade einmal Noten lesen. Mathilde verglich seine Sangeskünste mit dem Geschrei läufiger Kater, was sicher leicht übertrieben war. Denn Fräulein Lydia hörte ihm abends beim Schlummerständchen gerne zu. Wenn er am Ende eines Liedes wartend schwieg, verlangte die Kleine noch mindestens fünf Zugaben.

Langsam steuerte der Taxifahrer seinen Wagen auf die Straße, als Specht Dörte winken sah. Er öffnete die Beifahrertür.

»Nehmen Sie mich mit, Herr Specht? Ich muß zum Training.«

Specht nickte. »Klar.«

Dörte stieg hinten ins Taxi und griff nach Briefen, die neben der Aktentasche auf dem Sitz lagen.

Während der Taxifahrer losfuhr, betrachtete Dörte die Briefe. Specht erzählte ihr, daß Amanda ihn um den Gefallen gebeten hatte, sie in der Stadt einzuwerfen. »Weil Leitmeier sie immer liest, sagt sie.«

Dörte nickte. »Amanda tut mir leid. Sie schreibt fast jeden Tag Briefe an ihre Eltern, kriegt aber keine Antwort. Bei mir ist es genau umgekehrt. Meine Eltern schreiben am laufenden Band. Sie wollen ständig wissen, wie weit ich bin.«

Specht fragte interessiert nach Dörtes Training, und sie berichtete stolz von ihren Erfolgen. Sie war Dritte bei den Deutschen Schwimmeisterschaften geworden.

In einem Jahr wollte sie ganz oben sein. »Mußt also noch fleißig trainieren?« fragte Specht.

»Jeden Tag. Eine Stunde vor, drei Stunden nach der Schule.«

Specht warf ihr einen anerkennenden Blick zu. »Ganz schön viel. Aber wann machst du Schularbeiten?«

Dörte legte Amandas Briefe auf das Armaturenbrett und machte eine wegwerfende Geste. »Im Unterricht. Ist doch sowieso verlorene Zeit.«

Specht sah sie noch einmal über die Schulter an. Vielleicht hatte sie keine Lust zu lernen und hatte nur Träume von der schnellen Sportkarriere. Er würde schon dahinterkommen. Jetzt erst einmal keine voreiligen Schlüsse ziehen.

Er bat den Fahrer, am Briefkasten in der Nähe der Einkaufsstraße zu halten, und warf die Briefe von Amanda ein. Als er zum Auto zurückging, sah er Lukas, der an einem Schaufenster lehnte und sich den Kopf hielt. Specht ging zu ihm und bemerkte, daß er eine Wunde an der Stirn hatte. Außerdem blutete er aus der Nase. Besorgt legte er Lukas seine Hand auf die Schulter. »Wo hast du dich verletzt?«

Lukas wehrte ihn ab »Warum fragen Sie? Wollen Sie mir helfen?«

»Bist du wohl nicht gewohnt, daß dir einer hilft.«

Lukas lächelte schwach. »Danke, aber mir ist nicht zu helfen. Schönen Tag noch, Herr Specht.« Er drehte sich um und betrachtete die Auslagen im Schaufenster. Specht zog eine Packung Papiertaschentücher aus seiner Jacke und reichte sie ihm stumm.

Dörte hatte die Szene beobachtet. »Auch so ein trauriger Fall«, sagte sie, als Specht zum Wagen zurückkehrte. »Er spielt und macht Schulden, die er nicht bezahlen kann.«

Specht sah sie fragend an.

»Ich war mit Joker befreundet«, klärte sie ihn auf. »Ging nicht lange gut, weil ich diesen Unsinn nicht mitgemacht habe.« Sie nahm ihren Sportbeutel und winkte Specht noch einmal dankend zu, als das Taxi weiterfuhr.

Mathilde war eine richtige Improvisationskünstlerin. Sie hatte Brot, Käse und Salat besorgt und ein wunderschönes Abendessen auf den Gartentisch gezaubert. Sogar einen Blumenstrauß hatte sie mit Fräulein Lydia gepflückt und ihn in eine Vase gestellt.

Mathildes schlechte Laune schien verflogen. Specht erzählte ihr vom Probeunterricht und seinen Eindrücken. Er war sich gar nicht so sicher. »Der stellvertretende Direktor ist alles andere als begeistert von mir. Ich rechne damit, daß die mich nicht nehmen.« Specht legte einen Arm um Mathildes Taille und zog sie an sich. »Eigentlich bin ich davon überzeugt, daß wir morgen wieder abreisen werden.«

»Schade«, antwortete Mathilde und steckte Fräulein Lydia ein Häppchen Brot in den Mund.

Specht sah sie verwundert an. Mathilde druckste ein wenig herum. Dann gestand sie, daß sie ihre Redaktion angerufen hatte. Ein tolles Angebot warte auf sie: zwei Jahre als Korrespondentin in New York. Sie beruhigte Specht sofort, als sie sein Gesicht sah.

Mathilde brachte Fräulein Lydia ins Bett, und Specht sang sie in den Schlaf.

Erst später, als beide im Bett lagen, schnitt Mathilde das zuvor angesprochene Thema wieder an. Sie kuschelte sich eng an ihn. »Ich sage natürlich nein. In dem traurigen Zustand kann ich dich unmöglich zurücklassen. Wird so schon schwer genug für dich, wenn du nicht mehr unterrichten kannst. Schaffst du wahrscheinlich gar nicht.«

Specht zog die Bettdecke über sie beide. »Mußt du mir eben ein bißchen helfen.« Er kitzelte sie am Bauch, und Mathilde kicherte.

»Entschuldigung.« Sunny stand im Nachthemd in der Tür.

»Ich habe angeklopft, aber ihr habt nichts gehört, und ich halte es nicht mehr aus.«

Mathilde und Specht krochen seufzend unter ihrer Decke hervor.

Sunny kam einen Schritt näher. »Frau Anselm hat angerufen.«

»Wieso angerufen? Ist sie denn nicht hier?«

»Sie übernachtet heute im Internat. Ihr Wagen ist nicht angesprungen. Sie wollte dich eigentlich erst morgen früh mit der Nachricht überraschen, hat es sich aber anders überlegt.«

Specht murmelte mißbilligend: »Wäre mir auch lieber gewesen, Sunny.«

»Glaube ich nicht«, sagte sie und lachte. »Ist nämlich keine gewöhnliche, sondern eine freudige Überraschung. Herr Böck hat zugestimmt. Du kannst als Lehrer anfangen.«

»Na siehst du, was habe ich immer gesagt.« Mathilde zog die Decke wieder über ihre Köpfe. »Dann will ich dich wenigstens die nächsten paar Stunden für mich alleine haben.«

Bergwanderung

Der perfekte Biedermann, überlegte Specht, während er zum Lehrerzimmer ging, um Leitmeier zur Rede zu stellen. Bei allem und jedem sah der stellvertretende Direktor moralisch Bedenkliches oder Verwerfliches. Dazu gehörte wahrlich nicht viel Phantasie. Soeben war Specht im Wohnheim Lucy und Josefine begegnet. Leitmeier hatte Lucys Umzug angeordnet, mit der Begründung, sie bringe durch den Austausch von Zärtlichkeiten mit Josefine die Schule in Verruf. Es gab eben immer noch Lehrer, die Provokation und Realität nicht voneinander unterscheiden konnten. Josefine und Lucy tändelten lediglich herum, um Leitmeier auf die Palme zu bringen, davon war Specht vollkommen überzeugt. Und selbst wenn sie Zärtlichkeit füreinander empfanden, bedrohten sie damit ja niemand. Außer natürlich Figuren wie diesen Mathemathiklehrer, der möglicherweise eigene abgründige Phantasien in seinem Kopf auslebte.

Specht war in Fahrt. Er riß die Tür zum Lehrerzimmer auf. Bevor er auf Leitmeier losgehen konnte, wurde er geradezu höflich von diesem begrüßt. »Sie erlösen mich aus einer Zwangslage, Herr Dr. Specht.«

Leitmeier wies auf eine attraktive Frau, die bei ihm stand und Specht musterte. »Das ist Frau Fendel. Sie unterrichtet Latein und gelegentlich auch Kunst. Ich sollte ihr schildern, was für ein Mensch sie sind.«

Specht reichte der Kollegin die Hand. »Dazu hatte er hoffentlich keine Gelegenheit.«

Die Frau ist eigentlich viel zu schön für eine Lehrerin, dachte er und lächelte. Anneliese Fendel gab sich reserviert. Specht versuchte die verlegene Pause, die nach ihrem kurzen Grüß Gott entstanden war, zu überbrücken. »Ist mir lieber, wenn Sie mich aus erster Hand kennenlernen.«

Leitmeier lächelte Anneliese Fendel zu. »Herr Specht glaubt offenbar, daß ich sein Bild in den schwärzesten Farben gemalt habe.« Er strich mit der Hand über die Rückenlehne eines Stuhls und rieb dann Zeigefinger und Daumen nervös aneinander.

Die Lateinlehrerin hörte sich fast gelangweilt an, als sie Specht fragte: »Und Sie vermuten, ich hätte mich dadurch beeinflussen lassen? Sie kennen mich doch überhaupt nicht.«

»Ich kenne Herrn Leitmeier und weiß, was ich von ihm zu halten habe.«

»Beruht auf Gegenseitigkeit, Herr Kollege«, versuchte Leitmeier zu kontern. Und er fügte mit einem schwachen Anflug von Humor hinzu, daß er und Specht immerhin eines gemeinsam hätten, nämlich eine große Schwäche für Schokoladenpudding.

»Wenn Sie witzig sein wollen«, unterbrach ihn Specht, »haben Sie den ungünstigsten Zeitpunkt erwischt, Herr Leitmeier. Sie wissen warum ich hier bin?«

Leitmeier nickte, als hörte er einem ungeduldigen Schüler zu. »Der Grad Ihrer Erregung zeigt an, daß es sich um das Schicksal einer Ihrer Schülerinnen handelt.«

Specht fuhr in an. »Sie haben Lucy Kirchner auf ein bloßes Gerücht hin unterstellt, daß sie mit Josefine Schön, ihrer Freundin, ein Liebesverhältnis hat.«

»Sie sollten sich gelegentlich mit unserer Schulordnung vertraut machen, Herr Specht. Verdacht auf gleichgeschlechtliche Liebe genügt allemal, um vorbeugende Maßnahmen einzuleiten.« Leitmeier klappte ein Buch zu und grinste Specht an. »Ich kann ja nicht abwarten, bis die beiden mir den Beweis ihrer abartigen Neigung liefern.« Anneliese Fendel stimmte ihm nicht nur zu. Sie vertrat sogar den Standpunkt, es sei völlig gleichgültig, ob die beiden ein Liebesverhältnis hätten oder nicht. Das Vortäuschen reiche vollauf, um einzuschreiten, und zwar radikal.

Specht glaubte, seinen Ohren nicht zu trauen. Als Leitmeier, überkorrekt wie immer, beim Ertönen des ersten Glockentons zur nächsten Stunde eilte, ließ Specht ihn gewähren. Seine Gedanken waren bei Frau Fendel. Seltsamerweise hatte er gerade von dieser attraktiven Kollegin mehr erwartet. Die Lateinlehrerin ging zu ihrem Platz und nahm einen Schluck ihres inzwischen kalt gewordenen Kaffees. Sie stellte die Tasse ab und setzte sich. »Enttäuscht von mir?«

»Ziemlich«, sagte Specht ernüchtert.

Sie lehnte sich zurück und sah ihn prüfend an. »Wie alt schätzen sie mich?«

Was sollte das jetzt? Vielleicht versuchte diese schöne Frau auf etwas seltsame Weise ernstgenommen und gleichzeitig begehrt zu werden? Specht schob die Unterlippe vor und schätzte: »Mitte Dreißig?«

Sie warf ihm einen verächtlichen Blick zu. »Keine Höflichkeiten, bitte. Ich bin Anfang Vierzig, habe eine sechzehnjährige Tochter, bin also nicht nur für mich verantwortlich.« Sie beugte sich vor und stützte beide Unterarme auf die Stuhllehne. »Wenn ich hier rausfliege, kriege ich ein Jahr Arbeitslosengeld, dann kann ich mich in die Fußgängerzone setzen und betteln. Ich würde jeden, also auch Sie, ans Messer liefern, wenn es mir Vorteile bringt.«

Specht schüttelte den Kopf. »Ich glaube Ihnen kein Wort, Frau Fendel. Sie mögen Angst haben und gelegentlich feige sein. Deshalb sind Sie noch lange nicht so verkommen, wie Sie sich aufführen.«

Sie maß ihn mit einem spöttischen Blick und sagte abschätzig: »Sie haben ein paar Semester Psychologie studiert, oder? Anders kann ich mir Ihre Fehldiagnose nicht erklären.«

Specht rückte sich den Stuhl neben ihr zurecht und nahm Platz. Statt auf ihre kratzbürstige Art einzugehen, meinte er fröhlich: »Klappt doch schon ganz gut zwischen uns, hm?«

Anneliese Fendel stand auf. Sie lächelte ihn hintergründig an. »Finden Sie?« Sie nahm ihre Tasche vom Tisch und hielt ihm die Hand entgegen. »Sie werden sich wundern, Herr Specht.«

Bedauernd sah Specht ihrer wohlgeformten Gestalt hinterher. Na, vielleicht zog sie ja nach einer Weile ihre Krallen ein. Wenn nicht, war das auch kein Grund, Trübsal zu blasen. Es gab genug nette Leute an der Schule.

Während Sunny beim Auto auf Specht wartete, schnitt sie sich selbst ein paar Grimassen im Außenspiegel. Specht ging überhaupt nicht darauf ein, als er kam, sondern grüßte nur kurz. Sie nahm ihm die Tasche aus der Hand und erkundigte sich nach dem Grund seiner schlechten Laune. Specht stellte in Aussicht, morgen die Schule zu schwänzen. Griesgrämig suchte er nach seinem Autoschlüssel. Sunny setzte sich auf den Beifahrersitz und bat ihn, noch nicht loszufahren.

»Morgen beginnt meine Arbeitswoche. Mein erster Tag als Krankenschwester«, berichtete sie ihm stolz. Sie schlug ihm vor, beim Chefarzt nach einer Glückspille für ihn zu fragen. Specht strich ihr übers Haar. »Sonst geht es dir am Ende noch wie Amanda«, sagte Sunny, »die ist so unglücklich, daß sie nicht mehr leben will.«

Specht wurde aufmerksam. Vorhin im Unterricht hatte er gar nicht gemerkt, daß Amanda etwas fehlte. Als er nachhakte, erzählte ihm Sunny, Amandas Mutter habe sämtliche Briefe, die Amanda ihr geschrieben hatte, zurückgeschickt.

»Sie hat keinen Vater ... Plötzlich hat sie auch keine Mutter mehr. Ich werde mich ein bißchen um sie kümmern. Du brauchst zwar auch Trost, Herr Specht ...«

Specht lachte. »Danke, Sunny, sobald ich hier weg bin, geht es mir sicher besser.«

Nach dem Mittagessen bereitete Specht den Unterricht für den nächsten Tag vor. Später spielte er mit Fräulein Lydia im Garten das Spiel, bei dem er verschiedene Tiere imitieren mußte. Fräulein Lydia kreischte vergnügt. Spechts Frosch gefiel ihr am besten, weil er nach dem Quaken immer nach ihr schnappte und sie hüpfend einfangen mußte. Abends war er fix und fertig. Fräulein Lydia konnte beim Abendessen auch kaum mehr die Augen offenhalten. Mathilde und er fütterten sie abwechselnd mit Oliven und Käse, Fräulein Lydias Leib- und Magenspeise.

Mathilde gestand irgendwann, daß sie bis zum kommenden Tag eine Entscheidung fällen mußte, was New York betraf. Ihr war nicht sehr wohl dabei.

»Du hast dich doch längst entschieden.« Specht gab sich keinen Illusionen hin. Mathilde fühlte sich auf dem Dorf nicht wohl. Sie würde ihm fehlen. Aber genau das wollte er ihr nicht zeigen, um ihr kein schlechtes Gewissen zu machen.

»Das hört sich nur so an.« Mathilde sammelte mit dem Zeigefinger ein paar Brotkrumen von ihrem Teller. »Ich warte seit Tagen darauf, daß du mir den Schwachsinn ausredest. Mußt mir eben das kleine private Glück im Kreis der Familie schmackhaft machen.«

Specht setzte sich aufrecht hin, – faltete die Hände und grinste überzogen. »Papa ist Dorfschullehrer, Mama legt vor dem Haus einen Gemüsegarten an, während die Tochter wohlbehütet heranwächst, um später bei Herrn Leitmeier das kleine Einmaleins zu lernen.«

Mathilde hielt ihm ein Stück Gurke hin und biß am anderen Ende ab. »Ein bißchen ernsthafter mußt du das schon machen. Ich kenne Herrn Leitmeier zwar nicht persönlich, kann mir aber kaum vorstellen, daß er zu meinem privaten Glück beiträgt.«

»Zu meinem auch nicht. Kann durchaus sein, daß ich ihn eines Tages umbringe.«

Mathilde sah zu Fräulein Lydia, die herzhaft gähnte. Sie gab ihr ein Küßchen auf die Wange. »So hat jeder seine hochtrabenden Pläne. Auch dein Papa. Der eine geht eben nach New York, der andere ins Gefängnis.«

Specht drückte seiner Tochter ebenfalls einen Kuß auf und hielt dann seine Wange Mathilde hin. Mathilde biß scherzhaft hinein und meinte: »Oh, ich habe dich doch glatt mit einer Karotte verwechselt.«

Einige Tage später kam es zu einer Auseinandersetzung zwischen Leitmeier, Anneliese Fendel und Specht. Wie immer beim stellvertretenden Direktor war die Ursache moralische Verwerflichkeit. Diesmal ging es darum, daß Spechts Pflegetochter Sunny und Amanda von Leitmeier erwischt worden waren, als sie Rotwein tranken. Erschwerend kam die Uhrzeit hinzu. Das Ganze hatte sich am späten Abend in der Mensa abgespielt, als die beiden eigentlich auf ihren

Zimmern hätten sein müssen. Frecherweise hatte Sunny Leitmeier gegenüber auch noch behauptet, in der leeren Flasche habe sich Nagellackentferner befunden und ihm empfohlen, sich an ihren Vater zu wenden, falls er Probleme habe.

Leitmeier hatte am nächsten Tag aufgebracht mit Professor Böck gesprochen. Er hatte ihn darauf hingewiesen, daß solches Verhalten ein Gipfel an Verhöhnung sei. Böck hatte sich jeden Kommentars enthalten und das Lehrerzimmer verlassen, als die Diskussion unangenehm zu werden begann. Leitmeier hatte die Untersuchung des Falles Anneliese Fendel übertragen. Sie erläuterte Specht gerade, wie bedenklich sie das Benehmen der beiden Mädchen fand.

Specht packte wütend ein paar Bücher in seine Tasche und verteidigte die beiden. »Sie waren betrunken, Frau Fendel. Ich weiß auch, warum. Amanda hat angedeutet, daß sie sich das Leben nehmen will. Ich nehme an, Sunny wollte sie davon abbringen und hat zu einem etwas fragwürdigen Mittel gegriffen.«

»Damit hat sie nicht nur gegen das Alkoholverbot verstoßen ...«

Specht unterbrach sie gereizt. »Sondern auch die Nachtruhe gestört. Entschuldigung, ich habe keine Lust, mir eine Moralpredigt anzuhören, bevor ich mit den beiden gesprochen habe. Bis dahin, verehrte Kollegin, nehme ich die Selbstmordabsicht von Amanda Klug sehr viel ernster als ihr vermeintliches Fehlverhalten. Besser betrunken als tot.«

Anneliese Seelig hatte in einer Ecke des Lehrerzimmers Spechts flammende Rede mit leuchtenden Augen verfolgt. Sie wandte sich begeistert an ihre Kollegin Fendel. »Ich weiß nicht, wie es Ihnen geht, werte Kollegin. Ich bin von Herrn Dr. Specht jedesmal wieder hingerissen.«

»Geht mir auch so, Frau Seelig«, antwortete die Lateinlehrerin abfällig. »Soviel Selbstherrlichkeit trifft man wirklich selten.« Ohne weiter von Specht und der Musiklehrerin Notiz zu nehmen, ging sie hinaus.

Frau Seelig nahm sich einen Stuhl. Sie lächelte Specht freundlich an und fragte ihn, ob er schon von der Bergwanderung, die sie nächste Woche unternehmen würden, gehört habe.

Da Specht noch nichts wußte, lud sie ihn und seine fröhliche Schülerschar herzlich ein, daran teilzunehmen. »Weil Sie doch über einen ausgeprägten Sinn für Liedgut verfügen, habe ich Ihnen schon mal die Notenmappe mitgebracht. Sicher möchten Sie einen Blick hineinwerfen.«

Frau Seeligs Freundlichkeit konnte niemand widerstehen. Specht bedankte sich bei ihr und versprach, sich später in das Studium der Lieder zu vertiefen. Sie begleitete ihn, fröhlich von der Bergwanderung plaudernd, bis zum Klassenraum der 7b, die heute einer Gedichtinterpretation harrte.

Specht ging durch die Bankreihen und gab die korrigierten Arbeitsblätter zurück. Die Mutigen drehten das Blatt umgehend auf die Rückseite, andere nahmen die Zettel mit einer weniger hoffnungsvollen Miene entgegen und legten es nach einem kurzen Blick auf die Note trübsinnig wieder auf ihren Tisch. Tanja und Niko verglichen ihre Ergebnisse miteinander, während sich Andrea laut über sich selbst ärgerte.

Specht ließ die Schüler ein paar Minuten in Ruhe, bevor er die Aufgabenstellung noch einmal zusammenfaßte. »Ihr solltet in wenigen Sätzen beschreiben, welche Gedanken und Gefühle das Gedicht bei euch ausgelöst hat. Das haben die meisten sehr anschaulich gemacht. Aber einige haben sich mit den üblichen Sprüchen begnügt. Sie fanden das Gedicht ätzend, cool oder ganz einfach Schrott, weil sie keine Gedichte mögen.«

»Hört sich doch geil an«, rief Michael und erntete Gelächter.

Anke meldete sich. »Das ist die Sprache der Kinder und Jugendlichen«, verteidigte sie ihren Umgangsjargon. »Dagegen werden Sie nichts ausrichten können.«

»Will ich ja auch gar nicht, Anke«, antwortete Specht. »Von mir aus könnt ihr reden, wie euch der Schnabel gewachsen ist. Es wird nur ein bißchen eintönig, wenn man immer die gleichen Wörter benutzt, um alles und jedes damit zu bezeichnen. Klar, man kann sowohl ein Gedicht als auch ein Mädchen geil oder ätzend finden. Einen anständigen Flirt kriegt man mit so dürftigem Vokabular allerdings nicht zustande«, schloß er herausfordernd.

»Werden wir unseren Sprachschatz eben ein bißchen anreichern müssen. Dazu gehen wir ja schließlich in die Schule.« Dieser Kompromißvorschlag kam von Resl. Sie erntete sofort lebhafte Unmutsäußerungen aus der Fraktion der weniger Einsichtigen, für die Schule nichts anderes war als ein Ort der Qualen.

»Richtig«, stimmte Specht ihr zu. »Wenn ich kein Dino wäre, würde ich deine Antwort vielleicht auch ätzend finden.«

»Wieso sind Sie ein Dino?« fragte Andrea verwirrt, worauf viele in der Klasse lachten.

Specht wartete ein bißchen, bis sich die Schüler wieder beruhigt hatten. Bewußt leise fragte er: »Wer kann erklären, was ich meine?«

Die Frage brachte innerhalb einer halben Minute Ruhe in die Klasse. Therese schnippte mit den Fingern. Specht nickte. Sie stand auf. »Ein Dino, abgeleitet von Dinosaurier, ist etwas sehr altes, wie ein Erwachsener.«

Specht wandte sich zu Andrea. »Weiter gesponnen, heißt das, Erwachsene gehören einer aussterbenden Rasse an.«

»Also ist Herr Leitmeier ein Dino«, resümierte Mari überzeugt.

Die Klasse prustete wieder los.

»Der ist eher ein Zombie.« Benedikt japste vor lauter Lachen nach Luft. »Ein Toter, der nicht richtig tot ist, sondern sein Unwesen treibt.«

Specht mußte ebenfalls grinsen und nahm Franziska dran, die hektisch aufzeigte. »Stimmt es, daß Lucy und Josefine ein Liebesverhältnis haben?« fragte sie und wurde über und über rot.

»Keine Ahnung«, antwortete Specht. Er war überrascht, wie Franziska so plötzlich auf dieses Thema kam.

Resl wunderte sich. »Ich denke, Herr Leitmeier hat die beiden deshalb bestraft.«

»Eine Vorsichtsmaßnahme, wie er das nennt«, erwiderte Specht trocken. »Er weiß wahrscheinlich nicht, daß die Natur sich nicht nur die Liebe zwischen Mann und Frau, sondern noch ein paar andere Spielarten ausgedacht hat. Die Liebe zwischen zwei Mädchen oder zwei Jungen, zum Beispiel, die das gleiche Glück und die gleichen schönen Gefühle verheißen können.«

»Mein Vater findet es nicht natürlich, wenn zwei Mädchen sich lieben«, sagte Florian.

»Leider nicht nur dein Vater, Florian«, erwiderte Specht. »Die gleichgeschlechtliche Liebe wird immer noch als Sünde verteufelt, obwohl sie ein Einfall der Natur, wenn nicht sogar des lieben Gottes ist.«

Die Schulglocke läutete. Bevor das allgemeine

Stuhlgerücke losging, gab Specht seinen Schülern noch die Hausaufgabe für den kommenden Tag auf.

Er packte seine Tasche, mit den Gedanken schon bei Sunny, die heute ihren ersten Arbeitstag hatte.

Nach der Stunde kam Resl zu ihm. Sie hatte von ihrem Bruder Jonathan, der Spechts Schüler in der zehnten Klasse war, erfahren, daß Specht heute zu Sunny ins Krankenhaus fuhr. Sie fragte ihn, ob er sie mitnehmen könne. Im Auto erzählte Resl von der seltsamen Vergiftung ihres Vaters, die die Ärzte diagnostiziert hatten.

»Was ist dein Vater von Beruf«, fragte Specht.

»Bauarbeiter. Eines Tages bekam er keine Luft mehr und fiel um.«

»Ich verstehe nur nicht so richtig, wie man sich auf einer Baustelle vergiften kann.« Specht versuchte einen Zusammenhang herzustellen.

Resl roch an dem Blumenstrauß, den sie für ihren Vater gepflückt hatte. »Heutzutage kann man sich überall vergiften, Herr Specht.« Sie seufzte, und Specht mußte ihr recht geben.

Wenig später betraten die beiden gemeinsam das Krankenhaus. Auf dem Krankenhausflur schauten sich Specht und Resl verdutzt an. Einige Türen weiter drang aus einem Zimmer, vor dem sich mehrere Patienten versammelt hatten, Schuberts *Ständchen*. Neugierig gingen sie näher und sahen Sunny in Schwesternkleidung das Lied singen. Als sie fertig war, applaudierten die Patienten begeistert. Sunny verneigte sich und erblickte Specht.

»Ich habe mit meinem Gesang schon die größten Heilerfolge erzielt, Herr Specht.« Sie gab ihm einen Kuß.

Specht erkundigte sich nach Amanda, die ebenfalls eine Arbeitswoche im Krankenhaus absolvierte.

Doch Sunny antwortete nicht auf seine Frage. »Darf ich bekanntmachen«, sagte sie zu einer jungen Ärztin, die herangekommen war, »Herr Specht, unter anderem mein früherer Klassenlehrer – Frau Dr. Engel.«

»Grüß Gott.« Frau Dr. Engel blieb vor Specht stehen und reichte ihm die Hand.

»Guten Tag. An meiner Begrüßung sehen Sie schon, daß ich protestantisch erzogen wurde.«

»Katholisch ist mir lieber«, erklärte sie lachend. »Wir verfolgen die Sünde, lassen die Sünder aber weitgehend ungeschoren. Beichte genügt, Herr Specht.«

Resl fragte schüchtern nach ihrem Vater. Die Ärztin beruhigte sie. »Es geht ihm zwar nicht besser, aber auch nicht schlechter, Resl. Aber er wird noch eine Weile bei uns bleiben müssen. Du kannst gerne zu ihm gehen.«

Specht und Dr. Engel lächelten sich an.

»In welchem Zimmer soll ich jetzt singen?« meldete sich Sunny zu Wort, nachdem sie schweigend ein Stück weitergegangen waren.

Dr. Engel überlegte. »Zimmer fünf würde ich vorschlagen.« Mit einer Spur von Ironie fügte sie hinzu: »Dort hat Herr Schulz das Bett na ja, beschmutzt. Du führst den alten Herrn in den Baderaum und wechselst danach die Bettwäsche. Dabei kannst du von mir aus auch singen.«

Sunny verzog die Mundwinkel nach unten. »Das Leben ist eine Erbkrankheit«, stöhnte sie und begab sich unwillig zu Herrn Schulz. Specht sah ihr grinsend hinterher.

Dr. Engel schlenderte danach langsam mit ihm zum Ausgang zurück. Sie riet ihm, Amanda von der Arbeit im Krankenhaus zurückzustellen und sie statt dessen am Unterricht teilnehmen zu lassen. Amanda schien ihr nicht in der Lage, den Patienten Beistand zu leisten. Eher brauchte das Mädchen selbst Hilfe, war ihr Eindruck.

»Ich bin aber erstaunt, daß Sie sich hier blicken lassen«, fuhr sie fort. »Ist hoffentlich nicht nur ein Pflichtbesuch?«

Specht trat auf die Treppe und brach einen kleinen Oleanderzweig aus dem Blumenkübel am Eingang ab. Er machte eine kleine Verbeugung und reichte ihn der Ärztin. »Da Sie mir auf Anhieb gefallen haben, kann es passieren, daß ich hier öfter auftauche.«

»Hört sich gut an.« Sie steckte die Blüte an ihren Arztkittel. Sie stand ein paar Sekunden gedankenverloren am Eingang und sah Specht hinterher. Ein Lehrer, der sich ins Krankenhaus verirrte! Das war bisher noch nicht vorgekommen.

Specht verirrte sogar noch ein zweites Mal ins Krankenhaus, nämlich weil ihm eingefallen war, daß er noch nichts gegessen hatte, was er hier schnell zwischendurch erledigen konnte. In der Cafeteria des Krankenhauses nahm Specht sich ein Tablett und Besteck für ein ausgedehntes Mittagessen. Er wählte Spätzle mit Rindergulasch, suchte sich einen knackig aussehenden Feldsalat aus und genehmigte sich noch ein appetitlich aussehendes Stück Erdbeertorte mit Sahne. Er suchte sich einen Tisch am Fenster. Das Essen war erstaunlich gut gewürzt. Specht tunkte seine Spätzle in die Soße und überlegte.

Mit Amandas Mutter schien einiges im argen zu liegen. Ich sollte einfach mit ihr hinfahren und schauen, was da los ist. Eine Mutter, die ihrer Tochter sämtliche Briefe ungelesen zurückschickte, war ihm bisher noch nicht begegnet. Kannte die Frau ihr Kind nicht? Sie mußte doch wissen, daß gerade ihre Tochter höchst empfindsam auf jede Ablehnung reagierte. Manche Eltern machten sich's wahrlich zu leicht. Specht schüttelte den Kopf. Ihm war das Verhalten der Mutter unbegreiflich. Selbst wenn ein sechzehnjähriges Mädchen wirklich Mist baut, war das noch lange kein Grund, die Briefe nicht zu lesen. Und wenn er Amanda mit den anderen Schülern aus ihrer Klasse verglich, konnte er sich nichts vorstellen, mit dem sie ihre Mutter dermaßen verärgert haben könnte. Specht trank sein Wasser leer und trug das Tablett zum Laufband. Es mußte etwas passieren. Also auf in die Arena!

Amanda wartete schon am Eingang des Wohnheims auf ihn. Sie war überhaupt nicht begeistert von Spechts Idee, zu ihrer Mutter zu fahren. »Sie wird uns wahrscheinlich gar nicht reinlassen«, erzählte sie Specht auf dem Weg zum Auto. »Sie will nicht, daß jemand ihre Lebenslüge zerstört. Meine Mutter hat Angst vor der Wahrheit, und sie hat Angst vor mir, weil ich die Wahrheit kenne.«

Specht schloß die Tür auf. Er bat Amanda, sich anzuschnallen. »Möchtest du vielleicht darüber reden. Du hast doch bestimmt noch nicht gegessen. Komm, ich lade dich zu einer Kleinigkeit ein.«

»Ich kriege bestimmt nichts runter, Herr Specht«, meinte sie.

Specht fuhr sich über den Bauch. »Weißt du was, ich habe zwar gerade gegessen, aber ich verspreche dir, ich esse noch einmal. Natürlich nur unter der Bedingung, daß du mir kauend Gesellschaft leistest.«

Amanda lächelte ein wenig und gab nach. »Dann muß ich Ihre Einladung wohl annehmen.«

Amanda kannte ein nettes Gasthaus in der Nähe der Bücherei. Es schien ein gut geführtes Lokal zu sein. Die Einrichtung war nicht überladen. Auf den wenigen Tischen lagen hellblaue Tischdecken, kleine Vasen mit jeweils einer Rose standen darauf. An den Wänden hingen einige Aquarelle. Offenbar war der Besitzer des Gasthauses ein Freund der Künste, denn die Kärtchen mit den Preisen neben den Bildern verrieten, daß es sich um eine Ausstellung handelte.

Specht nickte anerkennend. »Danke für den Tip, Amanda. Du hast einen guten Geschmack.«

Amanda bestellte sich Putenschnitzel mit Champignons und Erbsen. Specht schloß sich ihr einfach an und bestellte dasselbe für sich mit einer großen Flasche Wasser. Als der Kellner das Essen servierte, schnupperte er. Es roch köstlich. Er goß Amanda ein, die sich nun doch mit sichtlichem Appetit ihrem Teller widmete. Sie sah auf. »Sie halten mich sicher für unglaubwürdig, Herr Specht. Erst will ich nicht essen, dann schlage ich plötzlich hemmungslos zu.«

»Gefällt mir«, sagte er kauend, »nicht nur deine Unglaubwürdigkeit, sondern auch dein Appetit.«

Amanda leckte sich die Lippen. »Es schmeckt so gut, daß ich gar keine Lust mehr habe, über meinen Kummer zu reden.«

Sie ließ es sich weiter schmecken, wurde dann aber mit einem Mal ganz ernst und nachdenklich. Sie sah Specht eine Weile forschend an, bevor sie gestand: »Ich habe meine Mutter zur Rede gestellt. Ich wollte wissen, wer mein Vater ist. Hat sie mir nicht verraten. Eines Tages habe ich Liebesbriefe bei ihr gefunden. Liebesbriefe eines Mannes, der nur heimlich lieben kann. Er ist Priester und möchte gern Bischof werden. Das kann er natürlich nicht, wenn die Wahrheit ans Licht kommt.«

Specht legte sein Besteck beiseite. »Die Wahrheit ist, daß er eine sechzehnjährige Tochter hat.«

Amanda versuchte zu lächeln. »Ich bin ein Kind der Sünde, Herr Specht.«

»Sagt deine Mutter?«

Amanda zuckte die Schultern: »Sagt sie nicht, aber sie denkt es wahrscheinlich.«

»Ein Kind der Sünde, dessen Vater Geistlicher ist!« Entrüstet nahm Specht sein Glas und stellte es, ohne zu trinken, gleich wieder auf den Tisch zurück.

Amanda ließ den Kopf hängen. Ihr Gesicht spiegelte all ihren Kummer wieder, als sie leise weitersprach. »Ich habe meiner Mutter gestanden, daß ich seine Briefe heimlich gelesen habe. War ein Fehler, ich weiß.« Tränen stiegen ihr in die Augen. »Sie ist eine unglückliche Frau, die ihr kleines bißchen Glück nicht auch noch verlieren möchte. Die beiden haben immer noch ein Liebesverhältnis.«

Specht war da anderer Ansicht. »Sie sollen ihr Glück von mir aus genießen, wenn sie dabei auch an dich denken und auf deine Gefühle Rücksicht nehmen würden.«

»Mein Vater denkt einmal im Monat an mich.« Amanda schneuzte sich und sah Specht mir verweinten Augen an. »Er überweist meiner Mutter immer das Geld für die Schule. Wir könnten uns sonst das Internat gar nicht leisten.«

»Soviel zur christlichen Nächstenliebe«, schloß Specht grimmig. Er strich Amanda sacht über den Arm und sah sie bittend an. »Ich glaube, Amanda, wir müssen doch mal mit deiner Mutter reden.«

Sie schüttelte den Kopf. »Vielleicht können wir damit warten, bis mein Vater Bischof ist.«

Specht verstand ihren Versuch, tapfer zu sein. Aber er sah, daß das Mädchen nur unter Aufbietung aller

Kräfte die Fassung bewahrte. Versprechen konnte er nichts. Fürs erste fuhr er zurück, jedoch mit dem festen Vorsatz, mit Amandas Mutter ein offenes Wort zu reden, und sie deutlich an ihre Verantwortung als Mutter zu erinnern.

Doch morgen war erst einmal Wandertag.

Am Wandertag schien das Wetter nicht beständig zu bleiben. Vroni Seelig, Specht und die Schüler der zehnten Klasse, die morgens vor dem Internat warteten, hatten wetterfeste Kleidung angezogen. Wenn man dem Wetterbericht glauben durfte, waren Schauer angesagt. Alle, außer Mathilde, die mitwanderte, steckten in Bergschuhen. In aufgeregter Ausflugslaune hatte sich die Klasse um die Musiklehrerin versammelt. Mit ihr machten die Ausflüge immer richtigen Spaß. Sie war eine passionierte Bergsteigerin und geriet immer ins Schwärmen, wenn sie von ihren Touren in schwindelnde Gebirgshöhen erzählte.

Die aufgeklappte Wanderkarte in der Hand, hatte sie Specht und den Schülern die Routen noch einmal genau erklärt. Vroni Seelig kannte jeden Wanderpfad. Wenn sie dabei war, mußte man keine Angst haben, sich zu verirren. Sicherheitshalber hatte sie die Strecke, die Specht mit seinen Schülern wandern wollte, rot markiert.

Sie erklärte noch einmal alles, indem sie auf die Karte deutete. »Wir wandern in zwei Gruppen, um das gemeinsame Ziel, diese Berghütte, zu erreichen. Ich bitte Sie alle darauf zu achten, daß die Gruppen zusammenbleiben.« Zu Specht sagte sie entschuldigend: »Ich habe mir erlaubt, die sangesfreudigen Schüler in meiner Gruppe zu versammeln. Sie finden das hoffentlich nicht anmaßend, Herr Specht.«

»Ich bin froh, wenn ich nicht singen muß«, beruhigte Specht die Kollegin.

Blümchen war herangeeilt. Sie drängte sich durch die Schülermenge und zupfte Specht am Ärmel seiner Windjacke. »Sie möchten bitte zu Herrn Leitmeier kommen, Herr Specht.« Die Sektretärin wußte, daß sie Specht mit dieser Mitteilung keine Freude machte.

Specht rollte mit den Augen. »Bestellen Sie ihm einen schönen Gruß. Wenn er was von mir will, soll er sich zur Berghütte begeben.«

»Würde ich ihm gerne ausrichten«, entgegnete die Sekretärin achselzuckend. »Leider läßt Herr Professor Böck Sie bitten, mit Herrn Leitmeier und Herrn Mönch zu reden.«

»Wer ist Mönch?«

»Ein Baulöwe. Vater von Benedikt Mönch, der ebenfalls da ist.«

Specht seufzte. Er entschuldigte sich bei der Kollegin. »Bin gleich wieder da!« Gemeinsam mit Blümchen machte er sich auf ins Schulhaus.

Unterwegs erzählte sie ihm, worum es ging. Mönch hatte sich bei Böck über Specht beschwert. Er hielt es für eine beispiellose Geschmacklosigkeit, wie Specht im Deutschunterricht die gleichgeschlechtliche Liebe nicht nur verteidigt, sondern sogar als Gottes Werk bezeichnet hätte.

»Sagt Leitmeier?« wollte Specht wissen.

Sie schüttelte den Kopf. »Sagt Herr Mönch. Er ist einer unserer größten Geldgeber. Man muß also etwas behutsam mit ihm umgehen.«

»Sagt diesmal wer?«

»Läßt Ihnen Professor Böck sagen, der sich vor Mönch in Sicherheit gebracht hat.« Blümchen sah ihn bedauernd an und öffnete die Tür zum Direktorat.

Leitmeier und Mönch sahen ihm verärgert entgegen. Benedikt saß neben seinem Vater. Er wirkte verlegen. Ihm war die Situation offenbar sehr peinlich.

Specht ging direkt auf den Baulöwen zu und machte es kurz. »Guten Tag«, sagte er kühl. »Sie sind Herr Mönch, nehme ich an. Ich heiße Specht. Ich habe genau zwei Minuten Zeit, mir Ihre Vorwürfe anzuhören.« Er blieb direkt vor Benedikts Vater stehen, obwohl dieser das als Unhöflichkeit auffassen mußte.

Mönch mußte zu ihm aufsehen. Warum Böck Leute einstellte, die mit ihrem Aufklärungsfanatismus besser woanders hingegangen wären, war ihm noch immer vollkommen schleierhaft. In ein teures, privates Internat paßte dieser Specht jedenfalls nicht. Schon wie er auftrat! Am liebsten hätte Mönch ihn gefragt, ob man bei ihm zu Hause das Licht noch mit dem Hammer löschte. Er verkniff sich die Beleidigung und lehnte sich statt dessen auf seinem Stuhl zurück.

»Ich brauche nicht einmal eine Minute. Ich werde veranlassen, daß sie aus dem Internat entfernt werden. Sie wissen, warum?«

»Weiß er mit Sicherheit«, sekundierte ihm Leitmeier. »Wozu haben wir eine Schulsekretärin?«

Specht reagierte gar nicht auf die Häme des pädagogischen Tugendwächters. Er sah Mönch kühl an und brachte die Sache auf den Punkt. »Sie haben von ihrem Sohn erfahren, daß ich die gleichgeschlechtliche Liebe für einen Einfall der Natur, wenn nicht sogar des lieben Gottes halte.«

»Fand ich gut, Herr Specht«, pflichtete ihm Benedikt mutig bei.

Er erntete einen strafenden Blick seines Vaters.

Specht lächelte dem Jungen zu. »Ich schließe mich der Meinung Ihres Sohnes an«, fuhr er fort. »Wobei mir völlig gleichgültig ist, ob Sie mich oder die gleichgeschlechtliche Liebe für abartig halten. Darüber können Sie sich mit Herrn Leitmeier austauschen, mit dem Sie sich fraglos besser verstehen.«

An der Tür wandte Specht sich noch einmal um. »Das soll es ja auch geben, daß zwei Männer eine gewisse Neigung füreinander empfinden, meine ich«, sagte er spöttisch.

Specht hörte noch, wie Mönch Leitmeier anschrie. »Das wird Folgen haben!«

Auf einem spärlich bewachsenen Bergplateau hielt Vroni Seelig endlich an. Dicht hinter ihr folgten Lucy, Sunny, Axel und Josefine. Der Rest versuchte vergeblich, sich dem Wandertempo der Musiklehrerin anzupassen. Sie blieben immer wieder stehen, hechelten nach Luft und hielten sich die Seiten vor Anstrengung.

Frau Seelig ließ den Blick über die Berggipfel und Schluchten schweifen. Welch ein beglückender und erhabener Anblick! Sie summte die Anfangstöne der Arie »Durch die Wälder, durch die Auen« aus dem *Freischütz* vor sich hin und atmete tief durch.

Axel und die anderen ließen ihre Rucksäcke fallen und hockten sich schwer atmend auf den felsigen Boden. Manche hatten von der Anstrengung des Aufstiegs rote Wangen und wischten sich den Schweiß von der Stirn.

Einzig Vroni Seelig schien die stundenlange Wanderung nicht im geringsten angestrengt zu haben. Sie war in glänzender Verfassung. Zutiefst bewegt, wies sie mit einer Hand auf das gewaltige Panorama. »Ist es nicht erhebend, in Gottes Natur zu stehen und den Blick über die Schönheiten seines Werks schweifen zu lassen?«

Lucy deutete mit dem Kopf auf die Wolkenmassen über den westlichen Bergspitzen. »Sieht nicht sehr gut aus, Frau Seelig.«

»Was meinen Sie, bitte?« Die Musiklehrerin verstand nicht, wovon Lucy sprach.

»Die Wetterlage.« Josefine warf einen abwägenden Blick zum Himmel. »Sieht aus, als würden wir in einen Sturm geraten. Wenn wir dem lieben Gott ein Ständchen bringen wollen, müssen wir uns beeilen, Frau Seelig.«

Vroni Seelig drehte sich um. »Worauf warten wir also?«

Heiner rief Felix, der mühevoll den Rest des Weges zum Plateau herankeuchte, zu: »Flöte raus, Felix!«

Der legte sich, auf dem Plateau angekommen, erst einmal flach auf den Boden und starrte kurzatmig in die Luft. »Ich kann nicht mehr. Wasser!«

Die Lehrerin ging zu ihm. »Es genügt, wenn Sie den Ton angeben, Löffelholz.« Sie half ihm auf die Beine. »Wir singen ›Wem Gott will rechte Gunst erweisen‹.«

Felix wischte sich mit dem Taschentuch, das Frau Seelig ihm reichte, über das Gesicht und setzte seine Flöte an den Mund. Der erste Versuch scheiterte, einzig ein schriller Pfeifton war das Ergebnis. Nachdem er im Gleichtakt mit seiner Lehrerin einige Male tief durchgeatmet hatte, gelang ihm der richtige Ton, und Vroni Seelig konnte den Einsatz geben.

Specht hatte mit seiner Gruppe einen anderen Bergpfad zu der Hütte eingeschlagen, in der sich alle am späten Nachmittag treffen wollten. Mathilde hinkte mühselig hinter ihm her. Natürlich war sie in Turnschuhen. Sie waren zwar bequem, aber denkbar ungeeignet für eine stundenlange Bergwanderung. Spechts

Einwände, sich ordentliche Bergschuhe zu kaufen, hatte sie einfach nicht folgen können. Wenn man in Turnschuhen stundenlang woanders Spaziergänge machen konnte, würde das wohl auch auf felsigen Wegen gehen. Außerdem würden die Bergschuhe sowieso in den nächsten zwei Jahren in der Ecke liegen, hatte sie geantwortet. In Bergschuhen könne sie in der New Yorker Redaktion höchstens als Vorlage für die Karikatur einer bayrischen Dorflehrerfrau dienen. Specht hatte sogar versucht ihr die Teilnahme an dem Ausflug auszureden, sie gefragt, ob sie sich unbedingt Blasen an die Füße laufen müsse, um Buße zu tun für ihre Entscheidung, den Job in Amerika anzunehmen. Ein schlechtes Gewissen hatte sie, das stimmte. Aber es war wahrscheinlich auch der letzte längere Ausflug, den sie mit ihm genießen konnte, bevor sie ihn in seiner Idylle zurückließ und ihren beruflichen Ehrgeiz auf dem anderen Kontinent befriedigte.

Mathilde blieb mit gequältem Gesicht stehen. »Warte. Meine Schuhe drücken. Kann passieren, daß du mich hier zurücklassen mußt.«

Specht blieb stehen. »Sind nur noch zwei oder drei Kilometer.«

»Sehr trostreich.« Mathilde setzte sich hin und rieb sich die Knöchel. »Jetzt wird sich dein heimlicher Wunsch doch noch erfüllen«, sagte sie und öffnete die Schnürsenkel. Specht ordnete fünf Minuten Pause an. Er setzte sich zu Mathilde. Gretchen ging auf die Knie und ließ die Zunge heraushängen. Sie war mindestens genauso erschöpft wie Mathilde.

Specht nahm Mathildes Fuß in die Hand. Er massierte ihn sanft und fragte: »Warum? Was für ein Wunsch?«

»Du hast einmal versprochen, mich auf Händen zu tragen. Weißt du das nicht mehr?«

Fridolin, der sich vor Specht auf die Erde gestreckt hatte, richtete sich auf. »Ich kann ja bei Ihrer Frau mit anfassen, Herr Specht, falls sie schlappmachen sollte.«

Specht legte Mathildes Fuß behutsam ins Gras. Grinsend lockerte er die Gurte von Mathildes Rucksack und nahm ihn ihr vom Rücken. »Ich habe einen besseren Vorschlag, Fridolin.« Er drückte dem Jungen das Gepäckstück in die Hand. »Du läßt mir die Frau und darfst dafür ihren Rucksack tragen.«

»Das hat man davon, wenn man sich als Kavalier zu erkennen gibt«, maulte Fridolin.

»Es geht weiter. Auf mit euch, bevor wir hier einrosten. Es dauert auch nicht mehr lange.« Er half Mathilde auf die Beine, und unter allgemeinem Jammern und Stöhnen rappelten sich die Schüler wie eine Gruppe rheumageschädigter Senioren auf, um auch noch den Rest der Route hinter sich zu bringen.

Amanda hatte während der Wanderung kaum ein Wort gesprochen. Das war keinem weiter aufgefallen, weil alle beschäftigt waren, sich selbst und ihre Rucksäcke mühsam hinter ihrer munter dahinschreitenden Musiklehrerin herzuschleppen. Je höher sie stiegen, desto weiter blieben Amanda und Felix, der einige Meter hinter ihr nach Luft schnappte, zurück. Amanda grübelte. Sie war zu dem Schluß gekommen, daß sie ihrer Mutter im Weg war. Allein die Tatsache, daß sie auf der Welt war, erinnerte die Mutter ununterbrochen an ihr sündhaftes Leben. Und für ihren Vater war sie ohnehin ein gefährliches Hindernis auf seinem Weg, Bischof zu werden. Im Grunde war sie beiden im Weg. Keiner war glücklich darüber, daß es sie gab. Was sollte sie also hier?

Der Himmel hatte sich am Nachmittag weiter zugezogen. Es wurde immer dunkler. Heftige Windstöße fauchten um die teilweise gefährlichen Felsvorsprünge und wirbelten in den Schluchten Zweige durch die Luft. Als es anfing, wie aus Kübeln zu gießen, konnte man fast die eigene Hand nicht mehr vor den Augen sehen. Jeder kämpfte für sich gegen die nasse Wand aus Regen und Sturmböen. Der einzige Orientierungspunkt war der orangefarbene Wetteranorak der Musiklehrerin.

Amanda blieb stehen und schüttelte sich. Wie blind stapfte Felix Löffelholz an ihr vorbei. Nun war sie die letzte in der Gruppe und würde bald ganz allein sein. Sie schluckte. Vielleicht war es besser so.

Heiner kam als erster aus Spechts Gruppe an der Berghütte an. Er sah Licht im Fenster und schrie: »Die anderen sind schon da.«

Erleichtert polterten die Schüler in die Hütte. Sie wunderten sich. Vroni Seelig und der Rest der Klasse begrüßten sie mit todernsten Gesichtern. Fridolin warf seinen und Mathildes Rucksack in eine Ecke und rief: »Was ist das denn hier für eine Trauergesellschaft?«

Specht streifte seine Kapuze ab und schüttelte sich, daß es spritzte. »Ich habe mir den Empfang auch ein bißchen lebhafter vorgestellt. Was ist passiert?«

Lucy ging zu ihm und nahm ihm den Rucksack ab. »Amanda ist weg.«

Die Musiklehrerin erklärte, daß sie leider auch erst vor ein paar Minuten bemerkt habe, daß Amanda fehlte. Sie hatte Angst.

Specht fragte alarmiert: »Wer hat sie zuletzt gesehen?«

Felix war ganz kleinlaut. »Ich. Sie lief eine Weile vor

mir her. Plötzlich war sie verschwunden. Ich habe mir nichts dabei gedacht.«

Ohne ein weiteres Wort zog Specht seine Kapuze wieder über und war mit wenigen Schritten an der Tür.

»Warte kurz.« Mathilde lief zu ihm. »Ich komme mit dir.«

Draußen tobte ein infernalisches Unwetter. Sie rannten ein Stück weit gemeinsam den Bergpfad hinunter. Als dieser sich gabelte, trennten sie sich, um gleichzeitig beide Wege abzusuchen. Mathilde und Specht schrien sich fast die Seele aus dem Leib, um das laute Getöse des Unwetters zu durchdringen.

Specht glitt auf einer aufgeweichten Moosfläche aus und konnte sich gerade noch an einer kleinen Bergkiefer festhalten, um nicht in die Schlucht zu fallen, die sich wie ein gähnender Schlund vor ihm auftat. Eine Rutschpartie ins Ungewisse wäre das letzte gewesen, was er jetzt noch gebraucht hätte. Als er mühsam wieder zum Weg zurückgeklettert war, blieb er eine Weile stehen, um wieder zu Atem zu kommen. Dann schrie er aus Leibeskräften nach Amanda. Allmählich erfaßte ihn Panik. Er lauschte. Außer Mathildes Stimme, die sich anhörte wie ein fernes Echo, nichts.

Nach einer weiteren halben Stunde gab er die Suche auf und beschloß zur Hütte zurückzukehren. Vielleicht, hoffentlich, hatte Mathilde sie ja gefunden. Wenn nicht, würde er die Bergwacht informieren.

Völlig abgehetzt und mit der vagen Hoffnung, seine schlimmsten Befürchtungen würden sich in Luft auflösen, kam er in die Berghütte zurück.

Josefine zog eilig ein Handtuch aus ihrem Rucksack und reichte es Specht. »Sie haben sie also nicht gefunden?« Sie war leichenblaß.

Specht trocknete sein Gesicht ab. Er schüttelte den Kopf. »Ich habe die Suche unterbrochen, weil ich hoffte, Amanda oder wenigstens Frau Möhring hier zu finden. Wir haben getrennt gesucht, weil uns das erfolgsversprechender erschien.«

Lucy goß Tee aus der Thermoskanne in einen Becher und reichte ihn Specht. »Sollen wir Ihnen nicht doch bei der Suche helfen?«

»Damit noch mehr passiert? Kommt überhaupt nicht in Frage.« Specht trank einen Schluck und wies Vroni Seelig an aufzupassen, daß niemand die Hütte verließ.

Sie nickte und erstarrte plötzlich. Wie vom Donner gerührt stierte sie zur Tür.

Dort stand Amanda. Sie war bis auf die Haut durchnäßt und machte einen ganz und gar verzweifelten Eindruck. »Ich habe Frau Möhring gesehen«, stieß sie hervor.

Eine eisige Kälte kroch Specht über den Rücken. Mit zwei Schritten war er bei Amanda und rüttelte sie an der Schulter. »Wo?« brachte er heiser hervor.

»Sie war ganz dicht bei mir. Ich glaube, sie wollte mich retten, Herr Specht.« Amanda schlug die Hände vors Gesicht und brach in lautes Schluchzen aus. »Sie ist abgestürzt.«

Am folgenden Morgen fuhr Specht direkt ins Krankenhaus. Er war bei den Bergungsarbeiten dabeigewesen und hatte zitternd gewartet, bis man Mathilde in einem Rettungshubschrauber ins Krankenhaus geflogen hatte. An der Pforte wartete Dr. Engel bereits auf ihn. Er gab der Ärztin wortlos die Hand, und sie gingen eine Weile schweigend nebeneinander zur Intensivstation. Vor der Tür blieb sie stehen und sah

Specht ernst an. »Sie hat schwere innere Verletzungen.« Noch leiser fügte sie hinzu: »Sieht gar nicht gut aus.«

»Darf ich denn zu ihr?« fragte Specht.

Constanze Engel faßte seine Hand. »Dürfen Sie eigentlich nicht. Aber ich mache eine Ausnahme, Herr Specht.«

Mathilde lag, an mehrere Apparaturen angeschlossen, in ihrem Bett. Ihr Kopf war teilweise verbunden, ihre Hände lagen wie ausgedörrt auf der Decke. Sie hatte die Augen geschlossen. Offensichtlich konnte sie sich nicht bewegen. Specht setzte sich behutsam auf den Stuhl neben sie und strich über ihre Hand. »Ich glaube, ich schaffe es nicht«, flüsterte sie.

Specht beugte sich über sie und küßte zart ihre Nasenspitze. »Wäre ganz schlecht. Du kannst mich doch nicht mit Fräulein Lydia allein lassen.«

Er versuchte sich vorsichtig auf den Rand ihres Bettes zu setzen und glaubte, vor Verzweiflung zu ersticken. Alle Farbe war aus Mathildes Gesicht verschwunden, ihre Haut war fast durchscheinend. Specht nahm ihre Hand und liebkoste ihre Finger. Zum ersten Mal seit Jahren betete er, bat stumm darum, daß Gott sie durchkommen ließe.

Mathilde schlug die Augen auf. Sie sahen sich lange an. Specht konnte die Tränen nicht mehr zurückhalten.

»Ich hätte dich doch sowieso alleingelassen.« Sie versuchte zu lächeln. »Meiner Tochter erzählst du einfach, daß ich eine wunderbare, aber nicht sehr zuverlässige Frau gewesen bin. Sonst fragt sie dauernd, wann ich nach Hause komme.«

Er beugte sich wieder über sie und küßte sie weinend. Selbst das Atmen fiel ihr schwer. Hilflos wischte Specht seine Tränen von ihrem Gesicht.

»Versprichst du mir etwas? Oder, nein, mach es mir einfach vor?« Sogar trotz ihrer Schmerzen konnte sie noch ungemein schalkhaft blicken.

»Was denn?« In ihm zog sich alles zusammen beim Anblick ihrer Tapferkeit. Am liebsten hätte er geschrien.

»Lächle«, hauchte sie, ». . . damit du es nicht verlernst.«

Ihre Antwort verblüffte ihn so sehr, daß er tatsächlich lächeln mußte.

Mathilde blinzelte ihm liebevoll zu. »Geht doch noch ganz gut.«

Wieder schossen ihm Tränen in die Augen, die ihn ihr schönes Gesicht nur noch verschwommen sehen ließen. Verzweifelt versuchte er sie wegzublinzeln.

Sie betrachtete ihn lange. Ihre Blicke versanken ineinander, als seien Mathilde und Specht ganz alleine auf der Welt. Es wurde ganz still im Zimmer. Mathilde hob ihm den Kopf ein ganz klein wenig entgegen und wisperte: »Lächle. Kann ich jetzt gut gebrauchen. Ist vielleicht das letzte Mal, daß ich dich lächeln sehe.« Ihr Kopf fiel auf das Kissen zurück und rollte zur Seite.

Specht glaubte in einen bodenlosen Schacht zu stürzen. Nie mehr. Er legte sein Gesicht an ihr totes Antlitz und weinte hemmungslos.

Heiße Ware

Nach Mathildes Beerdigung konnte Specht mehrere Wochen nicht zur Schule gehen. Er stand regelrecht unter Schock. Zum Glück war Pia Kleinholz, seine Stiefmutter, sofort gekommen. Sie nahm den Haushalt in die Hand und sorgte gemeinsam mit Sunny und Karin Anselm dafür, daß der Alltag, so gut es ging, seinen gewohnten Lauf nahm. Sogar die Ärztin Constanze Engel war gekommen, um Specht zu helfen. Fräulein Lydia wurde von dem Frauenhaushalt so sehr verwöhnt, daß sie kaum Gelegenheit hatte, nach ihrer Mutter zu fragen.

Specht erholte sich langsam und begann irgendwann sich wieder für seine Umwelt zu interessieren. Pia Kleinholz war froh, als er ihr erzählte, er würde wieder zur Schule gehen. Dort würden ihn soviel Ärger und Aufregung erwarten, daß er seinen Schmerz bestimmt mehr und mehr vergessen konnte. Sie packte erleichtert ihre Koffer und instruierte die Frauen um Specht mit dem, was ihr am wichtigsten war. Sie fuhr ab in der Gewißheit, daß sie sich jetzt keine allzu großen Sorgen mehr um ihn machen mußte. Er war ins Leben zurückgekehrt.

Und Specht freute sich sogar auf die Schule. Trotz Leitmeier.

Als Specht montags seine Klasse betrat, überreichte Amanda ihm einen riesigen Blumenstrauß. Die Schüler hatten sich zur Begrüßung ein langes Gedicht ausgedacht und aufgeschrieben. Von dem trug jeder Schüler eine Zeile vor. Als sie fertig waren, applaudierten alle. Specht war zu Tränen gerührt. Er war zu Hause, das wußte er jetzt.

Spechts Schüler hatten sich in der Zwischenzeit

allerdings nicht in friedliche Schäfchen verwandelt. Ihm war das eine und andere zu Ohren gekommen. Karin Anselm hatte ihn mit Geschichten aus dem Schulalltag auf dem laufenden gehalten. Lucy und Josefine konnten es nicht lassen, Leitmeier zu provozieren. Der war mal wieder auf einen ihrer Streiche hereingefallen. Sie hatten Josefine eine aufblasbare Gummipuppe ins Bett gelegt und Leitmeier herbeigelockt. Erfreut, die beiden Mädchen endgültig ihrer abartigen Neigungen überführen zu können, war der stellvertretende Direktor nachts an Josefines Bett getreten und fassungslos gewesen, als er statt Lucy die Puppe fand.

Johnny, Felix, Axel und Fridolin war nichts Besseres eingefallen, als einen Hochsitz im nahegelegenen Wald abzusägen und anzuzünden. Sie wollten damit einen Beitrag zum aktivem Tierschutz leisten, und das obwohl sie mittags gerne Wild aßen. Die Polizei war eingeschaltet worden, es gab Ermittlungen im Auftrag des Landrats. Die Schüler waren erleichtert, als alles ein glimpfliches Ende nahm. Zur Strafe mußten die vier lediglich einen neuen Hochstand bauen.

Aber trotz dieser Probleme tat es unendlich gut, wieder in der Schule zu sein. Specht kam nicht eine Minute ins Grübeln. Dazu blieb gar keine Zeit. Er mußte die Unterrichtsstunden vorbereiten und sich um die Schüler, aber auch um manchen Kollegen kümmern, mit dem es etwas zu besprechen, zu regeln oder zu planen gab. Meist fiel er erst nach Mitternacht ins Bett, viel zu müde, um auch nur noch eine Seite in dem Buch auf seinem Nachttisch zu lesen.

Eines Vormittags begegnete Specht dem unsympathischen Herrn Mönch auf dem Parkplatz der Schule wieder. Der Baulöwe hatte neben ihm geparkt und ließ mit einem Knopfdruck das Seitenfenster seines Wagen herunter. »Glück gehabt, Specht. Mein Antrag, Sie aus dem Schuldienst zu entfernen, wurde aus Gründen der Pietät zurückgestellt.«

Specht überging die taktlose Begrüßung.

»Finde ich nicht nur für Sie, sondern auch für mich bedauerlich. In einer Schule, die auf Ihr Kommando hört, unterrichte ich nur mit Widerwillen, Herr Mönch. Sie sollten meinen Rausschmiß also ein bißchen beschleunigen.«

Mönch grinste. »Keine Sorge. Sobald Ihre Trauerzeit vorbei ist, fliegen Sie, Specht. Versprochen!« Er ließ das Fenster wieder hochsurren und winkte Specht erheitert zu, als er zurücksetzte.

Resl schloß sich Specht an, als er ins Schulgebäude ging. Sie war ein bißchen nachdenklich, weil sie gleich Mathe hatte. Specht war auch nicht redseliger, weil er noch in Gedanken bei Benedikts Vater und dessen Rachepläne war. Andere Meinungen als seine eigenen ließ er wohl nicht gelten. Er versuchte, sich Mönchs Frau vorzustellen. Bestimmt ordnete sie sich ihrem Mann total unter und neigte zu hysterischen Anfällen. Armer Benedikt!

Im Flur vor dem Klassenzimmer fragte er Resl, bei wem sie jetzt Unterricht hätte.

»Leitmeier«, antwortete sie knapp.

Er lachte. »Wie findest du den?«

»Beschissen«, gab sie freimütig zu. »Und Sie?«

»Als Lehrer kann ich ihn nicht beurteilen«, entgegnete Specht. »Aber als Mensch habe ich meine Schwierigkeiten mit ihm.«

»Bei mir könnte es, wenn überhaupt, nur umgekehrt sein«, sagte Resl, erfreut über Spechts Offenheit. »In seiner Eigenschaft als Mensch habe ich Herrn Leitmeier noch nicht kennengelernt.«

Specht wollte sich von ihr verabschieden. Sie zögerte an der Tür. Er sah ihr an, daß sie Angst vor Leitmeier hatte, weil sie zu spät war. »Wird wohl das beste sein, wenn wir da beide zusammen reingehen«, bot er ihr an.

Sie nickte erleichtert. »Fände ich gut, Herr Specht.«

Specht öffnete sehr leise die Tür. Er gab Resl mit einer Kopfbewegung zu verstehen, daß sie ruhig zu ihrem Platz gehen könne.

Benedikt stand gerade an der Tafel, Leitmeier neben ihm. Der Mathelehrer reagierte weder auf Specht noch auf Resl. Er fuhr einfach fort, Benedikt eine Aufgabe zu erklären. Während Benedikt einen Lösungsweg an der Tafel ausprobierte, trat Leitmeier einen Schritt zurück, als könne er aus dieser Distanz die zu erwartenden Fehler besser erkennen. Kaum hatte der Junge die letzte Zahl angeschrieben, rief Leitmeier: »Falsch!« Er sang das Wort mehr, als daß er es sprach. Es klang nach freudigem Finale und nicht nach sachlicher Feststellung. »Wer geht zur Tafel und macht es richtig?« fragte er und drehte sich zur Klasse.

»Entschuldigung«, unterbrach ihn Specht. »Ich habe nicht die Absicht, bei Ihnen zu hospitieren, Herr Leitmeier. Ich bin hier, weil ich Resl entschuldigen möchte. Es ist meine Schuld, daß sie zu spät kommt.«

Leitmeier ging zu seinem Pult. Gereizt tippte er mit dem Mittelfinger seiner rechten Hand auf die Anwesenheitsliste. »Das kann ich als Entschuldigung leider nicht gelten lassen, Herr Kollege. Resl wohnt im Internat. Um dieses Klassenzimmer zu erreichen, benötigt sie allenfalls drei Minuten. Das heißt, mit dem Auto vielleicht nur zwei Minuten.«

Resl versuchte, ihm alles zu erklären. »Ich habe meinen Vater besucht, Herr Leitmeier. Er ist schwer krank.«

»Ich weiß, Resl«, entgegnete Leitmeier freundlich. »Du darfst dich ruhig wieder setzen.«

Specht nickte Resl nochmal zu. Na, Gott sei Dank, dachte er, alles in Butter. Er öffnete die Tür, aber Leitmeiers erhobene Stimme hielt ihn zurück.

»Leider hat die Schülerin Resl nicht nur einen Teil der Mathematikstunde, sondern in Gänze auch ihren Lateinunterricht versäumt. Frau Fendel hat das mit der entsprechenden Zensur, also mit einer Sechs geahndet ... Es tut mir leid.«

Specht behielt die Klinke in der Hand. Was für ein verlogener Hund! Gab sich Resl gegenüber wie ein strenger, aber verständnisvoller Seelsorger, und freut sich insgeheim über die Sechs, die Frau Fendel ihr erteilt hat. »Wenn Ihnen das wirklich leid tut«, fuhr er Leitmeier zornig an, »dann sorgen Sie bitte dafür, daß die Sechs gestrichen und Frau Fendel zur Ordnung gerufen wird.«

Er knallte die Tür heftig hinter sich zu.

Leitmeier fuhr in seinem Unterricht fort, als habe er Spechts Worte nicht gehört. Er nahm ein Stück Kreide in die Hand und wiederholte ruhig: »Wer geht an die Tafel?«

Anneliese Fendel saß mit der Musiklehrerin im Lehrerzimmer. Beide waren in ihre Unterlagen vertieft. Vroni Seelig grüßte Specht freundlich und schob ihre Hefter ein Stück von sich, erfreut, ein paar Worte mit ihm wechseln zu können. Anneliese Fendel sah nur kurz hoch und widmete sich gleich wieder ihren Blättern.

Specht goß sich eine Tasse Kaffee ein und setzte sich zu ihr. Inzwischen hatte er sich etwas beruhigt und erzählte ihr von seinem Zusammenstoß mit Leitmeier. »Natürlich habe ich ihm kein Wort geglaubt. Einer Schülerin, die zu spät kommt, eine Sechs zu verpassen, ohne zu wissen, warum, würde Ihnen wahrscheinlich nicht mal im Traum einfallen«, schloß er überzeugt.

Anneliese Fendel hatte ihm unbewegt zugehört. Jetzt legte sie ihren Stift zur Seite. Sie rückte ihren Stuhl zurück und legte die Hände ineinander. »Die Schülerin Resl Pech hat sich nicht nur unerlaubt aus dem Internat entfernt«, gab sie Specht kühl Bescheid. »Sie wußte, daß wir in der ersten Stunde eine Lateinprüfung haben.«

»Und? Was weiter?« Specht war gleich wieder auf hundertachtzig.

»Nichts weiter, Herr Specht. Die Prüfung fand in Anwesenheit von Herrn Leitmeier statt. Er hat veranlaßt, daß Resl für ihr Verhalten die entsprechende Zensur erhält.« Sie stand auf und begann ruhig, ihre Papiere in die Tasche zu packen. Als sei mit ihrer Erklärung der Fall erledigt, würdigte sie Specht keines Blickes mehr.

Ungläubig sah Specht ihr eine Weile zu. Er haßte Feigheit und Duckmäusertum. Wenn Anneliese Fendel schon diese Charaktereigenschaften besaß, mußte es ihr jemand wenigsten hin und wieder sagen. »Wenn Leitmeier gesagt hätte, daß Sie aus dem Fenster springen sollen, werte Kollegin, dann wären Sie wohl auch gesprungen?«

Die Lateinlehrerin schloß ihre Tasche. »Sie entschuldigen mich«, sagte sie kurz, nickte Vroni Seelig zu und ging.

Die Musiklehrerin hob resigniert beide Hände. Sie

verstand die Kollegin ganz und gar nicht. Sie vermutete, daß Anneliese Fendel in ihrem Leben schwere Schicksalsschläge erlitten haben mußte, was sie sehr, sehr vorsichtig gemacht hatte. Anders konnte sie sich ihr Verhalten nicht erklären. Da die Kollegin sich jeder privaten Annäherung verschloß, bestand kaum eine Möglichkeit, in deren eisige und einsame Gedanken vorzudringen. Vroni Seelig empfand das als bedauerlich. Sie wollte das Thema aber jetzt nicht mit Specht vertiefen.

»Ich möchte Sie etwas fragen, Herr Dr. Specht.«

»Gerne.« Specht nahm seine Tasse und ging zu ihr.

Sie zeigte auf einige Bilder, die vor ihr lagen.

»Ich habe von Professor Böck den ehrenvollen Auftrag erhalten, ein kleines Theaterstück, Singspiel oder so etwas Ähnliches für unsere jährliche Schulaufführung auszuwählen.«

Specht betrachtete einige alte Fotografien, die das Schulgebäude zeigten, als es noch ein herrschaftliches Anwesen gewesen war. Da er immer noch mit seinen Gedanken bei Vroni Seelig war, murmelte er abwesend: »Sehr schön.«

Sie zog eine Grafik aus dem Stapel und reicht sie ihm. »Da, sehen Sie zum Beispiel. Das Gebäude unseres Internats. Sie werden es nicht für möglich halten. Es wird hundert Jahre alt!«

»Glaube ich unbesehen, Frau Seelig«, antwortete Specht, immer noch in Gedanken bei Leitmeier und Fendel. Er gab ihr das Blatt zurück. »Ich hätte sogar auf vierhundert Jahre getippt. Ausgehendes Mittelalter. Noch vor der Zeit der Aufklärung. Damals gab es weit und breit nur primitive Kleingeister, müssen Sie wissen!« Er nahm wütend seine Tasche vom Stuhl und ließ die irritierte Musiklehrerin im Lehrerzimmer allein.

Specht hatte genug. Er würde jetzt sofort und fristlos kündigen. Ein Baulöwe, der bis ins Detail bestimmte, wie die Schule zu führen sei, und willige Helfer in Gestalt verkorkster Figuren als Lehrer, die in der Schule nichts anderes taten, als ihre pädagogische Unfähigkeit zu zeigen. Kritikunfähig und phantasielos bis zum Erbrechen! Solche Leute waren Schuld, wenn Talente erstickt oder erst gar nicht entdeckt würden. So war Schule vor hundert Jahren, dachte Specht. Die Schüler stets brav, gesittet, wohlerzogen und gehorsam. Und täglich hatten sie ihre Dankbarkeit zu erweisen.

Solchen Kollegen wie Leitmeier und Fendel ging es nicht um den einzelnen Menschen. Schüler sollten nur gut funktionierende Rädchen im Getriebe sein.

Specht erzählte Böck, was er von seinen Kollegen hielt und davon, daß er kündigen wollte. Der Direktor bot ihm einen Schnaps an, genehmigte sich selbst zwei. Er gab ihm den Rat, nicht nur an sich, sondern auch an seine Schüler zu denken. Er solle erst einmal eine Nacht darüber schlafen. »Außerdem brauche ich Sie auch«, brummelte er und winkte Specht mit der Zigarre nach.

Karin Anselm hatte einen kleinen Napfkuchen gebacken. Sie stülpte ihn aus der Kuchenform auf einen hübschen Teller und trug ihn zum Tisch. Sie hatte für Specht und sich gedeckt. Sie kontrollierte noch einmal, ob wirklich alles da war: Teegeschirr, Besteck, Servietten, der Wein. Wunderbar. Er mußte jeden Moment kommen. Sie riß ein Streichholz an und wollte die Kerze anzünden, als es klopfte. »Moment noch!«, rief sie.

Als sie dann öffnete, stand vor der Tür Kaspar, in

der Hand einen bunten Blumenstrauß. »Guten Abend, Frau Amseln«, grüßte er ein wenig verlegen. »Ich möchte mich bei Ihnen entschuldigen.« Er reichte ihr den Blumenstrauß mit einer kleinen Verbeugung.«Ich habe Mist gebaut. Ich dachte, Sie hätten ein Verhältnis mit Herrn Lohmann.«

»Ich glaube zwar nicht, daß ich dir Rechenschaft schuldig bin. Aber ich bin – oder war – schon mit Herrn Lohmann befreundet«, entgegnete sie und sah mit gemischten Gefühlen auf den schönen Strauß. Kaspar hatte einen treffsicheren Geschmack, das mußte man sagen.

»Daß Sie was mit ihm hatten, ist mir schon klar. Aber Sie lieben ihn nicht mehr.«

»Woher willst du das wissen?«

»Weiß ich nicht. Sagt mir mein Gefühl. Ich habe Sie außerdem beobachtet. Sie treffen sich kaum noch mit ihm.« Kaspar sah sich im Zimmer um. Alles war genau so, wie er es sich vorgestellt hatte.

Sie legte die Blumen vorsichtig auf einen Stuhl und gab zu bedenken, daß es ihr recht unangenehm sei, von ihm beobachtet zu werden. Sie mochte sich gar nicht vorstellen, zu welchen möglichen oder unmöglichen Zeiten er hinter Bäumen und Sträuchern stand und ihr Privatleben verfolgte.

Kaspar wagte sich einen Schritt auf sie zu. »Ich kann doch nichts dafür, daß ich Sie liebe, Frau Anselm.«

»Wir sollten beide so tun, als hättest du das nie gesagt.« Karin deutete auf den gedeckten Tisch. »Wie du siehst, Kaspar, habe ich den Tisch für zwei Personen gedeckt. Ich erwarte Besuch, also solltest du jetzt gehen. Herr Specht wird jeden Augenblick da sein.«

Kaspar seufzte. »In den sind Sie hoffentlich nicht verliebt.«

»Selbst wenn, wäre das wohl kaum etwas, über das du dir Gedanken machen solltest, geschweige denn, daß wir darüber reden sollten.«

»Tag Karin!« Lohmann stand plötzlich in der Tür. Karin stöhnte. Wer sonst konnte gerade dann auftauchen, wenn man ihn am wenigsten brauchte. Jetzt hatte sie zwei unerwünschte Verehrer auf einmal vor sich. Vor allen Dingen sollten sie ihr nicht den schönen Abend mit Specht verderben.

Lohmann lächelte selbstgewiß. Er deutet auf den Tisch. »Du hast wohl geahnt, daß ich komme?«

Kaspar starrte erst den Sportlehrer dann Frau Anselm wütend an. Er schien wie versteinert.

Lohmann betrat die Wohnung und umarmte Karin. Als er sie küssen wollte, drehte sie jedoch den Kopf zur Seite. »Ist wohl besser, wenn ich jetzt gehe. Schönen Abend noch, *Herr Specht*!« sagte Kaspar, wandte sich um und ging.

Lohmann sah ihm irritiert nach.

»Warum sagt der Specht zu mir?« Er trat zum Tisch und goß sich ein Glas Wein ein.

»Stell bitte das Glas hin«, sagte Karin, ärgerlich über soviel Unsensibilität.

»Warum?« fragte Lohmann erstaunt.

»Weil ich nicht für dich gedeckt habe. Ich erwarte Besuch.«

Lohmann lachte. »Einen Liebhaber?«

»Falls du darunter einen Mann verstehst, der einmal die Woche hier aufkreuzt, sein kleines Geschäft verrichtet und wieder verschwindet, trifft das auf meinen Gast nicht zu.«

»Du weißt genau, warum ich so wenig Zeit für dich habe«, verteidigte sich Lohmann. Er machte Anstalten, sich im Sessel gemütlich niederzulassen. Vielleicht brauchte Karin ab und zu solche Gespräche.

Da Lohmann offensichtlich gar nichts verstand, ging Karin zur Tür. Sie öffnete sie weit und bat ihn mit einer unmißverständlichen Handbewegung hinaus. »Ich will dich nicht länger aufhalten, Alfred!«

»Soll das ein Rausschmiß sein?« fragte Lohmann überrascht.

»Ja.«

»Wie du willst!«

Lohmann leerte sein Glas in zwei Zügen, gab es ihr an der Tür in die Hand und machte eine unanständige Geste, bevor er die Wohnung verließ.

Karin redete auf Specht ein wie auf einen widerspenstigen Esel. Sie machte ihm klar, daß es an jeder Schule schwarze Schafe wie Leitmeier oder Fendel gab. Sie erinnerte ihn an ihre gemeinsamen Jahre als Kollegen in Berlin. Dort hatte es genauso verknöcherte Lehrer wie diese beiden gegeben. Deswegen das Handtuch zu werfen, hieße doch auch aufzugeben. Sie stimmte Böck voll und ganz zu. Die Schüler brauchten Specht, die Schule auch. Und im Gegensatz zu seiner Schwarzseherei hatte jeder Tag doch auch seine vielen kleinen herrlichen Erlebnisse. »Außerdem«, erinnerte sie Specht, »können Sie ohne Schule gar nicht sein. Daran ändert auch kein Baulöwe Mönch irgend etwas. Sie haben doch sonst nie klein beigegeben.«

Er war überredet, es noch einmal zu versuchen. Was Karin sagte, stimmte, eine Leben ohne zu unterrichten konnte er sich nicht vorstellen.

Am nächsten Morgen kam Blümchen Dr. Specht auf dem Flur entgegen. Sie erzählte ihm, Leitmeier habe kurzfristig das Kuratorium einberufen wegen seines leichtfertigen Spruchs zur gleichgeschlechtlichen Liebe. Böck sei schon der völlig nervös. Er habe ihr, Blümchen, aufgetragen, Specht ein wenig auf das vorzubereiten, was ihn erwartete. »Sie sollen sagen, daß sie sich nur versprochen haben und die gleichgeschlechtliche Liebe natürlich eine Abartigkeit der Natur ist«, wiederholte sie Böcks Auftrag.

»Kommt überhaupt nicht in Frage«, entgegnete Specht. Entschlossen ging er ins Direktorat.

Böck drückte seiner Sekretärin das Tablett mit dem Kaffeegeschirr in die Hand, als sie an Spechts Seite das Büro betrat. »Der Kaffee ist eine Zumutung, Blümchen!«

»Ist er zu stark?« fragte sie verwundert.

»Nein, zu schwach. Ich brauche wache Sinne, einen klaren Verstand, um Specht zur Einsicht zu bringen. Der läuft mir sonst ins Messer!« Erst jetzt begrüßte er Specht. Böck nahm sich eine Zigarre aus der Kiste und knipste sie zurecht. Er suchte Streichhölzer und hörte Specht zu, der versuchte, seine Meinung zur gleichgeschlechtlichen Liebe kurz und knapp darzulegen.

»Daran gibt es nichts zu deuteln, Herr Böck!« Specht war zu keinem Kompromiß bereit.

Böck verstand ihn sehr wohl. »Ich weiß. Mir geht es doch nur darum, daß Sie Gott aus dem Spiel lassen, Specht. Ist ja wohl nicht zuviel verlangt. Sie sind Protestant und haben von religiösen Dingen sowieso keine Ahnung.«

»Wer sagt das?« wollte Specht wissen.

»Na Sie!« erwiderte Böck. »Damit würden Sie Ihre Gegner, die leider in der Überzahl sind, ins Leere laufen lassen.« Er lehnte sich zurück. »Hochwürden Zwick zum Beispiel. Der würde Ihnen nicht nur Absolution, sondern sogar seinen Segen erteilen. Er ist ein

Mann von schon fast weltlichem Humor. Man darf ihm nur nicht mit Gott kommen, dann hört der Spaß für ihn auf.« Böck beugte sich vor und sah Specht erwartungsvoll an »Wir werden uns also taktisch verhalten!«

Specht verschränkte beide Arme vor der Brust. »Augen zu und Reue gezeigt! Damit Leitmeier und Konsorten mir eine Galgenfrist an Ihrer Schule einräumen!« Er schüttelte den Kopf. »Ich glaube nicht, daß ich da mitspiele.«

»Hätte mich auch sehr gewundert.« Der Professor seufzte.

Nach der Schule wollte Specht auf schnellstem Weg nach Hause. Er war sich wieder unschlüssig, was er tun sollte. Er liebte die Schule, aber herumlügen, weil Mönch und Leitmeier sich in ihren Vorstellungen von Moral angegriffen fühlten, würde er ganz sicher nicht.

Benedikt kam ihm hinterhergelaufen und fragte, ob er ein Stück mitfahren dürfte.

»Wohin?« fragte Specht.

»Ich muß mit meinem Vater reden«, sagte er.

»Wenn ich ihm nicht erzählt hätte, wie Sie über die Liebe denken, würde er nicht so verrückt spielen. Ich bin also schuld, wenn Sie von der Schule fliegen.«

Specht öffnete die Beifahrertür und ließ Benedikt einsteigen. Er schnallte sich an und fuhr los. »Ist erstens noch gar nicht raus, ob ich fliege und wenn, bin ich dir dankbar.«

Der Junge sah ihn verwundert an. Specht bemerkte seinen Blick und erklärte ihm, daß er keinen Wert darauf lege, an einer Schule zu arbeiten, in der man nicht sagen dürfe, was man denke. »Du kannst dir das Gespräch mit deinem Vater also sparen.«

»Schade«, meinte Benedikt. »Ich meine, daß Sie so schnell aufgeben, Herr Specht. Ich dachte immer, Sie würden zu Ihren Schülern halten und irgendwann Herrn Leitmeier zur Strecke bringen.«

Darauf wußte Specht nichts zu sagen. Der Mut des Jungen tat ihm gut. Seine Kritik auch. Bis sie in der Stadt waren, blieb eine angenehme Stille zwischen ihnen. Als er Benedikt an der Haltestelle rausließ, meinte Specht lächelnd: »Wenn ich als Lehrer rausfliege, kann ich mich ja als Drachentöter bewerben.«

Das war für Benedikt ein schwacher Trost. Und wenn mein Vater mich einsperrt, ich rede jetzt mit ihm, überlegte er zornig. Der soll sich ruhig mal an die eigene Nase fassen oder vor seiner eigenen Haustür kehren. Specht muß bleiben! Wenn ich zurück bin, starten wir eine Unterschriftenaktion. Er war guten Mutes. Außer Leitmeier und Fendel würde doch jeder für Specht unterschreiben.

Bei Mönchs gab es ein gewaltiges Donnerwetter, als Benedikt seinen Vater zu kritisieren wagte. Seine Mutter schlug die Hände über dem Kopf zusammen, als sich ihr Sohn auf eine Weise gegen den eigenen Vater stellte, daß jedem anständigen Menschen die Ohren klingen mußten. »Wo kein Gott, da kein Gebot!« murmelt sie erschüttert und ordnete erregt die Kissen auf dem Sofa. »Wo lernt ihr solch ein Benehmen? Manfred, bitte, unternimm doch etwas«, flehte sie ihren Mann an. Mönch schlug mit der flachen Hand auf den Tisch, daß die Gläser einen Satz machten. Für ihn war das, was sein Sohn sich leistete, offener Widerstand, Aufruhr, Rebellentum pur. Allein der Gedanke an die sogenannte gleichgeschlechtliche Liebe hatte im Kopf eines Jungen nichts zu suchen.

»Wo kämen wir hin«, räsonierte er schließlich, »wenn alle so denken würden. Soll Gottes Menschengeschlecht untergehen wie Sodom und Gomorrha?« Er reichte seiner Frau ritterlich ein Taschentuch, damit sie sich ihre Tränen abwischen konnte. Dann zwang er sich zur Besonnenheit. Der Junge war naiv. Die Kinder hatten noch nicht soviel Erfahrung darin, gut und böse zu unterscheiden. Natürlich plapperte er nach, was dieser gottlose Specht ihm in die Ohren posaunte. Nahm es für bare Münze. Man mußte damit verantwortungsvoll umgehen. Nachher kam das Kind noch auf den Gedanken, Dinge auszuprobieren ... Mönch durfte gar nicht daran denken. Er war gewiß nicht prüde. Jedem das Seine, das war seine Devise, aber alles mit Maßen und in den rechten Grenzen.

Seine Frau schneuzte sich erneut. Herr Mönch zeigte auf sie. »Schau, was du mit deiner Mutter machst. Jetzt weint die arme Frau.«

Er ging zur Bar und goß ihr einen Cognac ein. »Trink einen Schluck, Elisabeth. Wir müssen dem Jungen helfen, den rechten Weg im Leben zu finden. Das ist jetzt wichtig und sonst nichts.«

Er beschloß, überhaupt nicht mehr auf Specht einzugehen und Benedikt zurückzufahren. Der Junge mochte diesen Lehrer. Er würde ihn aber auch schnell wieder vergessen, wenn er nicht mehr da sein würde. Die Kuratoriumssitzung würde reichen, um seinem Treiben ein Ende zu machen. Das brauchte Benedikt aber heute noch nicht zu wissen. Was die moralische Seite anbelangte, wäre eine gewisse religiöse Nachhilfe angebracht. Als er im Alter seines Jungen gewesen war, wurde jeden Sonntagmorgen zur Kirche gegangen. Das war gut und prägend fürs ganze Leben. Ist ein Fehler, den Jungen so frei zu erziehen, dachte er.

Katzer betrat die Spielhalle und blickte sich suchend um. Auf den Sitzen vor den blinkenden Automaten tummelten sich zumeist junge Leute, für die es nichts anderes gab als die rotierenden Rädchen, die blechern quäkende Computersignale und die Hoffnung darauf, den großen Gewinn zu landen. Und das Geld, das man gewann, wurde sofort wieder eingesetzt. Ausschließlich von der Gier nach mehr beherrscht, nahmen sie um sich herum nichts mehr wahr. Die Beschaffung von Geld für ihre Sucht bestimmte bald ihr ganzes Leben. Lukas gehörte normalerweise an den Nachmittagen schon so gut wie zum Inventar der Spielhalle. Doch heute war er nicht da.

Er hatte sich bei allen möglichen Schülern immer wieder Geld gepumpt, um spielen zu können. Selbst Diebstahl war ihm nicht mehr fremd. Die Spielsucht hatte ihn so fest in den Krallen, daß Katzer nicht viel Mühe mit ihm hatte.

Katzer war gerissen. Er hatte Lukas' Schwäche sofort erkannt, ihm immer wieder Geld gegeben, zuerst kleinere, dann immer größere Beträge. Als Lukas ihm mehrere tausend Mark schuldete, hatte er ihn in der Hand. Lukas war viel zu verzweifelt, um sich an seinen Vater zu wenden. Er versuchte sich vorzustellen, wie er darauf reagieren würde. Ein Kriminalkommissar, dessen Sohn Spielschulden hatte! Nein, es war undenkbar, ihm reinen Wein einzuschenken. Irgendwie mußte er das anders regeln. Und dann mit dem Spielen aufhören.

Katzer war groß. Die lederne Bräune seiner Haut ließ auf regelmäßige Solariumbesuche schließen. In seinem Gesicht sah man, daß er jahrelang auf der Verliererseite gestanden hatte und sich jetzt alles mit aller Macht nehmen wollte. Ihm war jedes Mittel recht. Den Kleinen, wie er Lukas nannte, erzog er sich gerade. Der machte zwar Zicken, die würde er ihm aber schnell austreiben. So wie jetzt, wo er Kasse machen wollte. Na gut, dachte Katzer. Wenn er nicht da ist, fahre ich eben zu ihm in diese Edelschule. Der läuft mir nicht davon!

Er steckte einen Kaugummi in den Mund, wandte der Spielhalle den Rücken und ließ kurz darauf den Motor seines Wagens aufheulen. Einige Passanten sprangen erschrocken zur Seite, andere schüttelten den Kopf. Katzer hob den Mittelfinger und gab Gas.

Vor dem Wohnheim des Internats bremste Katzer scharf und stieg aus. Benedikt hatte ihn beobachtet. Er musterte den Kerl abschätzig. Katzer fuhr ihn an: »Na, du kleines Arschloch.«

Benedikt ließ sich nicht einschüchtern. Völlig unbeeindruckt gab er zurück: »Ich wachse noch. Eines Tages bin ich genauso ein großes Arschloch wie Sie.«

Katzer spuckte geringschätzig seinen Kaugummi auf den Weg. Benedikt sah ihm nach, als er ohne ein weiteres Wort im Wohnheim verschwand. Als er durch die Tür war, schraubte Benedikt die Ventilkappen der Reifen ab und warf sie in den Abfalleimer auf dem Hof.

Zielstrebig ging Katzer zu Lukas' Zimmer. Er blieb einen Moment an der Tür stehen und lauschte. Er brauchte den Kleinen ohne Zuschauer. Er hörte nichts. Entweder pennte der, oder er war nicht im Zimmer.

Er schaute sich um. Die Luft war rein. Schnell betrat er das Zimmer. Genau wie er's erwartet hatte: dröge Langeweile. Zwei Betten, ein paar nette Bildchen an der Wand, Bücher, Schrank und Schreibtisch. Er ging zum Schreibtisch, nahm eines der Hefte und las kopfschüttelnd. Wozu sollte der Quatsch gut sein?

Draußen näherten sich Schritte. Katzer legte das Heft beiseite und verbarg sich neben dem einzigen Schrank im Zimmer.

Lukas bemerkte ihn sofort. Er ging zu seinem Schreibtisch und fragte, ohne sich nach Katzer umzudrehen: »Was willst du denn hier?«

»Mit dir abrechnen.« Katzer kam hinter dem Schrank hervor und setzte sich aufs Bett. Er sah Lukas lauernd an. »Ich nehme an, du bist die Ware schnell losgeworden.«

Lukas schüttelte den Kopf. »Ich habe alles versucht. An harte Drogen traut sich keiner ran. Hat sich längst rumgesprochen, daß man sich mit Heroin das ganze Leben versaut.«

»Soll das eine Moralpredigt werden?« Katzer war aufgesprungen, und ehe Lukas sich ducken konnte, hatte er ihn unsanft gegen den Schrank geschleudert. Mit einer Hand riß ihm Katzer den Kopf nach hinten, in der anderen hielt er Lukas ein Springmesser an die Kehle. »Wenn ja, brauchst du bloß mit dem Kopf zu nicken.«

Lukas schluckte. »Kannst ruhig zustechen«, keuchte er.

»Du weißt, daß du Schulden bei mir hast, Kleiner.« Katzer drückte die Klinge seines Messers ein wenig fester gegen Lukas' Hals. »Die willst du wohl nicht zurückzahlen?«

»Wer sagt denn das?« Lukas versuchte Katzer möglichst unschuldig anzuschauen.

Katzer ließ seine Haare los. Er brachte sein Gesicht ganz nahe an das von Lukas und grinste. »Habe ich deinem Wunsch zu sterben entnommen – auf den ich übrigens bald zurückkomme.« Er klappte das Messer zusammen. »Ich gebe dir genau drei Tage Zeit, Joker. Keine sehr große Lebenserwartung.«

Als er draußen war, rutschte Lukas ganz langsam von der Schrankwand auf den Boden. Er drückte beide Arme fest auf seinen Bauch und stöhnte. Er wußte, daß Katzer ernst machen würde, wenn er nicht ganz schnell Geld sah.

Specht klopfte leise an Amandas Zimmertür. Sie war in letzter Zeit wieder in ihr Schneckenhaus gekrochen, sprach kaum. Alle Aufmunterungs- oder Ablenkungsversuche der Schüler hatten sie nicht aus der Reserve locken können. Er machte sich Sorgen. Sie litt jetzt nicht nur darunter, daß ihre Mutter sie ablehnte. Der Gedanke, sie sei schuld an Mathildes Tod, ließ sie nicht los. Specht hatte versucht, ihr dies auszureden. Aber es war schwer, sie umzustimmen.

Da niemand auf sein Klopfen reagierte, betrat er leise das Zimmer. Er sah Amanda auf dem Bett liegen. Auf ihrem Nachttisch lag ein Päckchen Schlaftabletten. Specht durchfuhr ein Schreck. Er nahm ihr Handgelenk, um ihren Puls zu fühlen.

Amanda richtete sich schlaftrunken auf. »Dachten Sie, ich bin tot?« Sie lächelte schwach.

Specht setzte sich auf ihr Bett und sah sie besorgt an. »Ich mache mir auf jeden Fall Sorgen um dich.«

Amanda beruhigte ihn. Sie nehme immer nur eine oder zwei Tabletten, um vor der Welt zu fliehen. Dann sinke sie in ein schwarzes Loch und spüre weder Trauer noch sonst etwas.

Specht hielt ihr vor, daß sie damit auch glückliche Gefühle ausschlösse und daß das eine das andere auch bedinge. Er bat sie, genau diesen glücklichen Gefühlen, wenigstens eine kleine Chance zu geben.

»Ich habe Angst, wieder enttäuscht zu werden, Herr Specht.« Sie strich sich die Haare aus dem Gesicht.

Specht zuckte die Achseln. »Wer hat das nicht. Ist aber kein Grund, sich keine Freude zu gönnen. Du zeichnest doch nicht nur gern, sondern auch gut.« Er stand auf und ging zur Tür. »Was hältst du denn davon, dich jetzt auf die Beine zu begeben und dein Glück einmal als Kostümbildnerin für unsere Schulaufführung zu versuchen?«

Eine größere Freude hätte er ihr nicht machen können. Amanda setzte sich auf und blickte Specht überrascht hinterher. Manchmal war doch für Augenblicke alles einfach schön. Sie atmete erleichtert auf. Jetzt würde sie sich frischmachen und dann mit den anderen ans Werk gehen.

Im Waschraum ließ sie sich das kalte Wasser über Hände und Unterarme laufen, um richtig wach zu werden. Das tat gut. Amanda betrachtete ihr Gesicht im Spiegel. Sie war blaß und hatte Ringe unter den Augen. Dem würde sie auch abhelfen. Sie nahm mehrere Handvoll Wasser und erfrischte damit ihr Gesicht. Als sie hochsah, stand Lukas neben ihr. Verdutzt sah sie ihn im Spiegel an.

»Was willst du denn hier?«

»Die Tür war offen.« Lukas lehnte sich an ein Waschbecken. »Ich dachte halt, dir geht's nicht gut. Da wollte ich mal nachsehen.«

Sie trocknete sich das Gesicht ab und murmelte ins Handtuch: »Stimmt. Mir geht's wirklich nicht besonders.«

Lukas sah ihr eine Weile schweigend zu. Als sie schließlich das Handtuch auf den Haken zurückhängte und ihre Haare in Ordnung brachte, traute er sich, sie zu fragen. »Vielleicht kann ich dir helfen?«

Amanda drehte sich überrascht vom Spiegel weg. »Willst du meine Seele reparieren?« Sie lachte leise.

»Zum Beispiel.«

»Und wie?«

»Gegen Seelenschmerzen gibt es ein todsicheres Mittel.«

»Meinst du die Liebe oder was zum Einnehmen?« Amanda hatte sich wieder dem Spiegel und ihren Haaren zugewandt. Sie warf Lukas einen fragenden Blick zu.

Er hielt ihr ein kleines Briefchen hin.

»Was ist das denn?« fragte sie erstaunt.

Lukas biß sich auf die Lippen. »Heroin«, versuchte er so gelassen hervorzubringen, als sei es das selbstverständlichste der Welt.

Amanda drehte sich langsam zu ihm um. Sie sah ihn vollkommen ungläubig an. »Das hast du hoffentlich nicht für mich besorgt.« Sie flüsterte fast. »Steck das bitte ganz schnell ein, Lukas!«

»Darf ich fragen, was Sie im Mädchenbad machen?« Ohne daß Amanda und Lukas etwas gemerkt hatten, hatte Anneliese Fendel den Waschraum betreten.

Lukas ließ das winzige Päckchen blitzschnell in seiner Jeans verschwinden. Er lächelte unverfänglich. »Ich suche ein Mädchen, Frau Fendel.«

Sie nahm ihn am Arm. »Bevor Sie die Suche fortsetzen, werden Sie mich zu Herrn Leitmeier begleiten.«

Lukas warf Amanda einen beschwörenden Blick zu. Ihm schossen tausend Gedanken gleichzeitig durch den Kopf. Wenn Leitmeier das Zeug bei ihm fand, war er geliefert. Er sah seinen Vater vor sich und dessen hilflose Miene. Und Katzer wartete nur auf die Gelegenheit, ihn fertigzumachen. Aber fertig war er so oder so, wenn er jetzt aufflog. Er mußte das Zeug in seiner Tasche unbedingt loswerden. Was aber, wenn sich dazu keine Gelegenheit ergab? Während er neben Frau Fendel herging, überschlugen sich seine Gedanken. Er würde nichts zugeben. Es konnte ihm ja jemand das Zeug zugesteckt haben. Er beschloß, den Ahnungslosen zu spielen.

Überraschend öffnete Frau Fendel die Tür der fünften Klasse und schob ihn vor sich hinein. Der Raum war leer.

»Wollen Sie mir Nachhilfegeben«, fragte er.

Die Lateinlehrerin bedeutete ihm mit einer Kopfbewegung, sich hinzusetzen. Sie ging zum Pult, griff in ihre Jackentasche und holte eine Packung Zigaretten hervor. »Ich möchte mit Ihnen reden, Lukas.«

»Worüber?« Er hob das Kinn und versuchte möglichst gelangweilt auszusehen.

»Über Ihre Spielleidenschaft. Sie sind süchtig und kommen von dieser Sucht nicht los.«

Lukas zuckte die Achseln. »Wenn sie meinen.«

Annelies Fendel zündete sich eine Zigarette an. Sie inhalierte und blies den Rauch nachdenklich in Richtung Tafel. Als habe sie sich mit einem Mal entschieden, Nachsicht zu üben, ging sie zu ihm. »Sie wissen, daß Sucht eine Krankheit ist, die den Menschen zerstört, ihn schließlich tötet.« Ihre Worte klangen verständnisvoll und sanft.

»Wollen Sie mich zu einer Entziehungskur überreden, Frau Fendel?« Lukas war verblüfft und tat belustigt. »Keine Chance. Ich spiele ausgesprochen gern.«

»Obwohl Sie ein Pechvogel sind, der ständig verliert.«

»Ich gebe zu, daß ich im Moment eine kleine Pechsträhne habe, aber ...

»... aber«, wiederholte sie und sah ihm gerade ins Gesicht. »... die wird ein Ende haben, wenn es Ihnen gelingt Ihren Mitschülern genügend Rauschgift zu verkaufen.«

Lukas zog den Kopf ein. Als habe er das Wort nie gehört, fragte er: »Rauschgift?«

Frau Fendel drückte den glühenden Zigarettenstummel in die Erde eines Blumentopfes auf der Fensterbank. Sie drehte ihn hin und her und sagte: »Ich habe Ihr Gespräch mit Amanda belauscht. Bitte leeren Sie sämtlichen Taschen.«

Jetzt wurde sie gefährlich. Ihr sanfter Tonfall war also nichts anderes gewesen als Einlullungsstrategie. Lukas versuchte kühl zu bleiben. Er rieb seine Hände aneinander und überlegte fieberhaft. Freiwillig würde er das Heroin niemals herausgeben.

Er warf der Lehrerin einen prüfenden Blick zu. »Und wenn ich meine Taschen nicht leere?«

»Dann muß ich Herrn Leitmeier unterrichten. Ich weiß nicht, ob Sie das vorziehen.«

»Ob Leitmeier oder Sie?« Lukas machte eine verächtliche Geste. »Wenn man den Stoff bei mir findet, kann ich meine Sachen packen und gehen. Ende der Schulzeit!«

Anneliese Fendel sah ihn abwägend an. »Ich möchte Ihnen das Heroin abkaufen.« Ihre Stimme klang entschlossen.

Lukas war sprachlos. Hatte er richtig gehört?

»Abkaufen?« brachte er schließlich verständnislos heraus.

Sie nickte leicht. »Unter einer Bedingung, Lukas: Die Sache muß unter uns bleiben.«

Verwirrt hob er die Hände und ließ sie wieder sinken. »Klar. Sicher ...«, stammelte er, »... ja, natürlich.«

Das Kuratorium tagte in Böcks Direktorat am großen Tisch. Anwesend waren Hochwürden Zwick, der in Soutane erschienen war, die Musiklehrerin Vroni Seelig, natürlich Böck, die Lateinlehrerin Fendel, Herr von Hameln, ein sehr gut gelaunter Leitmeier und natürlich Mönch. Specht saß wie ein Angeklagter, ein wenig abseits von den anderen und wartete auf die Klagen und Beschuldigungen.

Leitmeier hieß jedes einzelne Mitglied des Kuratoriums willkommen und begrüßte ausdrücklich Hochwürden Zwick. Der zerkleinerte gerade einen Apfel und aß ihn genüßlich.

»Der Sachverhalt dürfte allen geläufig sein«, begann Leitmeier. »Ich bitte um eine klärende Aussprache.« Er setzte sich wieder und faltete die Hände.

»Vielleicht kann uns Herr Dr. Specht sein Fehlverhalten mal erläutern«, schlug Anneliese Fendel vor.

»Tut mir leid«, bedauerte Specht in höflichem Ton. »Das kann ich schon deshalb nicht, weil ich mir keines Fehlverhaltens bewußt bin.«

Böck räusperte sich vernehmlich und warf Specht einen beschwörenden Blick zu. Der reagierte nicht darauf. Er sah Pfarrer Zwick nur kurz an und fuhr fort: »Ich habe eine Frage aufgeworfen, die nicht nur mich, sondern alle Menschen, also auch unsere Schüler bewegt. Wobei ich mich gehütet habe, diese Frage, ein für allemal zu beantworten.«

»Wäre auch anmaßend gewesen«, warf Böck ein.

Specht lehnte sich zurück. »Eine solche Anmaßung überlasse ich Leuten, die gleichgeschlechtliche Liebe als Sünde abstempeln oder sie abartig finden.«

»Falls Sie mich meinen, Herr Dr. Specht ...«, giftete Mönch ihn an.

Specht unterbrach ihn rigoros. »Ich meine nicht nur Sie!«

Leitmeier erhob den Zeigefinger wie ein Erstkläßler. »Ich darf den fragwürdigen Satz zitieren.« Er nahm ein Blatt, das auf seiner Schreibmappe lag, und las:

»Die gleichgeschlechtliche Liebe – so Herr Doktor Specht vor Schülern der siebten Klasse – die gleichgeschlechtliche Liebe ist eine Laune der Natur, wenn nicht sogar des lieben Gottes.« Er legte das Blatt akkurat auf die Mappe zurück und warf Mönch einen triumphierenden Blick zu. Mönch sah, gespannt wie alle anderen, zu dem Geistlichen.

»Ich denke, das geht in Ordnung«, sagte Zwick völlig unbekümmert.

Mönch machte ein völlig entgeistertes Gesicht. Als er sich von seiner Sprachlosigkeit erholt hatte, brachte er heiser hervor: »Soll das heißen, daß Sie Specht diese Sauerei durchgehen lassen?«

Pfarrer Zwick sah von seinen Apfelschalen hoch. »Eine Ermessensfrage ...«

»Da haben wir uns also umsonst herbemüht«, meinte Herr von Hameln kopfschüttelnd. »Sehr amüsant!«

»Ich darf, zum allgemeinen Verständnis, noch etwas hinzufügen«, bat der Geistliche. »Die Glaubenskongregation in Rom, die sich seit annähernd zwanzig Jahren mit diesem Thema befaßt, ist sich auch nicht schlüssig, ob sie die Liebe gleichgeschlechtlicher Partner als Teufelswerk bezeichnen soll. Das würde bedeuten, Menschen – auch Gläubige – von Gottes Barmherzigkeit auszuschließen. Damit gingen sie nicht nur Gott, sondern auch der Kirche verloren!«

»Amen!« stieß Mönch verächtlich hervor. Er erklärte der Versammlung, was für ihn und seine Frau feststand: Entweder Specht oder sein Sohn, einer von beiden mußte die Schule verlassen. Er bat um Abstimmung.

»Die Abstimmung ist, dank Ihres Sohnes bereits erfolgt«, informierte ihn die Musiklehrerin freundlich. »Er hat eine Unterschriftensammlung organisiert. Fast alle Schüler sind dafür, daß uns Herr Dr. Specht erhalten bleibt. Der eine oder andere Lehrer hat natürlich auch unterschrieben.« Sie reichte Böck die Liste. Dem Direktor wurde mit einem Mal sehr unbehaglich zumute.

»Haben Sie von dieser Unverschämtheit gewußt?« wollte Mönch zornbebend von Böck wissen.

»Natürlich nicht«, antwortete Böck. »Ich werde mir die Kollegen umgehend vorknöpfen ...«

Vroni Seelig fragte überrascht: »Welche Kollegen, Herr Professor?«

»Die diesen Wisch unterschrieben haben!« Böck schlug mit dem Handrücken auf das Blatt.

Die Musiklehrerin wunderte sich. Was redete Böck bloß? Er schien eine Kleinigkeit vergessen zu haben, oder machte er einen seiner skurrilen Späße? »Ich darf das als scherzhafte Bemerkung auffassen«, sagte sie lächelnd. »Sie haben schließlich auch unterschrieben. Als letzter zwar, aber immerhin.«

Mönch erhob sich empört. Genug des Theaters! Mit einem knappen »Grüß Gott« warf er die Tür hinter sich zu.

Böck starrte sprachlos auf seine Unterschrift. Es dämmerte ihm: Natürlich! Heute früh waren Resl und Benedikt mit der Liste zu ihm gekommen. Er hatte gemeint, es sei irgendwas für den Naturschutz und hatte unterschrieben, ohne sich den Inhalt genauer anzusehen. So etwas! Er hob den Kopf und sah sechs Augenpaare gespannt auf sich gerichtet. »Ja, das hier ist wirklich ein Scherz«, murmelte er.

Giftmischer

Direktor Böck stellte sich immer wieder vor, wie schön das Leben ohne Schule sein könnte. Nicht, daß er das Gebäude als solches abgelehnt hätte. Ihn störten auch die Schüler nicht. Eher waren es die meisten Lehrer, auf die er allergisch reagierte. Er war überzeugt davon, daß es bessere Lehrer gab als ihn selbst. Sie sollten ihn in Ruhe seinem Handwerk nachgehen lassen. Er rieb sich manchmal innerlich die Hände beim Gedanken an seinen Ruhestand. Über einen Nachfolger brauchte er nicht lange zu spekulieren. Der stand für ihn felsenfest. Specht und kein anderer war in der Lage, Leben in dieses altehrwürdige Gemäuer zu bringen.

Listig hatte Böck begonnen, ein Zimmer im Internat zu renovieren. Hier sollte Specht wohnen, wenn er nachts einmal Aufsicht über die Schüler hatte oder wann immer er wollte. Als Vorgeschmack gewissermaßen auf spätere Direktorenfreuden. Specht war ohne Frage der Liebling aller Schüler. Er brachte alle Voraussetzungen mit, die Kinder und Heranwachsende für eine richtige Erziehung brauchten. Sein Unterricht war vielfältig, Specht hatte für jeden Schüler ein offenes Ohr und wußte merkwürdigerweise stets genau das Richtige zu tun, wenn jemand Probleme hatte oder den Bogen einfach überspannte. Ein Lehrer mit Leib und Seele war Specht. Ohne Schule würde er eingehen wie eine Blume ohne Licht und Wasser.

Als Böck das Zimmer fertig renoviert hatte, weihte er Specht in seine Pläne ein. Der war von dem Überraschungscoup des Direktors begeistert. Er mußte jedoch sofort an Fräulein Lydia denken. Er konnte seine kleine Tochter ja in den Tagen, die er im Internat verbrachte, nicht allein im Bauernhaus lassen. Aber auch dafür fand sich eine Lösung. Constanze war bereit sich um Lydia zu kümmern. Da sie häufig am Wochenende arbeitete, konnte sie ihre freien Tage in Spechts Bauernhaus verbringen. An den anderen Tagen ließ es sich so einrichten, daß entweder Sunny oder Karin Anselm bei Lydia waren.

Die Schüler, die von Spechts bevorstehendem Umzug gehört hatten, waren außer Rand und Band. Einige aus seiner Klasse sahen sich sein Zimmer neugierig an und tuschelten vor der Tür.

Ein paar Tage später kamen sie mit einem scheußlichen Ölschinken mit dem Titel *Elfenreigen* in überladendem Goldrahmen. Wo immer sie das Gemälde aufgetrieben hatten, es war überwältigend kitschig. Sie gaben jedoch keine Ruhe, bevor das Ding an der Wand hing.

Natürlich stellten die Schüler Vermutungen über Damenbesuch an, und sie malten sich lachend aus, wie die Frauen wohl aussehen würden.

Blümchen hatte ebenfalls ihren Beitrag zur Ausschmückung der Junggesellenklause gestiftet: mehrere Pflanzen, über deren spezielle Pflege sie Specht einen längeren Vortrag hielt. Als sie sein gehorsames Schuljungennicken bemerkte, bat sie ihn, alles zu vergessen. Sie wollte die Blumen täglich selbst gießen, damit ihnen das Schicksal erspart blieb, als vertrocknetes Anschauungsmaterial für den Biologieunterricht herhalten zu müssen.

Spechts Freude an seinem neuen Zimmer im Internat und die Hilfe der Schüler wurde durch den Tod von Resls Vater getrübt. Sie trug den Verlust mit einer erstaunlichen Fassung. Es war, als habe sie damit gerechnet und sich auf seinen Tod vorbereitet. Dabei war sie noch ein Kind. Resl verarbeitete ihren Schmerz, indem sie dem Unterricht mit verdoppelter Aufmerksamkeit folgte und über ihren Schmerz mit den anderen Kindern und einigen Lehrern sprach.

Eines Abends klopfte sie bei Specht an und bat ihn um ein Gespräch unter vier Augen. Specht bot ihr Orangensaft an. Sich selbst goß er ein Glas Wasser ein und setzte sich Resl gegenüber an den Tisch.

»Dein Vater war Bauarbeiter bei Herrn Mönch, hast du mir erzählt.«

Resl nickte. »Bei Schachtarbeiten ist er auf lauter Giftfässer gestoßen. Er wurde krank und wollte Herrn Mönch eigentlich anzeigen. Hat er leider nicht gemacht.«

»Weil Herr Mönch ihm Geld angeboten hat?« Specht brauchte nicht lange nachzudenken, um auf die dubiosen Gepflogenheiten zu kommen, mit denen manche Bauunternehmer ihre Geschäfte abwickelten.

Resl sah eine Weile stumm auf den Tisch. Verlegen sagte sie: »Schmerzensgeld.«

»Man könnte auch Schweigegeld sagen.«

»Mein Vater war froh darüber. Er hat sich immer gewünscht, daß wir es mal besser haben als er.« Sie zog die Schultern nach oben. »Wir könnten uns das Internat eigentlich gar nicht leisten.«

»Herr Mönch zahlt also auch das Schulgeld für euch?« fragte Specht betroffen.

Resl bestätigte das. Sie biß sich auf die Lippen und berichtete zögernd, was ihr Vater ihr anvertraut hatte, kurz bevor er starb. Mönch hatte die Giftfässer einfach einbetoniert, weil das viel billiger für ihn war, als sie fachgerecht zu entsorgen. Bei neuen Bauarbeiten waren die Fässer dann im Weg gewesen. Ihr Vater hatte ein schlechtes Gewissen bekommen und Resl gesagt, daß bald noch mehr Menschen erkranken und sterben würden, wenn die Baumaßnahmen tatsächlich fertiggestellt würden. »Er hat bestimmt gedacht, daß man Herrn Mönch das Handwerk legen müsse«, schloß sie mit einem fragenden Blick auf Specht.

»Wenn wir ihm nachweisen, daß er eine ganze Siedlung auf Gift gebaut hat, dreht er den Geldhahn natürlich zu.«

»Darum darf mein Bruder auch nicht erfahren, daß ich bei Ihnen war, Herr Specht. Er will auf das Geld nicht verzichten.«

»Und du?« Specht sah sie fragend an.

»Ich auch nicht.« Ihre Kinderaugen wirkten verletzt und entschlossen zugleich. »Ich wünsche mir trotzdem, daß Herr Mönch im Gefängnis landet. Schon allein deshalb, weil er Benedikt von der Schule abmelden will.«

Specht versprach ihr, daß sie sich um ihren Bruder Jonathan keine Gedanken machen müsse. Er würde erstens schweigen wie ein Grab, zweitens sei noch nicht aller Tage Abend. Außerdem wolle er auf junge Leute, die so geradlinig seien wie sie, auf keinen Fall verzichten. Er nahm Resl freundschaftlich in den Arm und führte sie zur Tür. Sie gab ihm die Hand und war erleichtert. Herrn Specht würde bestimmt etwas einfallen.

Die Nachmittage verbrachte Specht entweder im Internat oder auf dem Bauernhof. Abwechselnd war er bei seinen Schülern und seinem kleinen Fräulein Lydia, die auf dem Hof wie ein eigenes Kind aufgezogen wurde. So hatte er immer bis über die Haarspitzen zu tun und kam kaum einmal zu sich selbst.

Ab und zu besuchte er Frau Dr. Engel in ihrem Krankenhaus. Dann sprachen sie über alle möglichen Dinge und kamen oft vom Hundertsten ins Tausendste. Ihre Nähe tat ihm gut. Er wunderte sich über die rasche Vertrautheit zwischen ihnen. Jedesmal fuhr er mit dem Gefühl zurück, sie schon seit Ewigkeiten zu kennen. Nur mit einer verwandten Seele konnte man so wunderbar lachen wie er mit Constanze Engel.

Eines Nachmittags hatte er sich kurzentschlossen ins Auto gesetzt und sie zum Eisessen eingeladen. In dem Café hatte sie ihm dann einen folgenschweren Streich gespielt. Sie hatte ihn mit einer leichten Kopfbewegung auf einen Mann aufmerksam gemacht, der einige Tische weiter gesessen und sie nicht aus den Augen gelassen hatte. Das sei ihr Chefarzt, hatte sie Specht erzählt. Ein Typ, der sich offensichtlich für unwiderstehlich halte. Mit widerwilliger Miene hatte sie ihren Stuhl so gedreht, daß sie dem Arzt den Rücken zugekehrt hatte, und Specht anvertraut, daß sie den Aufschneider widerwärtig fand. Sie würde ihm gerne mal zeigen, daß er bei ihr nicht die geringste Chance hätte.

Specht hatte den Mann am anderen Tisch verstohlen gemustert. »Soll ich ihm Prügel androhen?« hatte Specht sie spaßeshalber gefragt.

Sie hatte ihren Eislöffel im Mund behalten und Specht eine Weile sinnend betrachtet. »Viel zu umständlich. Es reicht, wenn Sie mich in den Arm nehmen und küssen.«

Da war es einfach passiert, und es war ein einschneidendes Erlebnis gewesen. Specht und Constanze hatten bei ihrem ersten Kuß erkannt, daß sie bereits eine ganze Zeitlang aufeinander gewartet hatten.

Als Specht ein paar Tage später wieder über die

Landstraße in Richtung Krankenhaus fuhr, lächelte er, als er sich wieder an ihr Treffen in dem Café erinnerte. Er stellte sich sein Gesicht vor, als Constanze ihm erzählt hatte, daß der Mann am Nebentisch gar nicht ihr Chefarzt gewesen war. Er mußte ziemlich einfältig dreingeschaut haben, denn sie war in ein lautes Lachen ausgebrochen. Und hatte um einen zweiten Kuß gebeten.

Specht seufzte wohlig. Es war so schön, daß es Constanze gab. Sein Leben hatte zwar einen Sinn durch Fräulein Lydia und Sunny und die Schule. Constanze gab allem aber eben den Glanz des Glücks.

Er parkte ein, ging schnell die Treppe des Krankenhauses hoch und suchte Constanze auf der Station. Er fand sie im Arztzimmer vor einem beleuchteten Röntgenbild.

»Weißt du, was das hier ist?« Sie zeigte auf die Aufnahme.

Specht schüttelte den Kopf.

»Ein gebrochenes Herz. Die Frau, die es mit sich herumschleppen muß, heißt Constanze Engel und ist unglücklich verliebt.«

Specht nahm sie in den Arm. »Kann ich nachvollziehen. Wir haben uns immerhin zwei Tage nicht gesehen.«

»Drei Tage«, entgegnete sie schmollend.

Specht setzte sich auf die Liege. »Laß uns bei der Medizin bleiben, Constanze. Ich weiß, es gibt eine ärztliche Schweigepflicht und du darfst mir wahrscheinlich gar nicht verraten, woran Resls Vater wirklich gestorben ist . . . Aber könntest du mir wenigstens einen kleinen Hinweis geben?«

Ihr Gesicht wurde ernst. »An einer Überdosis Chemikalien.«

»Giftstoffe?«

Sie nickte. »Die zuerst die Lunge, dann die Leber und andere Organe zerfressen haben. Wie das Gift in seinen Körper gelangt ist uns allen völlig rätselhaft.«

Specht holte tief Luft. »Herr Pech war Bauarbeiter. Er ist bei Schachtarbeiten auf Giftfässer gestoßen. Quecksilber, Kadmium und so weiter. Würde das den Krankheitsverlauf und seinen Tod erklären?«

Constanze glaubte, nicht richtig gehört zu haben. Seltsamerweise sprach Specht genau die Vermutungen aus, die sie die ganze Zeit über gehabt hatte, aber sich in keiner Weise zusammenreimen konnte. »Wenn überhaupt, ist es nur so zu erklären«, sagte sie nachdenklich.

Benedikts Vater, Manfred Mönch, war mit Bodenspekulationen reich geworden. Er hatte klein angefangen, nach und nach Grundstücke und marode Mietshäuser aufgekauft. Seine gute Nase für lukrative Geschäfte wies ihm stets den Weg zu sicheren Gewinnen.

Der Boden, auf dem Resls Vater gearbeitet hatte, lag mitten in einer traumhaften Landschaft. Constanze und Specht hatten beschlossen, einen kleinen Ausflug dorthin zu machen. Specht wollte sich eine Bodenprobe beschaffen. Constanze war schon aus beruflicher Neugier mit von der Partie.

Specht fuhr mit seinem Wagen mitten auf die Baustelle und kniff in der blendenden Sonne die Augen zusammen. Der Bagger stand still, einige Bauarbeiter waren damit beschäftigt, Zement von einem Lastwagen abzuladen. Sie stakšten über den unebenen Boden und blieben an der tiefen Grube stehen. Die war mit Gitterstäben gesichert, daneben warnte ein großes Schild:

Specht bat Constanze um eines der Gläser aus der Tasche. Er zog Gummihandschuhe über und buddelte am Rand der Grube. »So, das wäre Nummer eins.« Er hatte das Glas gefüllt und betrachtete den Inhalt prüfend, bevor er es an Constanze weiterreichte. Sie schraubte den Deckel darauf. Sie wies auf einen Sandhaufen neben der Grube. Specht nahm zwei weitere Gläser entgegen und schaufelte. Besser, er nahm genug Proben mit.

»Was suchen Sie hier?« Wie aus dem Boden geschossen, stand plötzlich ein Bauleiter neben ihnen, zumindest sah er so aus mit seinem orangefarbenen Helm. Mit größtem Mißtrauen blickte er zu Specht und Constanze hinunter.

»Sand.« Constanze richtete sich auf und lächelte freundlich. »Mein Mann hat Meerschweinchen zu Hause. Dafür braucht er ein wenig Sand, wissen Sie.«

Mit einer hastigen Bewegung wollte der Mann Specht die Gläser aus der Hand reißen. »Der Sand bleibt hier!«

Specht streifte seine Hand weg wie eine lästige Fliege. Er musterte den Polier aus halb zugekniffenen Augen. »Weil er voller Gift ist, oder warum?« Seine Frage klang eher wie eine Feststellung.

»Geht Sie nichts an.« Schneller als Specht reagieren konnte, hatte er ihm eines der Gläser aus der Hand gerissen. Er kippte Specht den Sand vor die Füße und drohte: »So, und nun geben Sie mir das andere Glas und hauen Sie ab, bevor ich die Polizei rufe.«

»Das sollten Sie besser uns überlassen.« Constanze zog einen Ausweis aus der Innentasche. Sie hielt ihn dem Bauleiter direkt vor die Augen und klappte ihn gleich wieder zu. »Dr. Engel, Umweltministerium.

Sobald wir die Proben analysiert haben, sehen wir uns garantiert wieder.« Mit dieser Überraschung hatte der Mann nicht gerechnet. Er hatte sich aber soweit unter Kontrolle, daß ihm wenigstens der Mund nicht offenstehen blieb.

Constanze kehrte ihm den Rücken zu und ging zurück zum Wagen. Specht stieg zu ihr ins Auto. »Alle Achtung! Du bist ja ein richtiger Profi.« Er verfrachtete das gerettete Glas zu dem anderen in die Tasche.

Mit Reifen, unter denen der Sand knirschte, näherte sich ihnen von hinten ein Mercedes der S-Klasse. Einen Moment später hielt Mönch neben Specht. Für den Bruchteil einer Sekunde trafen sich ihre Blicke. Specht ließ den Motor an und setzte zurück. Mönch sah ihm mit sehr gemischten Gefühlen nach.

Ein altertümlicher Kleinbus rumpelte über den Weg auf das Schulgelände. Gretchen sah von ihrem Heft auf. Sie stupste Jule mit dem Ellbogen an. »Wer ist das denn?«

»Was? Wer?« Jule gähnte und blinzelte. »Keine Ahnung«

Gretchen zeigte ungeduldig auf das Gefährt, dem gerade ein etwas ungewöhnlich aussehender Mann entstieg. Er trug eine großkarierte Jacke, darunter einen gelben Pullover, dazu eine bequeme grüne Hose und feste Lederschuhe. Gretchen wunderte sich über seinen Aufzug. Der mußte doch schwitzen wie verrückt. Aber die Hitze schien ihm nicht das geringste auszumachen. Mit energischen Bewegungen begann der unbekannte Besucher seinen Bus auszuladen, stellte, ohne sich anzustrengen, mehrere schwer gepackte Reisetaschen und Koffer auf den Boden und stieg in das Innere des Busses.

Jule und Gretchen winkten Stefanie herbei, die am Eingang stehengeblieben war. Sie gingen zu dem seltsamen Gefährt und warteten neugierig an der Wagentür. Ein Bündel Schmetterlingsnetze wurde am Ausstieg abgestellt, es folgten zwei Blumentöpfe.

»Sind Sie Schmetterlingssammler?« Gretchen zeigte auf die Netze.

»Nein.«

Jule sah ihn interessiert an. »Was denn dann?«

»Lehrer«. Er trug die Netze zu den Koffern und hob beinahe zärtlich die Töpfe aus dem Auto.

Stefanie betrachtete all die Sachen und überlegte, was jemand wie dieser Mann wohl unterrichtete. Sie konnte sich jedoch auf nichts festlegen. »Welche Fächer?« fragte sie.

»Sport, Chemie, Biologie. Kneifer mein Name.« Er stieg wieder in den hinteren Teil seines Autos und beförderte weitere Planzen ans Tageslicht. Die Mädchen nahmen ungefähr zwanzig Töpfe undefinierbaren Inhalts entgegen, stellten sie auf dem Boden ab und warteten gespannt.

Kneifer schloß die Tür und betrachtete seine Schmetterlingsnetze. Eins nahm er in die Hand und ließ es prüfend durch die Luft sausen. »Sie können mir sicher sagen, wie ich zu Ihrem Direktor komme«, wandte er sich dann an die drei.

Stefanie zeigte nach vorn. »Ist ganz einfach. Sie gehen den Weg bis fast zum Ende, biegen links ab ...«

»Pssst!« Kneifer unterbrach sie mit beschwörendem Blick. Er legte den Zeigefinger auf die Lippen und lief in leicht gebückter Haltung hinter einem davonflatternden Schmetterlingspaar her.

Jule, Gretchen und Stefanie warfen sich vielsagende Blicke zu. Das mußten sie gleich weitererzählen!

Vroni Seelig schritt summend vor sich hin. Was für ein herrlicher Tag das heute wieder war! Sonnenschein, blauer Himmel, die Blüten dufteten und die Vögel priesen die Schöpfung. Plötzlich sah sie einen Fremden mit einem Schmetterlingsnetz auf sich zukommen. Er hob mahnend einen Zeigefinger und bedeutete ihr stehenzubleiben. Sie blickte sich verwundert um, befolgte aber seine Geste, sich unter keinen Umständen zu rühren. Kneifer näherte sich vorsichtig und stülpte ihr plötzlich das Netz über den Kopf. »Kneifer«, sagte er kurz. »Ich sammle Insekten, müssen Sie wissen.«

Er griff sachte unter das Netz, zupfte einen winzigen Käfer aus ihrem Haar und zeigte ihn ihr zwischen den Fingerspitzen. »Ein Onthophagus ovatus, aus der Familie der Scarabaeidea.«

Vroni Seelig lüpfte das Netz von ihren Augen. »Sind Sie Kammerjäger?«

Er ließ den Käfer auf seiner Handfläche krabbeln. »Ich bin Lehrer.«

Die Lateinlehrerin strahlte ihn an. »Freut mich, daß ich einem Kollegen ins Netz gegangen bin.«

Herr Kneifer verbeugte sich höflich. »Entschuldigen Sie.« Behutsam streifte er das Netz von ihrem Kopf und strich ihre Frisur zurecht.

Sie hielt ihm die Hand hin. »Seelig. Mir obliegt der Musikunterricht. Solange Sie mich nicht auf eine Nadel spießen, bin ich ganz entspannt, Herr Kneifer.«

Am nächsten Tag begab sich Kneifer zuerst ins Lehrerzimmer. Er war auf die Kolleginnen und Kollegen gespannt, traf aber lediglich Lohmann, der gerade die Stundentafel inspizierte und sich Notizen machte. Kneifer stellte sich vor, aber Lohmann wandte sich nicht mal von der Tafel ab, murmelte nur seinen Namen. Kneifer sah ihn von der Seite an und fragte: »Sie sind Lehrer, nehme ich an.«

»Leider.«

Dieser Kollege schien kein Freund großer Worte zu sein. Kneifer gab nicht auf. »Dann sind wir ab heute Schicksalsgenossen. Ich unterrichte Sport, Chemie und Biologie.«

Lohmanns Interesse war geweckt. »Sie sagten Sport. Was sind da so ihre Vorlieben?«

Kneifer setzte sich auf einen der Stühle und sagte bedächtig: »Sie meinen, welche Sportart ich bevorzuge? Keine. Mir war schon als Kind jede Art von Bewegung verhaßt. Also werde ich mich hüten, meinen Schülern dergleichen abzuverlangen.«

Specht war hereingekommen und hatte grinsend den letzten Satz Kneifers aufgeschnappt. Er stellte sich vor und fragte Kneifer nach seinen Fächern. Als er Chemie hörte, war er sofort interessiert.

»Kommt mir sehr gelegen. Ich brauche einen Mann, der über soviel chemische Kenntnisse verfügt, daß er eine Bodenprobe analysieren kann.«

Kneifer machte eine wegwerfende Handbewegung. »Das ist eine Kleinigkeit.«

Specht brachte ihm Kaffee, den Kneifer entsetzt beiseite schob. Er hielt Specht einen Vortrag über gesunde, vegetarische Ernährung und die Vorzüge von grünem Hafertee, der nicht nur stärkend, sondern auch anregend wirkte und bot ihm eine Kostprobe an. Specht lehnte dankend ab. Sie unterhielten sich noch lange über Kneifers Heilpflanzenkenntnisse. Als Specht ging, erinnerte ihn der Chemielehrer daran, ihm ruhig bald seine Bodenprobe zu bringen. Soviel war klar, der neue Kollege war das, was man einen Pfundskerl nannte. Specht gefiel er.

»Weißt du, wer angerufen hat?« Jonathan Pech stand aufgebracht in der Tür zum Labor. Seine Schwester Resl schüttelte den Kopf. Sie war diese Woche für das Terrarium verantwortlich. Gerade war sie dabei, den alten Sand zu wechseln.

Ihr Bruder schloß mit Nachdruck die Tür. »Mönch«, sagte er vorwurfsvoll. »Er wollte wissen, was wir Specht alles erzählt haben.«

Resl verzog keine Miene. »Wieso? Ist irgendwas mit Specht?«

»Der hat bei ihm auf der Baustelle rumgeschnüffelt und behauptet, daß dort alles vergiftet sei.«

»Stimmt doch ... Hat mir Vater schließlich erzählt.«

Jonathan zischte sie an: »Warum hast du das weitererzählt?«

»Weil ich nicht wissen konnte, daß Specht sich so dumm anstellt.« Resl setzte die letzte Maus in den frischen Sand. Scheinbar ruhig ordnete sie Steine und Wurzeln als Spiellandschaft für die Kleintiere, dabei liefen die Mäuse ihr zutraulich über die Hände.

»Wenn Mönch erfährt, daß du ihn verpfiffen hast, rückt er keinen Pfennig mehr raus.« Ihre Ruhe brachte Jonathan zur Weißglut. Am liebsten hätte er ihr eine geknallt. »Dann ist die schöne Zeit zu Ende, Schwesterherz!« Er wandte sich um und hastete zur Tür. Beinahe wäre er mit Specht, der überraschend hereinkam, zusammengestoßen.

»Herrn Kneifer habt ihr nicht zufällig gesehen?« Specht trug die Tasche mit den Bodenproben zum Chemieschrank.

»Der führt seine Kochkunst vor«, sagte Resl.

Specht grinste Resl an. Er schob einige Behälter beiseite und räumte seine Gläser ein.

»Reine Pflanzenkost.« Jonathan sah Specht herausfordernd an. »Ohne Giftstoffe, Herr Specht.«

»Kann sich mancher ein Beispiel nehmen«, bestätigte Specht und schloß die Schranktüren zu.

Jonathan verließ wütend das Labor. Ihm reichte es. Was seine Schwester sich da in den Kopf gesetzt hatte, bedrohte das kleine bißchen Glück, das er in den letzten Jahren gefunden hatte. Er hatte keinerlei Lust, in die armseligen Verhältnisse zurückzukehren, aus denen Mönch ihn und Resl geholt hatte. Den Eltern war es nie gutgegangen. Im Internat hatte er sich zum ersten Mal im Leben richtig glücklich gefühlt. Resl ging es doch genauso. Wieso also hatte sie so dumm gehandelt? Mönch war ohnehin nicht beizukommen. Der war stinkreich, keiner konnte ihm was anhaben. Und Specht, der hatte doch genug als Lehrer zu tun. Was mischte der sich überhaupt in anderer Leute Angelegenheiten.

Die Gläser, die Specht in den Schrank gestellt hatte ... Auf einmal wurde Jonathan klar, was das für Gläser waren. Natürlich! Und abgeschlossen war dieser Schrank nie!

Als Specht am selben Abend die Schule verließ, traf er draußen Kneifer forschend über Weißklee gebeugt. »Trifolium repens«, murmelte er vor sich hin. Es war spät geworden. Specht gähnte verhalten und fragte, ob der Kollege nicht auch Feierabend machen wolle. Kneifer erklärte ihm, ein Mensch benötige nicht mehr als vier Stunden Schlaf in der Nacht. Was darüber sei, ginge von seiner Lebenszeit ab. Heute werde er die Nacht nutzen, um Spechts Bodenproben einer eingehenden Untersuchung zu unterziehen.

Specht bewunderte Kneifers Energie. »Im Gegensatz zu Ihnen verbringe ich die Nacht im Bett. Wenn ich nicht schlafe, habe ich schlechte Laune.« Nach einer schlechten Nacht brauchte er morgens mehrere Stunden, um zu sich zu kommen. Er ließ den Kollegen mit seinem nächtlichen Pflanzenstudium allein. Morgen früh wollte er mit Fräulein Lydia frühstücken, das hieß, daß er noch früher aufstehen mußte als sonst. Also nichts wie in die Federn.

Jonathan lag wach im Bett. Mit offenen Augen wartete er, bis sein Zimmernachbar eingeschlafen war. Endlich hörte er tiefe, gleichmäßige Atemzüge. Er streifte die Decke zurück und stand leise auf. Seine Jeans hatte er anbehalten, er mußte nur die Turnschuhe anziehen.

Draußen sah er den Flur entlang. Es war alles ruhig. Schnell verließ er das Wohnheim und lief abseits des Weges zum Schulgebäude. Die Tür war noch offen, zum Glück hatte kein Lehrer abgeschlossen. Jonathan hielt sich nah an den Wänden und versuchte möglichst kein Geräusch zu machen. Vor dem Labor sah er sich noch einmal um, aber es herrschte absolute Stille. Drinnen blieb er eine Weile stehen, um seine Augen an die Dunkelheit zu gewöhnen. Einen Arm ausgestreckt, tastete er sich zum Pult. Dort war eine kleine Lampe. Er drückte den Schalter und schrak zusammen, als das Licht aufflammte. Mit klopfendem Herzen verharrte er und lauschte. Aber nichts rührte sich.

Entschlossen ging er zu dem Schrank, in dem Specht am Nachmittag seine Bodenproben gestellt hatte. Die Gläser waren noch da. Jonathan blickte sich suchend im Zimmer um. Wohin mit dem Zeug? Endlich fand er im untersten Regal einen Karton. Der war genau richtig. Schnell schüttete er Spechts Bodenproben hinein und füllte die leeren Gläser mit Resls frischem Sand aus dem Terrarium. Fein säuberlich stellte er sie auf ihren Platz zurück und schloß den Schrank. Spechts Beweismaterial wollte er draußen in eine Mülltonne werfen.

Plötzlich schlug draußen eine Tür, Schritte näherten sich. Blitzschnell griff Jonathan nach dem Karton und schaltete das Licht aus. Mit dem Sand durfte ihn keiner erwischen. Voller Panik entleerte er den Inhalt ins Terrarium, warf den Karton in eine Ecke des Labors und verschwand, so lautlos und schnell er konnte.

Auf dem Weg ins Wohnheim leuchtete ihn Leitmeier auf einmal mit der Taschenlampe an. Was er zu dieser Stunde draußen suche, wollte er wissen. Jonathan behauptete, seit dem Tod seines Vaters nicht mehr richtig schlafen zu können.

Mit dieser Ausrede stieß er bei Leitmeier allerdings auf taube Ohren. Leitmeier verwies auf Punkt sieben der Hausordnung – daß unbedingt Nachtruhe einzuhalten sei –, ob er den nicht im Kopf habe. Mit einem strengen »Abmarsch!« war die Sache dann aber zum Glück erledigt.

Mittwochs hatte die 10b in der dritten Stunde Biologie. Karin Anselm wiederholte das Thema der letzten Stunde: die Lippenblütengewächse. Kneifer hatte ihr zu Anschauungsmaterial geraten und versprochen, einige Töpfe mit selbstgezogenem Winterbohnenkraut, Gemeiner Braunelle und Echter Katzenminze für sie im Labor zu deponieren. Karin Anselm hatte morgens allerdings verschlafen. Kneifers Heilpflanzen fielen ihr erst wieder ein, als sie schon in der Klasse war. Lucy und Josefine sollten sie holen. Zur Identifizierung der Pflanzen gab Karin Anselm ihnen noch Bildtafeln mit.

»Ihr müßt halt genau vergleichen. Ist eine gute

Übung fürs Kräutersammeln«, erklärte sie den beiden.

Auf dem Weg ins Labor studierten die Mädchen die Tafeln und fanden tatsächlich eine Pflanze, die sie von den Wiesen im Umkreis kannten, die Gemeine Braunelle. Den Namen hatten sie vorher noch nie gehört. Sie beschlossen, Kneifer nach den Wirkstoffen zu fragen, den Tee, den er ihnen mit großer Wahrscheinlichkeit daraus brauen würde, aber zu meiden.

Die Pflanzen standen auf der Fensterbank des Labors. Es war gar nicht so einfach, anhand der Abbildungen die richtigen zu finden. Der Zeichner mochte sich Mühe gegeben haben, die Realität indessen wich teilweise arg von seinen Bildern ab. Endlich hatten sie drei Gewächse herausgesucht, die den Bildern und Beschreibungen am nächsten kamen.

Lucy sah auf ihre Armbanduhr. »Du, die Hälfte der Stunde ist schon um.« Sie reichte Josefine einen Topf und nahm die beiden anderen. Einen setzte sie sich auf den Kopf und versuchte grazil und anmutig wie eine Inderin durch den Raum zu schreiten.

Plötzlich erstarrte sie, die Pflanzen fielen ihr aus der Hand. Hinter einem der Tische lag Kneifer, regungslos und bleich wie der Tod.

Josefine ging vorsichtig näher. »Wir müssen Specht rufen. Sofort!« Kopflos stürzten die beiden los.

Der Erpresserbrief

Blümchen musterte sich kritisch im Spiegel der Mädchentoilette. Im Sommer hatte Lidschatten überhaupt keinen Zweck. Spätestens um zehn Uhr war er in der Lidfalte verschwunden. Kein Mensch sah mehr etwas davon. Sie wischte sich mit dem Ringfinger die verbliebene Spur ihrer kosmetischen Bemühungen von den Augen und blinzelte. Die Klospülung ging. Sie hatte gar nicht gemerkt, daß noch jemand da war.

Franziska trat aus der Kabine. Sie stellte sich wartend neben das Waschbecken. »Grüß Gott.« Sie lächelte die Sekretärin an.

»Tag, Franziska. Hast du heute keinen Unterricht?«

»Schon. Aber ich habe eine schwache Blase.«

»Kenne ich. Habe ich früher auch so gemacht.« Blümchen lachte und schüttelte sich das Wasser von den Händen.

Franziska hielt ihre Hände kurz unter den Wasserstrahl und beschwerte sich über die Lateinlehrerin, die zu ihr gesagt hatte, daß sie den Trick auch kenne. »Dabei mußte ich wirklich ganz dringend.« Sie griff nach den Papierhandtüchern und hielt geschockt inne. »Da liegt jemand«, flüsterte sie.

Blümchen sah in die Richtung, in die Franziska wies. In der Kabine, deren Tür einen spaltbreit aufstand, lag ein etwa vierzehnjähriges Mädchen.

»Sag schnell Frau Fendel Bescheid, Franziska.« Blümchen beugte sich zu der am Boden liegenden. Seltsam, wo kam sie her? Gesehen hatte sie die noch nie. Sie hielt ein Handtuch unter das kalte Wasser und legte es dem Mädchen vorsichtig auf die Stirn. Das Mädchen schlug die Augen auf und lehnte sich mit Blümchens Hilfe an die Wand.

»Schön tief atmen, hörst du«, beruhigte Blümchen das Mädchen.

Die Tür zum Waschraum wurde geöffnet. Sichtlich erschrocken eilte Anneliese Fendel zu den beiden. »Ist sie bewußtlos?« Sie strich dem Mädchen mit der Hand über den Kopf und hob sein Kinn hoch. Die Lehrerin schien völlig aus der Fassung.

»Es geht ihr schon besser. Sie hatte einen ganz schwachen Puls.«

Anneliese Fendel nahm Blümchen das feuchte Tuch aus der Hand. »Ich kümmere mich um sie, Frau Blum.«

»Soll ich nicht lieber einen Arzt rufen?« fragte Blümchen.

»Nicht nötig!« kam es scharf von der Lateinlehrerin. Sie warf der Sekretärin, die unentschlossen neben ihr stand, einen ungeduldigen Blick zu.

»Wenn Sie das verantworten können.« Mit gemischten Gefühlen sah Blümchen, wie das Mädchen vergeblich versuchte, die Augen offenzuhalten.

Anneliese Fendel wies die Sekretärin des Direktors scharf zurecht. »Sie sagten doch selbst, daß es ihr schon besser geht!«

»Wie Sie meinen.« Achselzuckend ging Blümchen zur Tür.

»Ich habe doch eine kleine Bitte an Sie.« Frau Fendels Stimme wurde freundlicher. »Sagen Sie Lukas Brahms, er möchte in mein Zimmer kommen.«

Frau Fendel hatte sofort begriffen, was los war, als Franziska in die Klasse gestürzt kam und hervorgestoßen hatte, in der Toilette liege ein Mädchen, das sie noch nie gesehen hatte. Es wäre bewußtlos und hatte eine grüne Haarsträhne. Es war ihre Tochter Suse.

Auch ein paar Wochen zuvor hatte Suse plötzlich wieder vor ihrer Tür gestanden. Anneliese Fendel war erschrocken gewesen, als sie ihre Tochter gesehen hatte. Die Drogensucht war ihr ins Gesicht geschrieben gewesen. Es hatte Streit gegeben, und Suse war wieder gegangen. Anneliese Fendel hatte sich Vorwürfe gemacht, und als sie dann Lukas mit dem Heroin erwischt hatte, war ihr der Gedanke gekommen, ihm den Stoff abzukaufen. Nur für alle Fälle. Und jetzt war Suse wieder da.

Nachdem die Sekretärin endlich gegangen war, brachte Anneliese Fendel Suse auf ihr Zimmer und legte sie aufs Bett. Sie wurde von Kälteschauern geschüttelt. Sie hielt die Arme krampfhaft um sich selbst geschlungen.

»Gleich lassen die Schmerzen nach.« Ihre Mutter deckte Suse zu und ließ, als es klopfte, eine gebrauchte Einwegspritze in der Schublade ihrer Kommode verschwinden. Sie öffnete die Tür einen Spaltbreit und atmete erleichtert auf. »Danke, Lukas.« Sie ließ ihn schnell herein und schloß die Tür ab.

»Wofür?« wollte er wissen. Er warf einen verstohlenen Blick auf Suse und sah seine Lehrerin fragend an.

»Daß Sie mich nicht warten ließen. Ich brauche wieder mal eine kleine Dosis.«

»Darf die das hören?«

»Sie schläft. Sie hat mir erzählt, daß sie mehrere Tage nichts gegessen hat. Wir haben sie halb bewußtlos auf der Toilette gefunden.«

»Was wird mit ihr?« Lukas war näher an das Bett getreten. Suse klapperte laut mit den Zähnen und wand sich unter den Decken. Die steckte ganz schön tief drinnen, dachte er.

»Sie schläft sich gesund«, murmelte die Lehrerin ausweichend und zog die Decken über Suse zurecht.

Lukas griff in seine Jacke. Er hielt ihr einige Heroinbriefchen hin. Anneliese Fendel nahm sie. Ihr war sterbenselend zumute. Bloß jetzt keine Schwäche zeigen. Es reichte, daß Lukas sie in der Hand hatte. »Wieviel«, fragte sie kühl.

»Achthundert. Nicht nur das Leben wird teurer, Frau Fendel, auch der Tod.«

Der Zynismus aus dem Mund dieses Jugendlichen traf sie weitaus schlimmer als ähnliche Bemerkungen von älteren. Aber im Moment sah sie keinen anderen Weg, als Lukas das Geld zu geben und zu schweigen.

Die Aufregung um den bewußtlosen Chemielehrer Kneifer hatte sich nach einigen Minuten gelegt. Lucy und Josefine waren kopflos aus dem Labor gestürzt und hatten auf dem Flur fast Blümchen überrannt. Die beiden Mädchen hatten stammelnd in Richtung Labor gedeutet, und Blümchens beherztes Eingreifen hatte Kneifer aus den nebeligen Tälern seiner Ohnmacht herausgeholt. Die Sekretärin hatte ihn mehrere Male leicht geohrfeigt und ihm, als er keine Regung zeigte, kurzerhand ein Glas kaltes Wasser ins Gesicht geschüttet. Als Lucy und Josefine mit Specht zurückkamen, fanden sie Blümchen und Kneifer auf dem Laborboden sitzend. Kneifer hing benommen, aber durchaus zufrieden, in Blümchens Armen und ließ sich von ihr die feuchten Spuren der kalten Dusche von Gesicht und Brust wischen. Ihre mütterlichen Regungen schienen ihm so gutzutun, daß er das Ende ihrer Bemühungen herauszuzögern suchte.

»Reiben Sie mich ruhig ganz trocken. Ihre resoluten Zärtlichkeiten wecken meine Kraftreserven, Frau Blum.« Kneifer sah sie mit treuherzigem Blick an. Der lädierte Chemielehrer verleibte sich eines seiner selbstgebrauten Elixiere ein. Eine halbe Stunde später ging es ihm wieder gut.

Daß alle Kleintiere im Terrarium tot waren, gab Kneifer zu denken. Der Zusammenhang zwischen seiner Ohnmacht, dem Sand im Terrarium war schnell hergestellt. Er erzählte Specht von dem vergifteten Sand, der ganz offensichtlich mit Absicht ins Terrarium gekippt worden war.

Specht ging ein Licht auf. Jonathan Pech! Es konnte gar kein anderer gewesen sein. Denn nur Resl und Jonathan hatten mitbekommen, wie er die Gläser mit den Bodenproben in den Schrank gestellt hatte.

Die Analyse ergab nichts anderes, als er erwartet hatte. Kneifer erzählte Specht gleich von einem ganzes Spektrum von Giftstoffen, die die Mäuse das Leben gekostet hatten: Cäsium, Quecksilber, Phosphine, dazu hohe Arsenanteile.

Resls Vater hatte von dieser wahrhaft mörderischen Mischung wahrscheinlich so viel aufgenommen, daß sein Körper in kurzer Zeit vollkommen vergiftet gewesen war. Und diese Bombe tickte weiterhin und gefährdete Menschenleben auf der Baustelle, auf der Mönch gerade eine Siedlung bauen ließ. Und Mönch wußte, daß der Boden verseucht war! Specht ballte die Hände zu Fäusten. Bevor dieser gewissenlose Kerl dort auch nur noch einen einzigen Meter Erde weiter bewegte, würde er ihn stoppen.

Benedikts Vater saß Böck im Direktoratszimmer gegenüber. Als erstes hatte er angeordnet, seinen Sohn aus dem Unterricht zu holen, gleichgültig von wem die Stunde gerade gegeben wurde. Er gedenke, ihn auf der Stelle mit nach Hause zu nehmen. Denn das, was Herr Specht sich leistete, reichte ihm jetzt. Mönch setzte Direktor Böck massiv unter Druck: Entweder werde dieser Lehrer vor die Tür gesetzt, und zwar noch am selben Tag, oder Böck sei nicht nur einen Schüler, sondern auch einen Geldgeber los. Daß er, Mönch, die finanzielle Tragsäule der Schule sei, müsse er ja wohl nicht aussprechen. Er wußte, daß Böck auf sein Geld angewiesen war. »Entweder Specht fliegt, oder Sie kriegen keinen Pfennig mehr, Böck! Sie haben eine Minute Bedenkzeit.«

Böck taktierte. »Da gibt es nichts zu bedenken. Sie wissen genau, daß wir das Geld dringend benötigen.«

»Na also«, Mönch ließ erleichtert seine Hand auf den Tisch fallen. »Ich nehme Ihnen nicht mal übel, daß Sie Specht nicht schon früher rausgeschmissen haben. Soll ja ein ganz brauchbarer Lehrer sein. Behauptet jedenfalls mein Sohn.«

»Diesem Urteil kann ich mich leider nicht anschließen.«

»Nicht?« Mönch verzog verwundert das Gesicht.

Böck lehnte sich zurück. Er nahm einen Zug aus seiner Zigarre und konzentrierte sich auf einen Punkt an der Wand gegenüber. »Specht«, antwortete er gemächlich, »ist kein brauchbarer, er ist ein guter Lehrer.« Er sah Mönch ins Gesicht. »Ich habe ihn zu meinem Nachfolger bestimmt. Lassen Sie sich die Sache nochmal durch den Kopf gehen.«

Mönchs Gesichtszüge entgleisten vollends. Er starrte sein Gegenüber eine Weile wie hypnotisiert an. Dann sprang er auf und stapfte wutschnaubend zur Tür.

Im selben Augenblick kam Specht, nicht weniger aufgeregt, mit Benedikt herein.

»Um mich den haltlosen Verdächtigungen dieses Herrn auch künftig auszusetzen?« Mönch schnaubte. »Danke! Herr Dr. Specht kann von Glück sagen, wenn ich keine Verleumdungsklage gegen ihn anstrenge.«

»Sie können sich anstrengen soviel Sie wollen, Herr

Mönch«, nahm Specht sein letztes Wort auf. »Ich bin nach wie vor überzeugt, daß Sie Dreck am Stecken haben.«

Das reichte! »Gut, daß Sie das im Beisein von Professor Böck geäußert haben«, versetzte Mönch schneidend. »Er wird diese Unverschämtheit vor Gericht bezeugen.« Mönch versetzte Benedikt einen Stoß. »Abmarsch!« Der Junge wurde rot vor Scham. Mönch packte ihn an der Schulter und schob ihn zur Tür hinaus. Specht ließ sich in einen Stuhl fallen. Ein paar Minuten saßen der Direktor und er schweigend da. Böck paffte, Specht hing schlechtgelaunt und mit zusammengezogenen Augenbrauen seinen düsteren Gedanken nach.

»Wissen Sie, was ich gut finde?« Böck stützte sich mit beiden Armen auf den Tisch und musterte Specht grimmig. »Daß ich keinen Revolver habe. Wobei ich nicht mal wüßte, ob ich Sie oder mich erschießen sollte.« Er machte eine Pause, kratzte sich am Kinn. »Sie haben unseren wichtigsten Geldgeber vergrault. Und ich Idiot lasse mir das bieten!«

»Raus!« brüllte er Frau Blum entgegen, die mit einem Tablett mit einer Kaffekanne und Tassen in der Tür erschien. Er schlug mit solcher Wucht auf den Tisch, daß der Aschenbecher einen Satz machte. Vor Schreck ließ Blümchen das Geschirr fallen und schrie laut auf, als der heiße Kaffee auf ihre Beine spritzte.

Böck und Specht sprangen zu ihr. Auf dem Boden mischten sich Sahne, Zucker und Kaffee zu einer schmierigen Masse, aus der die Porzellantrümmer wie nach einem Bombenanschlag hervorragten. Böck hob mit spitzen Fingern die zerbrochene Kaffeekanne aus der braunen Tunke. Zerknirscht hielt er sie Blümchen entgegen. »Entschuldigung. Ich wollte nicht Sie, sondern Herrn Specht anbrüllen.«

Blümchen stemmte die Hände in die Seiten. Offenbar hatte ihr Chef kurzzeitig den Verstand verloren. Sie blitzte ihn an. »Haben Sie schon mal an einen vorzeitigen Ruhestand gedacht?«

Böck nickte kleinlaut.

»Das ist vernünftig«, sagte Blümchen.

Böck blinzelte sie schalkhaft an.

»Als ich sechs Jahre alt war. Am Tag meiner Einschulung.«

Familie Mönch aß im kleinen Speisezimmer. Elisabeth Mönch hatte der Köchin aufgetragen, Brathühnchen und Salat zuzubereiten und ihr für den Rest des Abends freigegeben. Benedikt hatte auf dem Nachhauseweg kein Wort mit seinem Vater gesprochen, seine Mutter hatte er mürrisch begrüßt. Als sei er drei Tage nicht aus den Klamotten gekommen, hatte sie ihn gleich unter die Dusche geschickt und dem Mädchen gesagt: »Legen sie meinem Sohn frische Kleidung heraus.«

Benedikt stocherte in seinem Salat. Vom Hähnchen rührte er erst gar nichts an. Ihm war der Appetit vergangen. Er sah, wie sein Vater sich die Hähnchenkeulen reinstopfte. Der hatte eine Haut wie ein Elefant. Elisabeth Mönch legte ihre Gabel auf den Teller. Sie zog die Lippen zusammen, als habe ihr jemand eine frische Zitrone aufgezwungen, und durchbrach die unbehagliche Atmosphäre am Tisch.

»Das Essen scheint er dort auch verlernt zu haben. Stochert die ganze Zeit lustlos auf seinem Teller herum, dein Sohn!« wandte sie sich an ihren Mann.

Mönch kaute weiter, während er antwortete. »Ist ja wohl nicht nur mein Sohn.«

Sie schob Benedikt eine Platte mit saftigen Schenkeln hin. »Wir haben dir extra Hühnchen braten lassen, weil wir dachten, du freust dich.«

Mönch fuchtelte mit einem halbabgenagten Knochen durch die Luft. »Der hat sich ja nicht mal gefreut, als ich ihn da weg geholt habe. Das hat er nicht als Erlösung, sondern als Strafe empfunden.«

Benedikts Mutter versuchte ihren Sohn anzusehen. Er hatte sein Besteck neben den Teller gelegt und wartete mit gesenkten Augen darauf, daß seine Eltern fertig wurden. »Stimmt das, was Papa sagt?« Sie versuchte ihrer Stimme einen möglichst mütterlichen Klang zu geben. »Wenn es stimmt, kann das ja wohl nur heißen, daß du uns nicht mehr lieb hast.«

Benedikt beschloß, den Mund zu halten. Wozu sollte er versuchen, seiner Mutter irgend etwas zu erklären. Letztendlich richtete sie sich ja doch immer nach den Befehlen ihres Mannes.

Mönch zeigte mit einer Kopfbewegung auf die Salatschüssel. Seine Frau bediente ihn. Er fuhr mit der Gabel in ein Blatt, als sei es sein ärgster Feind. »Dafür hat er sich in die kleine Schlampe verliebt!«

Sie verstand nicht. »In Dr. Specht, oder was meinst du?« fragte sie.

»Quatsch! Wenn ich Schlampe sage«, donnerte er, »meine ich Resl Pech. Die wollte er uns als Schwiegertochter kredenzen.«

Fassungslos sah Elisabeth Mönch ihren Sohn an. »Ist das wahr?«

Benedikt warf ihr einen ausdruckslosen Blick zu.

Mönch lehnte sich zurück. Er seufzte und schob den Unterkiefer vor. »Wird mich eine lange Zeit und Kraft kosten, deinen Sohn wieder auf Vordermann zu bringen.«

»Er ist ja auch dein Sohn!«

»Da bin ich mir seit heute nicht mehr so sicher.«

Mönch musterte Benedikt mit einer hochgezogenen Augenbraue. Ganz schön bockig, der junge Mann. Aber die Flausen würde er ihm schon austreiben.

»Auf dein Zimmer! Morgen Schlag zwölf stehst du zu meiner Verfügung. Verstanden?!«

Benedikt stand schweigend auf und verließ das Zimmer. Wenn es nach ihm ginge, könnten die beiden an ihren Brathühnern ersticken.

»Was machst denn du hier?« Vor Staunen vergaß Lukas, Geld in den Spielautomaten zu werfen. Benedikt war noch außer Atem. Er war einen großen Teil des Weges gerannt. Ein Stück weit hatte ihn zwar jemand mitgenommen, aber in der Stadt wollte er nicht erkannt werden. Die speziellen Freunde seines Vaters hätten bestimmt Lunte gerochen, wenn sie ihn zu so später Stunde dort erwischt hätten. Lukas war der einzige, der ihm helfen konnte. Und wo der zu finden war, darüber brauchte man nicht lange nachzudenken.

»Ich bin abgehauen.« Benedikt ließ sich erschöpft gegen einen Spieltisch fallen. »Ich wußte, daß ich dich hier finde.«

Lukas bemerkte, daß bereits zwei Automaten zum Stillstand gekommen waren. »Bißchen Taschengeld hast du nicht zufällig bei dir?«

Benedikt griff in seine Tasche. Er hielt Lukas eine Handvoll Silbergeld hin.

»Kriegst du natürlich wieder.« Lukas fütterte gleich drei Automaten. Er starrte wie gebannt auf die routierenden Scheiben.

Benedikt ging ihm hinterher. Er reichte Lukas den Rest seiner Münzen. »Hier. Ich brauche kein Geld.«

»Ich weiß, du brauchst ein Versteck.« Lukas wartete

darauf, ob einer der Automaten etwas ausspuckte. Als die Scheiben zur Ruhe kamen, zuckte er die Achseln. »Pech gehabt.« Er nahm Lukas am Arm. »Na komm, das machen wir schon.«

Nach dem Vorfall in der Mädchentoilette hatte Anneliese Fendel ihre Tochter gebeten, in Zukunft auf keinen Fall mehr in die Schule zu kommen. Es war alles auch so schon schlimm genug. Suse sollte anrufen, wenn sie Hilfe brauchte. Sofern ihr überhaupt zu helfen war. Nun stand Suse im Zimmer ihrer Mutter, als sie vom Essen aus der Mensa kam. Suse sah vollkommen abgerissen aus, trug einen Minirock, der kaum ihre Schenkel bedeckte. Die Schminke auf ihren Augen ließ ihr Kindergesicht alt aussehen. Natürlich brauchte sie wieder mal Geld. Als ihre Mutter hart blieb, versuchte Suse es mit Erpressung.

»Dann muß ich eben anschaffen gehen.«

Anneliese Fendel gab ihr seufzend fünfzig Mark aus einer Dose auf dem Regal und legte die letzten fünfzig, die sie bei sich hatte, noch dazu.

»Dir würde es doch ganz gut passen, wenn ich endlich tot bin«, warf Suse ihrer Mutter vor.

Anneliese Fendel nahm Suse in den Arm und wiegte sie. »Sag das bitte nie wieder, hörst du. Nie wieder.«

Suse schob das Geld in die Tasche ihres Minirocks. Sie schlurfte zur Tür und hob die Hand. »Tschüß, Mama. Bis dann.«

Ihre Mutter preßte ihr Gesicht in beide Hände. Sie wußte ganz genau, daß Suse sich von dem Geld sofort den nächsten Schuß besorgen würde. Sie wünschte sich, stärker zu sein. Stärker als die Sucht ihrer Tochter. Damit sie sie beide ins Leben zurückführen konnte.

Suse schlenderte zum Parkplatz. Sie wollte sehen, ob jemand in Richtung Stadt fuhr und sie mitnehmen konnte. Aber den komischen Typ, der gerade aus seinem Kleinbus stieg, wollte sie nicht fragen. Suse blieb trotzdem stehen und beobachtete, wie Kneifer eine Kiste vom Beifahrersitz hob. Er warf die Türen mit dem Ellbogen zu und ging pfeifend weg.

Glück muß der Mensch haben! Suse wartete einen Augenblick, sah sich um. Sie ging zu Kneifers Wagen. Tatsächlich, die Tür war nicht abgeschlossen. Hastig durchsuchte sie das Handschuhfach. Schade, alles nur wertloses Zeug. Plötzlich bemerkte sie Kneifers Sporttasche auf dem Boden. Sie zog den Reißverschluß auf und wühlte in Kneifers Sachen. In der Seitentasche fand sie endlich, was sie suchte. Mit fliegenden Fingern untersuchte sie den Inhalt der Brieftasche, entdeckte einige Hunderter, Kneifers Führerschein und seine Scheckkarte. Suse zog ihre leichte Jacke über und ließ die Beute in der Tasche verschwinden.

Fünf Minuten später stand sie an der Landstraße. Noch eine halbe Stunde, dann war sie bestimmt in der Stadt. Mit der Scheckkarte gab es erst mal bestimmt keine Beschaffungsprobleme. Sie hob die Hand, als sich ein Auto näherte.

Specht hielt neben ihr. Er war auf dem Weg zu Resls Mutter. Er öffnete die Tür und fragte: »Wo soll's hingehen?«

»Mir egal.« Suse ließ sich auf den Sitz fallen und streckte die Beine aus.

Specht zog die Tür zu. Mit einem kritischen Blick auf das Mädchen sagte er: »Mir aber nicht. Ich fahre in eine bestimmte Richtung. Es wäre doch möglich, daß du da gar nicht hin willst.«

Sie lehnte sich mit geschlossenen Augen zurück. »Mir egal.«

»Wird also das beste sein, wenn ich dich an der nächsten Ecke rausschmeiße.«

Suse zuckte gleichgültig mit den Schultern.

Specht warf ihr einen genervten Blick zu. »Ist dir wahrscheinlich auch egal.«

Er fuhr los. Wenn er nicht so dringend zu Frau Pech müßte, um sich über deren wirtschaftliche Situation Klarheit zu verschaffen, hätte er der Jugendlichen neben sich schon ein paar Töne gesagt. Oder sie vielleicht gleich zu Constanze in die Klinik gebracht.

In der zweiten Pause ging Lukas zu Resl. Er nahm sie kurz beiseite und sagte leise: »Dein Liebster ist in der Dachkammer. Nimm ihm was zu essen mit.« Resl starrte ihn ungläubig an, dann verstand sie und wollte ihm um den Hals fallen.

»Heb dir das für nachher auf. Und kein Wort zu niemandem, hörst du!« wehrte Lukas ihre Begeisterung ab.

Nach dem Mittagessen lief Resl in die Küche und bat um belegte Brötchen.

Die Küchenhilfe wunderte sich. »Bist du nicht satt geworden? Dann iß doch noch eine Portion.«

Resl sagte, sie habe noch Sportunterricht am Nachmittag, danach sei ihr immer ganz schlecht vor Hunger. Sie konnte ja nicht gut mit einem Teller voll dampfendem Mittagessen auf den Dachboden schleichen. Dann wäre sofort alles rausgekommen.

Die Küchenfrauen packten ihr zwei dick mit Käse, Tomaten und Gurken belegte Semmeln ein. »Morgen kommst du dann aber gleich. Sollst ja nicht verhungern«, sagte eine der Frauen fürsorglich.

Auf dem Weg zur Dachkammer nahm Gott sei Dank keiner besondere Notiz von ihr.

Sie begrüßte Benedikt stürmisch. Der war, als die Tür aufging, heftig zusammengefahren und vor Schreck eine Sekunde wie gelähmt. Er erzählte von seiner Fahrt nach Hause, dem Gespräch seiner Eltern während des Abendessens, bei dem sie sich über ihn unterhalten hatten, als sei er ein Ding, das man beliebig hin- und herschieben könne. Er erzählte auch von seiner nächtlichen Flucht aus der Villa und von Lukas, der ihm geholfen hatte.

Er machte eine Pause. Ratlos zeichnete er unsichtbare Kringel auf seine Hose. »Ewig kann ich hier nicht bleiben,« sagte Benedikt.

»Höchstens zwei, drei Tage.«

»Länger bin ich auch nicht mehr hier.« Resls Kinn zitterte verdächtig. »Specht will zwar versuchen, daß ich auch ohne Geld hier aufs Internat gehen kann. Aber ich glaube nicht, daß es klappt.«

Sie saßen eine Weile schweigend nebeneinander und überlegten jeder für sich, was die kommenden Tage bringen würden. Zu Verwandten konnte man nicht gehen, die Lehrer konnten auch nichts machen. Eltern von anderen Schülern kamen auch nicht in Frage. Wenn es doch bloß einen Ausweg gäbe.

Resl nahm Benedikts Hand. »Dann müssen wir uns eben im Wald verstecken.«

Benedikt lächelte traurig. »Wie Hänsel und Gretel.«

»Wenn sie im Winter unsere Leichen finden, werden sogar deine Eltern gerührt sein.«

»Gar nicht so schlecht ...« Benedikt hatte plötzlich eine Idee. Als Resl ihn fragend ansah, nickte er. »Meine Eltern müssen Mitleid bekommen und alles rückgängig machen.«

Während er die Brötchen verspeiste, die Resl ihm mitgebracht hatte, erklärte er ihr auf welchen Gedanken ihn ihre traumhafte Eingebung gebracht hatte. Sie mußten eine Entführung fingieren! Das würde seinen Eltern bestimmt einen mörderischen Schreck einjagen. »Das ist die einzige Möglichkeit, meinen Vater dahin zu kriegen, daß du und ich hierbleiben können. Wir brauchen ihm ja nur einen Entführerbrief mit einer hohen Lösegeldforderung zu schreiben. Das bringt die Räder dann ins Rollen. Am Schluß wird dein Vater vielleicht doch lieber nachgeben, statt seinen Sohn zu verlieren.«

Resl besorgte weißes Papier, Kleber und eine Schere aus ihrem Zimmer. Alte Zeitungen gab es genug in der Dachkammer.

Sie überlegten sich den Brieftext. Benedikt begann Groß- und Kleinbuchstaben aus der Zeitung auszuschneiden. Resl klebte die winzigen Lettern achtsam auf dem Papier zu Wörtern und Sätzen. Sie versuchte möglichst wenig zu atmen, weil jeder Lufthauch die neuen Schnipsel wieder durcheinander warf.

»Jetzt fehlt noch ein kleines O und ein kleines T,« wandte sie sich an Benedikt. Als es dreimal lang und zweimal kurz klopfte, hielt Resl ihre Hände schützend um das Blatt.

»Lukas«, sagte Benedikt. Er ging zur Tür und schloß auf.

»Alles in Ordnung?«

Resl sah kurz von ihrem Papier hoch. »Wir machen Zukunftspläne.«

»Wie sehen die aus?« Lukas war nähergetreten. Er sah nur zerschnittene Zeitungen.

»Kannst ja mal lesen«, sagte Benedikt mit einer Kopfbewegung in Richtung Tisch.

Lukas beugte sich über Resl und las laut: »Wir haben Ihren Sohn entführt. Lösegeld: 10.000 Mark. Wenn Sie nicht zahlen oder die Polizei einschalten, ist ihr Sohn . . .«

»... tot«, vollendete Resl den letzten Satz.

Lukas sah die beiden zweifelnd an. »Wer soll denn das kriegen?«

»Mein Vater.«

»Wir wollen ihm einen Schreck einjagen«, erklärte Resl.

Lukas tippte sich mit dem Finger an die Stirn. »Der kriegt keinen Schreck, der lacht sich tot. Für zehntausend Mark entführt doch keiner einen Menschen!«

Die beiden überlegten. Zögernd fragte Resl: »Müssen wir also noch eine Null einschieben?«

Benedikt blätterte und fand auf der Titelseite einer Zeitung eine Schlagzeile mit riesigen Nullen. Resolut schnitt er eine heraus und reichte sie seiner Freundin.

Resel befeuchtete ganz leicht ihren Finger, zog das Schriftzeichen über die Leimfläche, schob den Schnipsel hinter die Zehn und las vor: »Lösegeld: 100.000 Mark.«

»Schon besser.« Lukas nahm Resl den Brief aus der Hand und las ihn nochmal. »Bei dieser Summe« sagte er zu Benedikt gewandt, »wird sich zeigen, ob er dich wirklich liebt.«

Mönch saß allein am Frühstückstisch. Er genoß es, morgens in aller Ruhe bei Rührei mit Speck und einer großen Kanne Kaffee seine Post zu lesen, ohne sich die blödsinnigen Berichte seiner Frau über neue Modefarben im Herbst oder schier unglaubliche Verjüngungskuren in einer Ayurveda-Klinik anhören zu müssen. Seinetwegen konnte sie mit ihren Freundinnen nach Honolulu reisen und sich dort von irgendwelchen ehemaligen Betriebswirten, die sich nach merkwürdigen Erweckungstherapien als Verkünder heilbringender Lehren verkauften, massieren lassen oder zu Indianergesängen mit ihnen tanzen. Erika, ihre Busenfreundin war seit zwei Jahren auf dem Esoteriktrip. Sie fuhr ständig zu gruppentherapeutischen Wochenenden, an denen sie sich von einem deutschen Schamanen in Hypnose versetzen ließ. Oder sie ließ sich mittels heilender Berührung irgendwelche eingebildeten Leiden lindern lassen. Na ja, heilende Berührung! Mönch dachte sich seinen Teil. Solange sie ihn nicht in aller Öffentlichkeit bloßstellte, konnte sie machen was sie wollte.

Den kaufmännischen Sachverstand dieser spiritistischen Brüder bewunderte Mönch. Die wußten ganz genau, was sie den Leuten erzählen mußten, damit die ihr Geld springen ließen. Ein bißchen Sehnsucht nach Liebe, gemischt mit Streßanfälligkeit im Wassermannzeitalter und den inneren unentdeckten Wünschen, das alles am besten noch in Verbindung mit früheren Leben, und schon lagen ihnen ihre Jünger zu Füßen. Mönch schlitzte einen weiteren Brief auf und lachte vor sich hin. Seit kurzem behauptete Erika allen Ernstes, bereits im Siebzehnten Jahrhundert gelebt zu haben. Zu dem Ergebnis war sie während einer ihrer inneren Entdeckungstouren gekommen.

Er zog einen Brief aus einem Umschlag und faltete ihn auseinander. Im nächsten Moment stutzte er. Mit ungläubiger Miene las Mönch nochmal, wandte das Blatt um.

Kein Absender, nichts. Er legte den Brief aus der Hand und starrte fassungslos auf den Text. Wie war das möglich? Vorgestern abend war der Junge noch hier gewesen. Danach war er verschwunden. Mönch war ungehalten gewesen, als er das Verschwinden bemerkt hatte. Er war jedoch davon ausgegangen, daß Benedikt zurück ins Internat gerannt war, und hatte die Angelegenheit vorerst auf sich beruhen lassen.

Und jetzt das. Mönch stand auf und ging ein paar Schritte hin und her.

Vielleicht sollte er die Kriminalpolizei informieren. Er hob den Hörer des Telefons auf und legte ihn wieder hin, als seine Frau beschwingt ins Speisezimmer kam. Sie drehte sich einmal um sich selbst und zwitscherte: »Wie gefällt dir mein neues Kleid?«

Mönch hatte nichts wahrgenommen. Er blickte verloren auf das Telefon und murmelte: »Eine Katastrophe . . .«

Sie bemerkte seine ungewöhnliche Verfassung und blieb stehen. »Ist was passiert, Manfred? Sag doch was! Du siehst ja ganz echauffiert aus.«

Mönch reichte ihr wortlos den Brief. Sie las. Ihre Augen weiteten sich vor Entsetzen. Zitternd legte sie den Brief auf den Tisch. »Was wirst du tun?«

»Was schon! Auf den Anruf dieser Verbrecher warten.«

»Und dann?«

Mönch hatte sich wieder halbwegs im Griff. Ihm fehlte noch, daß seine Frau hysterisch würde. »Geld abheben«, fuhr er sie an, »und deinen mißratenen Sohn auslösen. Man kann ihn schließlich nicht seinem Schicksal überlassen.«

Nichts passierte! Resl saß den ganzen Nachmittag bei Benedikt in der Dachkammer.

Sie warteten. Die Zeit zog sich zäh wie altgewordener Leim.

Als der Nachmittag schon fast zu Ende ging, sah Benedikt alle zwei Minuten auf seine Uhr. Da niemand in der Schule auftauchte und Fragen stellte, schien Benedikts Vater die Polizei nicht eingeschaltet zu haben. Daß er nicht einmal selbst kam, um den einen oder anderen auszufragen, fanden sie äußerst merkwürdig.

»Vielleicht hätten wir doch mit Specht reden sollen?« Resl biß sich verzagt auf einen Daumennagel. »Dem fällt doch eigentlich immer was ein.«

Benedikt schüttelte den Kopf. »Wenn Specht eine Lösung gehabt hätte, wäre ich erst gar nicht mit meinem Vater nach Hause gefahren.« Er nahm ein Buch und blätterte darin ohne zu lesen. Vielleicht waren sie doch zu weit gegangen. Sein Vater saß zu Hause und wartete einfach ab, während er sich in der Dachkammer versteckte und nicht mehr rauskonnte. Und der schwerreiche Baulöwe, Ernst Mönch, harrte in eiskalter Gelassenheit dem Gang der Dinge, sicher, daß er gewinnen würde.

Benedikt sah Resl an, daß sie genauso verzweifelt war wie er. Sie hatten sich da eine schöne Suppe eingebrockt. Wenn das rauskam, war für sie jede Chance verspielt, im Internat zu bleiben. Da konnte Specht machen, was er wollte. Und was ihm selbst blühte ... Er dachte lieber nicht daran.

»Benedikt, wir müssen was unternehmen.« Als habe sie seine Gedanken erraten, räumte Resl entschieden die Zeitungen in eine Kiste und setzte sich darauf.

»Tja, fragt sich nur, was.«

Sie zog die Beine eng an ihren Körper und umschlang sie mit beiden Armen. »Ich geh zu Specht. Entweder kann er uns helfen oder nicht. Sonst ist sowieso alles aus. Oder?«

Benedikt sackte in sich zusammen. Sie hatte recht. Besser das, als diese zermürbende Warterei.

Sie machte sich sofort zu Specht auf. Zum Glück übernachtete er heute im Internat. Leise klopfte sie an seine Tür. »Ich bitte um Entschuldigung, daß ich so spät noch störe«, sagte sie, als Specht geantwortet hatte. Verlegen machte Resl einen Schritt in Spechts Zimmer. Specht rückte einen Stuhl für sie zurecht. »Macht gar nichts, Resl. Du willst sicher wissen, ob ich etwas für dich erreicht habe.«

Sie schüttelte den Kopf, druckste mit niedergeschlagenen Augen herum und brachte schließlich heraus: »Ich möchte ein Geständnis ablegen.«

Irritiert strich sich Specht über den Hinterkopf. »Ein Geständnis?«

»Wir wollten Herrn Mönch erschrecken. Wir haben ihm einen Brief geschrieben, daß wir Benedikt entführt haben. Wenn er nicht zahlt, sieht er seinen Sohn nicht wieder.«

»Und wer ist das: wir?«

»Lukas Brahms. Den haben wir eingeweiht. Er hat ... Zuerst haben wir nur zehntausend Mark Lösegeld gefordert. Aber Lukas hat dann auf hunderttausend erhöht.«

»Lukas Brahms?« fragte Specht ungläubig.

Resl liefen die Tränen über die Wangen. Sie wischte sich mit den Händen über ihr Gesicht und schluchzte: »Ja. Weil er Benedikt das Versteck besorgt hat. Darum bin ich ja hier, Herr Specht. Vielleicht macht Lukas ja ernst und kassiert Herrn Mönch wirklich ab.«

Specht riß eine Packung Papiertaschentücher auf. »Hier! Ganz schöner Mist, den ihr da gebaut habt.« Er zog sich seine Jacke an. »Du holst jetzt deinen Freund, und ihr rührt euch nicht von der Stelle, bis ich zurück bin. Ich fahre zu Benedikts Eltern.«

Specht raste mit Höchstgeschwindigkeit zu Mönchs Anwesen. Dieser Vollidiot! Hätte er Benedikt nicht einfach abgeholt, wäre der ganze Blödsinn nicht passiert. Und hätte er nicht vor eine ganze Siedlung auf hochgiftigen Boden zu bauen, wäre er, Specht, ihm nicht in die Parade gefahren. Aber diese Gedankenspiele nutzten jetzt nichts mehr. Jetzt mußten Mönchs erst einmal erfahren, daß ihrem Sohn kein Haar gekrümmt worden und er in Sicherheit war. Vielleicht besann sich sein Feind ja eines Besseren – zugunsten seines Sohnes.

Specht fuhr über den Kiesweg und bremste knapp vor der Freitreppe der Villa. Er mußte mehrmals läuten, bis endlich Elisabeth Mönch die Tür einen Spaltbreit öffnete. Er grüßte sie kurz.

»Wer sind Sie, bitte?« Sie beäugte ihn mit äußerstem Mißtrauen.

»Specht. Ich hoffe, daß ich Ihren Gatten noch antreffe ...«

Als sie immer noch keine Anstalten machte, ihn hereinzulassen, schob er sie ungeduldig beiseite.

»Was wollen Sie von mir?« Benedikts Vater kam ihm in der Diele mit einem Koffer entgegen. Er sah aus, als wollte er sich im nächsten Moment auf ihn stürzen.

»Sie vor einem finanziellen Verlust bewahren. Die hunderttausend Mark, die Sie im Koffer haben, können Sie wieder auspacken.«

Mönch trat ganz nahe an Specht und packte ihn am Revers seiner Jacke: »Wo ist mein Sohn?«

»In Sicherheit.«

Specht schüttelte die Hand entnervt ab und hielt Mönch sein Handy hin. »Rufen Sie ihn an, wenn Sie daran zweifeln.« Er tippte seine eigene Nummer ein. Nach einigen Sekunden fragte Mönch: »Benedikt?«

»Sag ihm, ich hätte Todesängste ausgestanden.« Elisabeth Mönch stand neben ihrem Mann, ihr Ohr ebenfalls am Handy.

Mönch hörte eine Weile zu und entspannte sich. »Bis morgen, mein Sohn. Oder wann immer du uns besuchen möchtest.«

Er beendete das Gespräch und gab Specht das Gerät zurück. Eine Weile sah er ihn schweigend an. Als Specht sich zur Tür wandte, hielt Mönch ihn auf. »Danke. Sie haben meinen Sohn vor dem Schlimmsten bewahrt, Herr Specht.«

»Schon gut.«

Specht schüttelte ihm die Hand. Plötzlich war er todmüde. Er ging langsam zu seinem Wagen und sog die Luft tief ein. Hoffentlich brachte der ganze Blödsinn wenigstens eines, nämlich daß Mönch endlich vernünftig wurde. Menschliche Züge schien er ja trotz allem zu haben.

»Ja, herein«, unterbrach Specht seine Kollegin Fendel. Die hatte ihm gerade einen Vortrag über die sogenannte heile Welt, in der Schüler bis an die Zähne bewaffnet herumliefen, gehalten.

Lukas' Vater, Kriminalhauptkommissar Brahms, steckte den Kopf zur Tür des Lehrerzimmers herein. »Entschuldigung, darf ich stören?«

Specht bot ihm einen Stuhl an, aber Brahms lehnte dankend ab. »Ich weiß nicht, ob Sie mir helfen können ... Wir haben ein Mädchen bei einem Diebstahl erwischt. Wir vermuten, daß sie hier zur Schule geht. Zum Diebesgut, das wir bei ihr gefunden haben, gehört ein Führerschein, der auf den Namen Kneifer ausgestellt ist. Der ist, wie wir ermittelt haben, Lehrer bei Ihnen.«

Anneliese Fendel beobachtete den Kommissar gespannt. Beunruhigt fragte sie: »Wie ist der Name des Mädchens?«

»Hat sie uns leider nicht verraten.« Brahms zuckte die Achseln. »Entweder ist sie stumm oder verstockt.« Er nahm die Türklinke in die Hand und schlug vor: »Am besten, Sie schauen sich das kleine Luder mal an.« Er schaute nach draußen in den Flur und gab jemandem ein Zeichen.

Suse wurde von einer Polizistin hereingeführt. Sie hielt den Kopf tief gesenkt und wirkte vollkommen abwesend.

»Kennen Sie das Mädchen?« fragte Brahms.

»Kennen wäre zuviel gesagt,« antwortete Specht. »Ich habe sie gestern im Auto mitgenommen, es kam aber zu keinem richtigen Gespräch.«

Anneliese Fendel war für einen Augenblick das Herz stehengeblieben. Sie erhob sich und ging mit steifen Schritten zu ihrer Tochter, die nichts von dem, was um sie herum vorging, zu bemerken schien.

»Sie heißt Susanne Fendel«, sagte sie mit bebenden Lippen dem Kommissar. Sie bemerkte die erstaunte Reaktion Spechts. »Außerdem ist sie sechzehn Jahre alt und meine Tochter.«

Jede Bemühung, von Suse eine Reaktion zu bekommen, schlug fehl. Als ihre Mutter sie in den Arm nahm, hatte sie das Gefühl, nichts rühre sich mehr in dem Mädchen. Suse ließ willenlos alles mit sich geschehen, so, als sei sie gar nicht da.

Hauptkommissar Brahms erklärte, daß er Suse mitnehmen müsse, schon wegen des Protokolls. Er versprach Frau Fendel und Specht, noch am Nachmittag anzurufen, um alles Weitere mit ihnen zu besprechen.

Anneliese Fendel und Specht blickten dem Polizeiwagen eine Weile schweigend hinterher. Wie zu sich selbst sagte die Lehrerin zögernd: »Ich habe meine Tochter mit Liebe . . . mit sehr viel Liebe erzogen. War ein Fehler.« Sie machte eine Pause und preßte die Lippen zusammen. »Ich hätte beim ersten Anzeichen ihrer Schwäche handeln, sie in ihre Schranken weisen müssen. Sie hat nicht nur meine Ehe, sie hat mein Leben zerstört.«

Specht hatte das Gefühl, daß es sie sicherer machte, wenn er sie nicht direkt ansah. Er scharrte mit dem Fuß auf dem Boden. »Wenn Sie ihre Tochter wirklich lieben, sollten Sie nicht anfangen, sie zu hassen, Frau Fendel. Suse braucht Hilfe.«

»Hilfe? Wie um Himmels willen soll ich ihr die geben?« In ihrem Blick lag pure Verzweiflung.

»Ich dachte mehr an ärztliche Hilfe.« Specht berührte seine Kollegin sachte am Arm. »Ruhen Sie sich ein bißchen aus. Und kommen Sie mich ruhig einmal besuchen, wenn Sie mit jemanden sprechen wollen, ja?«

Anneliese Fendel schluckte. »Fällt mir gar nicht so leicht. Aber das wissen Sie ja.«

Suse Fendel saß diesmal richtig tief in der Tinte. Kriminalhauptkommissar Brahms ermittelte nicht nur wegen Diebstahls gegen sie. Das weitaus Schlimmere war, daß Suses Fingerabdrücke im Zusammenhang mit einem Mord an einer alten Dame identifiziert worden waren. Der Verdacht des Raubmordes wurde erhärtet durch ein Schmuckstück aus dem Besitz der alten Frau. Das hatten die Polizeibeamten bei Susanne Fendel gefunden und sichergestellt.

Als Brahms nachmittags versuchte, mit Suse zu reden, verschwieg er ihr den schweren Verdacht, der auf ihr lastete, nicht.

»Frau Holzer wurde mit einem Lederkissen erstickt. Wir haben unter anderem deine Fingerabdrücke gefunden, Suse.«

Sie erzählte ihm, daß sie wirklich in das Haus eingestiegen war. Die Tür war offen gewesen. »Ich wollte sehen, ob es Geld gibt oder halt sonst etwas zum Verscherbeln. Da lag die Frau, und das Kissen war auf ihrem Gesicht. Ich hab's nur angehoben, weil ich so erschrocken war. Ich wußte doch nicht, daß sie nicht mehr lebt.«

»Und woran hast du gemerkt, daß sie tot ist?«

Suse begann zu zittern. Sie verschränkte ihre Finger ineinander, bis die Knöchel ganz weiß waren. Kaum hörbar sprach sie vor sich hin: »Sie hatte so starre, ganz leere Augen. Ich hab' sie gleich wieder zugedeckt.«

»Und dann?« wollte Brahms wissen.

»Ich wollte mich aus dem Haus schleichen. Aber das ging nicht. Die Polizei war schon da.«

Er zeigte ihr das Armband, daß sie bei ihr gefunden hatten. Sie gestand, daß sie es auf dem Fußboden im Wohnzimmer gefunden und eingesteckt hatte. Sie sackte wieder in sich zusammen und starrte ausdruckslos vor sich hin.

Brahms betrachtete das Mädchen. Er dachte kurz an seinen Sohn Lukas. Wenn der auch nicht so tief gesunken war, so war seine Spielsucht doch ebenso gefährlich wie die Drogensucht der jungen Suse Fendel. Ja, lebensgefährlich sogar. Für wen auch immer! Trotzdem, irgend etwas sagte ihm, daß das junge Mädchen mit dem Mord nichts zu tun hatte.

Er hielt ihr ein Päckchen Kaugummi hin und versuchte ihr ein bißchen Mut zu machen. »Du bist über vierzehn, Suse, also strafmündig. Ich kann dich weder in ein Krankenhaus stecken noch laufen lassen. Bleibt dir also nur eins: Zähne zusammenbeißen.«

Suses Augenlider flatterten. Sie hob müde eine Hand und ließ sie wieder fallen. Brahms trat besorgt neben sie und tupfte ihr mit seinem Taschentuch über die nasse Stirn.

Es klopfte. Ohne eine Antwort abzuwarten, traten Specht und Constanze Engel in das Polizeibüro. Lukas' Vater war eher erleichtert. »Woher wissen Sie, daß wir ärztliche Hilfe brauchen?«

Constanze stellte ihre Arzttasche auf den Schreibtisch. »Herr Specht hat mich angerufen.« Sie öffnete den Koffer und legte ein Tuch und ein Spritzbesteck zurecht. Behutsam nahm sie einen Arm des Mädchens und fühlte den Puls. Sie beugte sich besorgt über Suse. »Am besten, ich nehme sie gleich mit.«

Brahms schüttelte den Kopf. »Das geht leider nicht. Anordnung des Haftrichters.«

»Begründung?« Constanze Engel warf ihm einen Blick zu, der besagte, daß ihr seine Antwort mißfiel.

»Fluchtgefahr«, sagte Brahms.

Mit ärgerlich zusammengezogenen Brauen konstatierte die Ärztin knapp: »Lebensgefahr! Würde ich sagen. Das sollten Sie dem Richter klarmachen!«

Brahms wischte sich müde übers Gesicht. »Kann ich versuchen.« Er ging zur Tür und bat Specht stumm hinaus. Der war ja offensichtlich nicht nur ein guter Lehrer, sondern ein überaus patenter Mensch. Vielleicht war es ein Glück, daß sein Sohn ihn als Klassenlehrer hatte. Die kleine Fendel jedenfalls wäre unter dem Schutz dieses Pädagogen, der einfach ein guter Mensch war, nie auf Drogen gekommen. Da war sich Kriminalhauptkommissar Brahms völlig sicher.

Erste Hilfe

Seit einiger Zeit ließ der Sportlehrer Lohmann seinen Schützling Dörte zusätzliches Krafttraining machen. Dörte von Hamelns Kondition war zwar gut, aber nach wie vor reichte sie nur für den dritten, höchstenfalls den zweiten Platz der Schwimmeisterschaften. Wenn er mit Dörte in der Schwimmhalle war, fühlte sich Lohmann in seinem Element. Sie war eines der ganz seltenen, wirklich großen sportlichen Talente. Nach den ganzen Jahren als Lehrer, die er als verlorene Zeit ansah, winkte endlich das, wonach er immer gesucht hatte: die große Karriere als Trainer. Als ihm Dörte im Sportunterricht als Schwimmtalent aufgefallen war, hatte er sofort gewußt, daß das seine Chance gewesen war. Danach würde es so schnell keine mehr geben.

Lohmann haßte die Schule abgrundtief. Er verabscheute diesen Betrieb, der jedes Jahr zigtausend neue Durchschnittsbürger ausspuckte, die genau das wiedergaben, was man von ihnen verlangte. Diese Schüler hoben sich kaum durch etwas ganz Eigenes, Besonderes aus der Masse heraus. In Schulen, davon war Lohmann überzeugt, wurde nur Mittelmaß gefördert. Große Talente waren seltener als Diamanten.

Die einzige Tochter der Schloßbesitzer von Hameln war durch den Erfolg bei den vergangenen Meisterschaften hochmotiviert. Zusätzlich spornten Werbeverträge ihren Ehrgeiz an, es bis an die Spitze zu schaffen. Vor allem ihre Mutter achtete streng auf regelmäßiges Training und harte Disziplin. Sie ließ sich von Dörtes Sportlehrer wöchentlich über die Leistungen oder Fortschritte ihrer Tochter berichten. Mit Lob war sie äußerst sparsam. Lohmann wußte, wenn er Trainer dieses Mädchens bleiben und mit ihr gemeinsam den Sportolymp erklimmen wollte, mußte er das Äußerste von ihr verlangen.

An Motivation mangelte es Dörte nicht. Ihr Ehrgeiz und ihre hochfliegende Pläne für die Zukunft ließen ihr jedoch kaum Zeit für die Schule. Auf die hatte sie genauso wenig Lust wie ihr Sportlehrer.

Lohmann hatte erkannt, daß Dörtes Kraft und Ausdauer immer an den letzten paar Zehntelsekunden scheiterten. Neben der vier Stunden Schwimmen pro Tag kontrollierte er sie deshalb seit Wochen bei täglichen Kraftübungen mit schweren Hanteln. Abends holte er beim Dauerlauf das letzte aus ihr heraus. Ihre Leistungen stiegen zwar, aber die gemessene Zeit am Becken reichte noch lange nicht, um im Herbst Erste zu werden.

Frau von Hameln sprach ungeduldig mit ihrem Mann. Im Carl-Spitzweg-Internat war ihre Tochter zwar ein paar Jahre gut aufgehoben gewesen, aber jetzt war es höchste Zeit für einen Wechsel auf eine Sportschule. Ihr Mann hörte das nicht gern. Sie kannte seine Bedenken und den Wunsch, ihren und Dörtes sportlichen Ehrgeiz auf ein vernünftiges Maß zu beschränken. Immer häufiger hielt sie ihm die finanziell angespannte Lage entgegen, in der sie sich befanden.

»Du scheinst unbedingt unser Schloß verkaufen zu wollen.« Sie schüttelte den Kopf. »Wenn unsere Tochter über eine ausgeprägte sportliche Begabung verfügt, spricht nichts dagegen, sie so zu fördern, daß sie die Beste wird. Und wenn die Erfolge unserer Tochter uns finanziell zugute kommen, so wirst du, mein Lieber, doch sicher nichts gegen diesen Segen einzuwen den haben.«

Von Hameln kannte die Argumente seiner Frau auswendig, hielt sie jedoch nicht für stichhaltig. Aber er war zu schwach, um seiner Frau mit Entschiedenheit entgegenzutreten und gegen den Karrierewahn einzuschreiten.

Den Wechsel in eine Sportschule konnte er trotzdem gerade noch verhindern. In einem Gespräch mit Direktor Böck und dem neuen Klassenlehrer des Mädchens teilte der Freiherr seine Besorgnis offen mit. Böck hatte sofort reagiert und Dörte für die Monate bis zu den Meisterschaften vom Unterricht befreit. So konnte sie mit Lohmann die Wettkämpfe vorbereiten. Wenn Frau von Hameln wünschte, daß sie gewinnen würde, bitte, dann sollte es so sein.

Daß Dörte trotzdem die allerletzte Hürde nicht schaffte, frustrierte Lohmann. Eines Nachmittags machte er ihr Vorhaltungen. »Vielleicht willst du gar nicht an die Spitze. Völlig unwichtige Sachen hast du im Kopf. Zum Beispiel die Schule.«

Schweratmend widersprach ihm Dörte: »Nein, ich schaffe es ganz einfach nicht.«

»Du mußt die Schule hassen«, redete er auf sie ein. »Schule ist Mittelmaß, Dörte. Ein Talent wie du kann sich dort nicht entfalten.«

Sie diskutierten hin und her, bis Dörte ihm vorwarf, er habe ihr zwar viel beigebracht, aber nicht, wie man als Erste anschlug.

Lohmann entschloß sich zum äußersten. Er überredete Dörte, es mit Medikamenten zu versuchen, um noch mehr Leistung zu bringen. »Damit holst du die zwei Zehntel Sekunden spielend heraus ... Wenn wir das regelmäßig spritzen, sind wir eines Tages ganz oben, Dörte.«

Natürlich durfte vom Doping mit Anabolika niemand etwas erfahren. Und es wirkte. Dörtes Leistungen verbesserten sich. Zweimal allerdings kollabierte sie. Lohmann beruhigte sie jedesmal. »Das ist nur ein kleiner Schwächeanfall. Geht gleich vorbei.«

Er schien recht zu behalten. Am entscheidenden Trainingstag, an dem sich Lohmann eine neue Spitzenzeit für Dörte erhoffte, kamen so gar die Mitschüler und Lehrer in die Schwimmhalle. Auch Dörtes Eltern wollten bei dieser wichtigen Trainingsstunde dabeisein.

Als Dörte am Beckenrand anschlug, stieß Lohmann einen Schrei der Begeisterung aus. Spitzenleistung! Der Applaus der Mitschüler und Lehrer war ein Vorgeschmack auf den Sieg im Herbst. Der war jetzt für Lohmann sicher.

Das tolle Ereignis wurde im Aufenthaltsraum der Schwimmhalle gefeiert. Dörte und Lohmann prosteten mit glänzenden Augen ihren Mitschülern und Kollegen zu. Die Gratulationen der anderen nahmen kein Ende. Einige schwärmten wortreich von Dörtes und Lohmanns glänzender Zukunft: Reisen, Ereignisse, Bälle, Empfänge, Interviews, Film, Fernsehen. Fast konnte man neidisch werden.

Constanze Engel stand eine Weile mit Dörtes Vater zusammen. Sie hatte es sich nicht nehmen lassen, Specht zu begleiten. Herr von Hameln unterhielt sie mit Schilderungen über seine Vorfahren, deren zwei sogar Raubritter gewesen seien. Als Constanzes Handy klingelte, entschuldigte sie sich und ging in eine Kabine nebenan, um nicht zu stören. Während sie mit der Ambulanz telefonierte, fiel ihr Blick auf eine offene Sporttasche. Auf den Kleidungsstücken lagen Ampullen, merkwürdigerweise unbeschriftet. Sie stutzte einen Moment. Hier war möglicherweise etwas oberfaul. Schnell nahm sie eine der Ampullen und ließ sie in ihre Handtasche fallen.

Draußen verabschiedete Constanze sich von Dörtes Vater und bedankte sich für das nette Gespräch. Dann ging sie zu Specht. »Ich muß weg. Ein Magendurchbruch. Laß uns später telefonieren.«

Während sie die Schwimmhalle verließ, dachte sie über ihre allererste Empfindung nach, als ihr Dörtes Trainer vorgestellt worden war. Aus irgendeinem Grund hatte sie den Lehrer in die Riege der Leute eingereiht, die ihr gar nicht sympathisch waren. Obwohl er sehr höflich, ja sogar sehr freundlich war.

»Dann bitte ich Sie, sehr kurzfristig die Kuratoriumsmitglieder des Internats zusammenzurufen, Herr Leitmeier. Am besten morgen. Ja, sechzehn Uhr. Wiedersehen!«

Mönch knallte den Hörer auf die Gabel. Was an dieser Schule vorging, spottete jeder Beschreibung. Der stellvertretende Direktor hatte ihn gerade über Rauschgiftfunde informiert. Spritzen lagen in Abfalleimern herum, Schüler handelten mit Heroin, und wer weiß, welche Lehrer in diese kriminellen Machenschaften verstrickt waren.

Der Name Specht war gefallen. Mönch wäre es nach wie vor recht, diesen Vertreter antiautoritärer Erziehung loszuwerden. Wenn der Lehrer ihm auch seine einhunderttausend Mark gespart und Benedikt wohlbehalten zu ihm zurückgebracht hatte, so war und blieb er doch einer der Vertreter der Generation, denen alles Gewachsene zuwider war. Auch wenn sie heutzutage ihre Haare kurz und anständige Kleidung trugen, vermochten sie Mönch nicht zu täuschen. Spechts ganzes Verhalten zeigte offen die Ansichten derer, die genau das umzustürzen versuchten, was tüchtige und arbeitsame Leute wie er aufgebaut hatten. Der Kerl war bestimmt bei der Apo gewesen. Alles linkes Gesindel, fand Mönch, die tagein tagaus daherredeten von Verständnis, Unterdrückung und am besten noch Gleichheit für alle. Schwafelnde Weltverbesserer, die denen in die Suppe spucken wollten, die arbeiteten statt zu reden. Einer, der sich neben seiner Arbeit als Lehrer noch um Baustellen kümmerte, auf denen Wohnraum entstand, hatte ganz offensichtlich nicht genug zu tun. Davon war Mönch felsenfest überzeugt. Und wovon lebten diese Leute? Vom ihm und denen, die nicht alle Nase lang Ferien hatten, sondern im Gegenteil dafür sorgten, daß zum Beispiel diese Ferien bezahlt wurden.

Mönch verstand Böck nicht. Warum hatte er diesen Specht eingestellt und dann auch noch zu seinem Nachfolger ernannt? Das war die reinste Zumutung.

Dieser Lehrer gab keine Ruhe. Wahrscheinlich ein Unruhestifter von Haus aus. Wenn sich bei der Kuratoriumssitzung morgen herausstellen sollte, daß Specht von diesen Rauschgiftgeschichten wußte, war er fällig.

Mönch sah auf die Uhr und griff nach seinem Jackett. Seit einer halben Stunde sollte er auf der Baustelle sein. Sein Sohn war nicht in einem teuren Internat untergebracht, damit er selbst halbe Tage mit seiner Erziehung zubringen mußte.

Er stapfte durch die Diele und warf die Tür hinter sich zu. Morgen würde er gründlich in diesem Miststall aufräumen. Und dafür sorgen, daß endgültig Ordnung einkehrte, für die er schließlich bezahlte.

Am folgenden Tag, kurz vor der Kuratoriumssitzung, eilte Böck zu Specht. Er hielt ihn am Ärmel fest, als er gerade die Aula betreten wollte. »Bevor wir da rein gehen«, sagte er zu ihm, »muß ich Ihnen etwas sagen, Specht. Leitmeier hat Ihren Widersacher, Herrn Mönch, eingeladen.«

»Ins Lehrerkollegium?« Specht sah ihn verständnislos an.

»Dazu ist er berechtigt, weil Mönch zum Kuratorium, dem Aufsichtsrat unserer Schule, gehört. Ich weiß, daß Sie den Baulöwen nicht ausstehen können, ihm am liebsten den Fangschuß verpassen würden.«

»Stimmt.«

Böck lutschte an seiner Zigarre. Mit ernster Stimme wies er Specht zurecht. »Da er nicht nur Baulöwe, sondern einer unserer wichtigsten Geldgeber ist, sollten Sie Ihren Jagdeifer ein wenig zügeln.«

»Sie meinen, ich soll ihm nicht wieder vorwerfen, daß er seine Häuser auf Giftmüll errichtet hat?« fragte ihn Specht in einem spöttischen Tonfall.

»Heute geht es um Rauschgift, Specht. Alles andere sollten wir aus dem Spiel lassen.

Professor Böck eröffnete die Sitzung, indem er Benedikts Vater begrüßte. »Bevor wir anfangen, möchte ich einen Freund unseres Hauses begrüßen, Herrn Mönch, dessen Sohn sich bei uns in guten Händen befindet.«

»Falls man ihm kein Rauschgift ins Essen kippt.« Mönch nahm die geschickte Begrüßungsformel trocken entgegen und musterte die versammelte Runde. Außer ihm und den beiden Direktoren waren die Biologielehrerin Karin Anselm und Vroni Seelig von der musischen Seite vertreten, sowie Anneliese Fendel, der Sportlehrer Lohmann, ein Neuer, Kneifer, für Chemie, und sein spezieller Freund Specht.

Böck gab ohne weitere Umschweife das Wort an seinen Stellvertreter ab, besann sich aber eines besseren und erläuterte selbst den Grund der Versammlung.

»Herr Leitmeier hat in den Abfallbehältern unserer Schule ein paar Einwegspritzen gefunden und daraus einen waghalsigen Schluß gezogen.«

Leitmeier unterbrach ihn ungehalten. »Wie Ihnen bekannt sein dürfte, bin ich bei einer Schrankkontrolle auf Heroin gestoßen. Ganz so waghalsig, wie Professor Böck meine Schlußfolgerungen darstellt, sind sie also nicht.«

Mönch wollte wissen, wie viele Schüler denn womöglich schon süchtig waren.

»Nach Anzahl der Spritzen, die hier und dort gefunden wurden«, resümierte Leitmeier, »müssen wir damit rechnen, daß es mehrere sind.«

Der Bauunternehmer wandte sich mit gefurchter Stirn an Böck und warf ihm vor, daß von Moral an dieser Schule wohl nicht mehr viel übrig wäre.

Specht konnte sich nicht mehr zurückhalten. »Die Moral sollten Sie aus dem Spiel lassen, Herr Mönch. Ich müßte sonst zu Dingen abschweifen, die Ihnen bestimmt nicht angenehm sind.«

Böck räusperte sich vernehmlich. Er warf Specht einen warnenden Blick zu und wies Leitmeier darauf hin, daß er endlich zum Thema kommen solle.

»Was heißt das?« fragte Leitmeier irritiert.

»Das heißt, Thema ist Lukas Brahms. Bei dem haben Sie das Rauschgift ja gefunden.«

Der Mathematiklehrer richtete sich auf. »Lukas Brahms hebe ich mir bis zum Schluß auf. Vorher möchte ich bitte nachweisen dürfen, was besagter Schüler bis dato angerichtet hat.« Siegessicher wandte er sich Kneifer zu: »Sie haben die Spritzen, respektive die darin befindliche Restflüssigkeit, untersucht, Herr Kneifer. Zu welchem Ergebnis sind Sie gekommen?«

»Zu einem, wie ich annehme, für Sie enttäuschenden Herr Leitmeier.« Er nahm eine der Spritzen, die er vor sich auf dem Tisch ausgebreitet hatte, in die Hand. »In diesen Spritzen hat sich nie Heroin befunden.«

»Sondern?« Leitmeier sah den Kollegen mißtrauisch an.

»Steroide.« Kneifer legte die Spritze wieder zu den anderen und schwieg.

Die Kollegen verstanden überhaupt nicht, wovon er sprach. Ihre Blicke wanderten von Kneifer zu den Utensilien auf dem Tisch. Böck bat um eine weitere Erklärung der Analyse.

»Anabole Steroide«, nahm Kneifer das Thema wieder auf. »Eine Hormonsubstanz, die man Zuchtbullen, gelegentlich auch Sportlern verabreicht.«

Die Musiklehrerin blinzelte verständnislos, dann wandte sie sich an Lohmann, der mit völlig unbeteiligtem Gesicht neben ihr saß. »Zuchtbullen? Verstehen Sie das?«

Karin Anselm machte dem ratlosen Schweigen ein Ende. An Mönch gewandt faßte sie beruhigend zusammen. »Wir können also erleichtert aufatmen. Wenn das keine Heroinspritzen sind, scheint die Sucht doch noch nicht alle Schüler erfaßt zu haben.«

Für Mönch war das Thema aber noch nicht beendet. »Meine Bedenken sind noch lange nicht ausgeräumt, Frau Anselm. Bevor nicht sämtliche Rauschgiftskandale an dieser Schule aufgedeckt sind, schweige ich nicht. Und ich behalte mir selbstverständlich weitere Schritte vor.«

Lukas Brahms war gewarnt. Zwar hatte er, als Leitmeier ihn in die Zange genommen hatte, abgestritten, jemals mit Heroin gehandelt zu haben. Der Verdacht, der auf ihm sitzenblieb, bewirkte allerdings Heilsames. Lukas nahm sich vor, nicht mehr zu spielen.

Das versprach er sich selbst und Amanda. Und obwohl es ihn fast zerriß, blieb er hart. Es war gut, Amandas Zuneigung zu spüren. Wer weiß, ob er ohne ihre ernsthafte und aufrichtige Unterstützung seinem Schwur hätte treu bleiben können. So aber bemerkte er, daß es noch etwas anderes auf der Welt gab als Spielautomaten und Katzer und Geld, Geld, Geld.

Manchmal war er stundenlang mit Amanda in ihrem Zimmer oder auf einer Wiese und erzählte ihr von seiner Faszination für Poker oder von der berauschenden Atmosphäre in so einer Spielhalle. Während sie ihm zuhörte, wurde Lukas klar, daß es im Grunde gar nicht das Geld war, das selten genug aus den Kisten sprang, und schon gar nicht der Umgang mit Typen wie Katzer. Beim Spielen passierte etwas ganz Wichtiges, wie er fand. Da war die gesamte Aufmerksamkeit auf den einen Punkt konzentriert, unter allen Umständen zu gewinnen. Das versetzte einen in den Zustand ganz außerordentlicher Erregung. Bei anderen Situationen hatte Lukas so was noch nie gespürt. Gleichzeitig war es jedoch ein Augenblick, in dem er sich entsetzlich leer fühlte.

Daß er mit Amanda über all das reden konnte, war ein Glück. Sie verstand ihn, wenn er ihr erklärte, wie stark er sich wünschte, daß ein Mensch ihn einmal so packe wie das Spiel.

Amanda, so schien es ihm, war viel erwachsener als die meisten anderen. Er konnte nicht begreifen, daß er ihr einmal Heroin angeboten hatte. Um so mehr bemühte Lukas sich um sie. Er spürte staunend, daß Amanda sich trotz ihrer feigen und selbstsüchtigen Eltern etwas bewahrt hatte, woran er manchmal sehnsüchtig dachte: echtes Mitgefühl und Wärme. Nach vielen Stunden mit der Klassenkameradin und Freundin dämmerte ihm, was sie meinte, wenn sie ihn an seine Verantwortung erinnerte. Wenn er morgens aufwachte, dachte er an Amanda. Und nahm sich vor, von nun an jeden Tag ohne Spielen zu verbringen. Für sie!

Nach zwei Tagen dauerndem Hin- und Herüberlegen kam Mönch zu einem Entschluß. Auch wenn der Junge des Kommissars womöglich kein Rauschgift verkauft hatte und wenn sich kein Mensch im Internat erklären konnte, wie die Steroide für Zuchtbullen in Spritzen kamen, die an der Schule gefunden worden waren, würde er Benedikt trotzdem in ein anderes Internat geben. Ihm wurde Spechts Treiben zu bunt. Unruhestifter, der er war, würde der nie Ruhe geben. Mönch kannte seine Pappenheimer.

Aber Mönch war Specht zuvorgekommen. Er hatte dafür gesorgt, daß nicht ein Hauch der Verdächtigungen wegen des verseuchten Bodens auf ihm haften blieb. Er freute sich schon jetzt auf das Gesicht dieses Versagers, der ja nichts anderes hatte werden können als Lehrer. Genüßlich malte er sich die Enttäuschung Spechts aus, wenn er ihm von seinem Schachzug erzählte.

Er lenkte den Wagen zum Wohnhaus der Schüler und hupte dreimal. Während er auf seinen Sohn wartete, kam ihm das Gespräch mit Böck in den Sinn. Der alte Taktierer hatte versucht seinen Hauptgeldgeber zu besänftigen. Diesmal hatte es ihm nichts genutzt. Jetzt konnte er sehen, wo er einen potenten Geldgeber herbekam. Mönch hatte ihn frühzeitig gewarnt. Gegen einen Weltverbesserer wie Specht ließ Manfred Mönch sich auf Dauer nicht ausspielen!

Benedikt schleppte zwei Koffer und eine Reisetasche die Treppe herunter. »Ich muß noch die Skier holen und den Rucksack«, hechelte er, als habe er einen Zwanzig-Kilometer-Marsch hinter sich. Mönch stieg aus und öffnete den Kofferraum.

»Bevor Sie sich aus dem Staub machen, ein Wort noch, Herr Mönch. Ich habe beschlossen, Anzeige gegen Sie zu erstatten.« Specht verließ das Wohnheim und trat zum Wagen seines Widersachers. Er hatte Benedikt beim Packen geholfen und kochte vor Wut.

Mönch lächelte ihn freundlich an. »Ich weiß, daß Sie dazu fähig sind, Herr Specht. Darum bin ich Ihnen zuvorgekommen.« Er lud seelenruhig den zweiten Koffer ein und weidete sich an Spechts Zorn. Gelassen ging er zur Fahrertür und beugte sich in den Wagen, um eine Zeitung vom Beifahrersitz zu nehmen. Die hielt er in der Hand, als er weiter sprach: »Ich habe meine Baustelle schließen und den giftigen Boden abtragen lassen. Dafür, lieber Herr Lehrer, bin ich nicht nur von den einschlägigen Behörden, sondern auch von der Presse mit höchstem Lob bedacht worden.«

Sprecht musterte sein Gegenüber mit Widerwillen.

Mönch lehnte sich vor und entfaltete die Zeitung auf dem Wagendach. »Hier. Ich habe Ihnen das mit meinem Foto als kleines Abschiedsgeschenk mitgebracht. Wohlwissend, daß ich Sie bitter enttäuscht zurücklasse, Herr ... *Doktor* Specht. Sie wollten schließlich keinen Helden, sondern einen Häftling aus mir machen.«

Specht nahm ihm die Zeitung aus den Händen und las die großen Buchstaben der Überschrift:

MANN DES TAGES!
BAUUNTERNEHMER SCHLÄGT GIFTALARM!

Alle Achtung! Specht war sofort klar, daß Mönch ihn sehr geschickt ausgetrickst hatte. Aber besser das, als eine vergiftete Siedlung, in der die Menschen krepierten wie die Fliegen. Er gab Mönch die Zeitung zurück.

»Wenn es stimmt, daß Sie das Gift beseitigt haben, bin ich nicht enttäuscht, sondern hochzufrieden, Herr Mönch. Soviel Einsicht hätte ich Ihnen gar nicht zugetraut. Aber es war wahrscheinlich auch mehr Ihre Angst, im Gefängnis zu landen, die Sie hat handeln lassen.«

Mönch stand auf und ging seinem Sohn entgegen, der sich mit dem Rest seines Gepäcks zum Wagen schleppte. Benedikts Gesicht leuchtete auf, als er seinen Deutschlehrer sah. »Darf ich mich von Herrn Specht verabschieden, Vater?«

»Und zwar für immer!« Mönch packte den Rucksack und schob ihn neben einen Koffer. Als er sich wieder aufrichtete, war sein Kopf hochrot vor Anstrengung. »Sobald ich hier weg bin«, sagte Mönch zu Specht, »können Sie Ihre Schule zumachen. Ich stehe Ihnen als Geldgeber nicht mehr zur Verfügung.«

Er drehte sich um und verlud die Skier, die Benedikt ihm entgegenhielt. Ohne Specht noch eines Blickes zu würdigen, gab er seinem Sohn mit einer Handbewegung zu verstehen, daß er jetzt einzusteigen habe. Er setzte sich bequem hinter sein Steuer, schloß die Tür, kontrollierte ob der Junge sich angeschnallt hatte, wendete umsichtig und fuhr langsam an Specht vorbei.

Der winkte Benedikt noch einmal zu und bedeutete ihm, daß er ihm beide Daumen drückte. Um Benedikt mußte man sich keine Sorgen machen. Specht war überzeugt davon, daß der Vierzehnjährige seinen Weg gehen würde. Wahrscheinlich einen ganz anderen als sein Vater. Aber Specht mußte sich in der nächsten Zeit um etwas ganz anderes kümmern. Da Mönch als Geldgeber ausgeschieden war, mußte ein neuer Sponsor gefunden werden. Und diese Aufgabe hatte Böck ihm aufs Auge gedrückt.

Der Neue

Den Mord an der alten Dame hatte die Polizei aufgeklärt. Kommissar Brahms Gefühl, daß Suse Fendel unschuldig war, hatte sich bestätigt. Mit dem Mord hatte das Mädchen nichts zu tun. Suse wurde einige Zeit auf der Isolierstation des Krankenhauses in Verwahrung gehalten und dort von Constanze betreut. Sie hatte viel Erfahrung im Umgang mit Drogensüchtigen. Es lag auf der Hand: Suse mußte einen Entzug machen. Um den durchzustehen, brauchte das Mädchen aber erst einmal eine Menge Kraft. Im Gespräch mit dem Kommissar und ihrem Freund Specht sprach sich die Ärztin für Suses Entlassung aus. Constanze konnte sich nicht vorstellen, daß Suse an einem Projekt für betreutes Wohnen teilnahm. Suse würde sehr wahrscheinlich nach drei Tagen wieder abhauen. Sie zu ihrer Mutter zu geben, schloß sie auch aus. Dazu war die Beziehung zwischen den beiden viel zu gestört.

Constanze rechnete damit, daß Specht ihr half. In dem Bauernhaus, in dem Fräulein Lydia ganz und Specht zumindest halb lebte, wäre Suse am besten aufgehoben, dachte Constanze. Sie würde gar nicht richtig bemerken, daß sich alle um sie kümmern. Dort könnte sie auch für kleine Dinge die Verantwortung übernehmen, was ihr Selbstvertrauen stärken würde.

Brahms und Specht fanden Constanzes Vorschlag sehr gut, wobei Brahms daran erinnerte, den Entzug zeitlich nicht so weit aufzuschieben. »Es muß in absehbarer Zeit etwas passieren. Wenn Suse Fendel nochmal geschnappt wird, geht das nicht mehr so sanft über die Bühne«, warnte er. »Meine Vorgesetzten bemühen sich durchaus nicht immer so sehr um ein

Verständnis für die Hintergründe einer Sucht.« Suses Mutter war erleichtert und dankbar, daß Specht und Constanze Engel sich ihrer Tochter annahmen. Am Abend nach Suses Verhaftung hatte sie sich einen Ruck gegeben und Specht besucht. Bei einem Glas Wein hatte sie ihm erzählt, wann das Unheil mit ihrer Tochter begonnen hatte.

Suse war immer ein eher stilles Kind gewesen. Als es in Anneliese Fendels Ehe zu kriseln begonnen hatte, hatte sich Suse sehr in sich zurückgezogen. Später, als die Auseinandersetzungen heftiger geworden waren und kein Tag ohne lautstarke Streitereien vergangen waren, hatte sich ihre Tochter der bedrohlichen Situation entzogen, indem sie einfach nicht mehr nach Hause gekommen war. Ihr Vater hatte sich nicht weiter darum gekümmert. Aber sie hatte sich bemüht, die völlig verfahrene Situation mit Liebe, Geschenken und vor allem grenzenloser Nachgiebigkeit gegenüber Suse zu retten. Doch es gab nichts mehr zu retten. Suse hing schon an der Nadel.

Sie brachte in kürzester Zeit zwei Entzüge hinter sich, aber erfolglos. Suse steckte so tief in ihrer Sucht, daß ihre eigene Mutter sie schon aufgegeben hatte. Anneliese Fendel hatte ihre Tochter nach deren Verschwinden gesucht, war auch einmal nach Berlin gefahren, weil sie erfahren hatte, daß Suse dort lebte, aber sie hatte sie nicht gefunden. Danach hatte sie völlig resigniert. Sie fühlte sich schuldig, an der Sucht ihrer Tochter, am Scheitern ihrer Ehe, an dem Unglück, das über das Leben von Mutter und Tochter gekommen war.

Specht erinnerte sie an die Verantwortung auch des Vaters für das Mädchen. Sie schüttelte jedoch resigniert den Kopf. Von ihrem Mann sei überhaupt nichts mehr zu erwarten.

Spechts Kollegin konnte noch immer nicht begreifen, daß gerade der Kollege, den sie am heftigsten attackiert hatte, ihr in dieser schwierigen Situation half. Sie war ihm dafür unendlich dankbar.

Suse fand sich in ihrer neuen Bleibe schnell zurecht. Sie sprach zwar immer noch wenig, aber Sunny lockte sie hin und wieder aus der Reserve, und Fräulein Lydia konnte Suses Aufmerksamkeit sogar für längere Zeit fesseln.

»Guten Morgen!« Pia Kleinholz zog energisch die Gardinen in Spechts Schlafzimmer in dem Bauernhaus zurück. Die Hände in die Seiten gestemmt, betrachtete sie ihren Stiefsohn, der sich verschlafen die Bettdecke vom Gesicht zog. Specht wagte einen Blick. Er versuchte zu erkennen, wer ihn in aller Herrgottsfrühe störte, und kniff jedoch die Augen gegen das blendende Sonnenlicht wieder zu. Mißmutig öffnete er sie schließlich doch wieder – und glaubte, einer Sinnestäuschung zu erliegen. »Frau Kleinholz!« Specht setzte sich auf und rieb sich die Augen.

Pia Kleinholz hielt ihm ihre Wange zum Kuß hin. »Als ich Sunny fragte, wie es Ihnen geht, sagte sie, eine Ärztin sei bei Ihnen. Seitdem ginge es Ihnen ausgezeichnet.«

Specht hatte seine Sinne jetzt einigermaßen beieinander. Heiliger Strohsack, da stand am Sonntagmorgen leibhaftig seine Stiefmutter im Schlafzimmer! Das paßte zu ihr.

»Schön, daß Sie uns endlich mal wieder besuchen«, sagte Specht lachend.

»Ich muß Sie enttäuschen. Ich besuche Sie nicht. Ich bleibe für immer.« Pia bückte sich und hob Spechts Socken und ein Hemd vom Boden auf. Sie legte die

Kleidungsstücke ordentlich über eine Stuhllehne und fuhr fort, Ordnung in Spechts Schlafzimmer zu schaffen.

»Ihr Vater hat mich verlassen«, erklärte sie, »Kein Grund zur Traurigkeit. Jedenfalls nicht für mich. Ich weiß jetzt, daß unsere Ehe ein einziger großer Irrtum war.«

Constanzes Kleidung legte sie Stück für Stück auf die Lehne eines anderen Stuhls. Das Kleid wurde einer genauen Betrachtung unterzogen und schien ihrer Prüfung standzuhalten. »Meine Schuld«, fuhr sie fort, »weil ich mir zuviel versprochen und Ihren Vater wohl überfordert habe. Ich dachte immer, daß er mir einen Hauch dessen geben würde, was Sie so überreichlich im Angebot haben.«

»Ich habe Ihnen etwas angeboten? Doch hoffentlich nichts Unsittliches?« fragte Specht und gähnte.

Pia setzte sich auf einen Hocker am Fenster. Mit leichtem Lächeln registrierte sie den ausgestreckten Arm, der unter den Laken auftauchte und nach Specht tastete. »Ich meine schon Ihren fragwürdigen Lebenswandel. Mir den zu betrachten, hat mich jung gehalten und glücklich gemacht.«

Constanze hob den Kopf und versuchte sich zu orientieren. Mit wem redete Specht? Sie entdeckte die ältere Dame auf dem Hocker und grüßte erstaunt.

»Guten Morgen«, gab Pia Kleinholz zurück. »Ich sagte gerade zu Herrn Specht, daß es in seinem Alter gar nicht so schlecht ist, sich eine Ärztin mit ins Bett zu nehmen.« Ihr blitzte der Schalk in den Augen.

Specht beeilte sich, die beiden einander vorzustellen. »Das ist Frau Dr. Engel und ...«

»Angenehm«, unterbrach Pia Kleinholz auf ihre rauhe Art seine Bemühungen um Höflichkeit. »Bevor ich Frühstück mache, wüßte ich gern, wie viele

Damen sich noch im Haus befinden.« Sie stand auf. Die Türklinke in der Hand sagte sie noch mit freundlicher Ironie: »Vielleicht ist Ihr Harem ja in der Zwischenzeit noch größer geworden.«

»Wer war das denn?« Constanze ließ die Decke, die sie sich um die Schultern gezogen hatte, wieder fallen, als Pia Kleinholz das Zimmer verlassen hatte.

»Pia Kleinholz. Eine alte Freundin. Sie ist außerdem meine Stiefmutter.«

»Also die Frau deines Vaters?«

»Ja, das heißt, sie hat mir eben erzählt, daß er sie verlassen hat.« Specht schob seine Hand zu Constanzes Nacken und zog sie sanft auf sein Kissen. Er beugte sich über sie, sah sie an und fuhr mit den Lippen sacht über ihre Wimpern.

»Verstehe«, murmelte sie. »Aber kannst du mir vielleicht eins noch erklären, nämlich, warum du deine Stiefmutter mit Sie anredest?«

»Ist eine alte Abmachung zwischen uns. Pia mag keine Vertraulichkeiten ...« Specht biß Constanze zärtlich ins Ohrläppchen und genoß ihr leichtes Schnurren. »... wenn sie mich über die Einzelheiten meines Liebeslebens ausfragt«, flüsterte er ihr ins Ohr.

In gespielter Entrüstung entzog Constanze Specht ihr Gesicht. »Du erzählst ihr wohl alles?«

»Mmh.« Er küßte sie auf den Hals. »Wir sollten noch für ein wenig Gesprächsstoff sorgen.« Er zog das Laken wie einen Himmel über ihre Köpfe. Bis zum Frühstück war noch viel Zeit für schöne Dinge.

»Stimmt es, daß Herr Specht Sie für immer verlassen hat?« Sunny trug die Marmelade zum Tisch. Sie ging Pia Kleinholz bei der Zubereitung des Frühstücks tatkräftig zur Hand.

»Der alte Herr Specht«, korrigierte Frau Kleinholz.

»Und warum?«

»Weil ich ihn vergiften wollte«, lautete die Antwort.

Sunny sah ungläubig hoch.

»Er hat den ganzen Tag Zigarren geraucht, Zeitung gelesen und mich gelangweilt«, fuhr Frau Kleinholz erbost fort. »So was kann man mit jungen Frauen machen, die dumm und unerfahren sind und nicht wissen, was das Leben zu bieten hat. In meinem Alter kommt es auf jeden Tag, jede Minute an.« Sie beugte sich mit einem Stück Käse zu Fräulein Lydia. »Nicht wahr, meine Kleine.«

Suse Fendel betrat schüchtern die Küche. Aber Spechts Stiefmutter ließ erst gar keine Verlegenheiten aufkommen. Sie begrüßte das Mädchen auf ihre herzlich rauhe Art und drückte ihr das Tablett mit dem Frühstücksgeschirr in die Hand. »So, du kannst den Tisch decken.«

Sunny wartet bis Suse draußen war und sagte dann: »Das ist Suse Fendel. Sie redet nicht gern. Muß sie erst wieder lernen, mit anderen friedlich zusammenzuleben. Sie hat sich jahrelang herumgetrieben und kein sehr schönes Leben geführt.«

Pia Kleinholz nickte verständnisvoll. Sie reicht Sunny das Weißbrot und ein Messer und begann die Käseplatte mit Tomatenscheiben und Petersilie zu garnieren.

Es klingelte. Anneliese Fendel hatte sich für diesen Morgen zum Frühstück angemeldet und betrat die Küche. Sie war völlig erstaunt, als sie hörte, daß ihre Tochter den Tisch draußen deckte. »Macht sie das freiwillig?« fragte sie.

Pia Kleinholz zuckte mit den Schultern. »Nehme ich an. Ich habe jedenfalls keine Gewalt angewendet.«

Suse hatte richtig Mühe gegeben, den Frühstückstisch schön zu decken. Sogar zwei Blumensträuße hatte sie gepflückt und neben jeden Teller eine Margeritenblüte gelegt.

Wenig später traf auch Karin Anselm ein, um mit den anderen zu frühstücken. Wie häufig waren zahlreiche Gäste im Hause Specht. Constanze Engel, Anneliese Fendel, Karin Anselm und seine Stiefmutter saßen am Frühstückstisch. So müßte es alle Tage sein! dachte Specht. Sunny und Suse hatten Fräulein Lydia zwischen sich plaziert und fütterten sie abwechselnd mit einem Löffelchen Joghurt, Ei, Käse und Brot mit Himbeermarmelade. Specht fühlte sich wie ein Hahn im Korb. Entsprechend waren auch die Gespräche.

Während alle sich dem frischen Weißbrot, den Eiern und sonstigen Leckereien widmeten, unterhielten sie sich angeregt. Schöner konnte ein Sonntagsfrühstück gar nicht sein: kein Auto weit und breit zu hören, die Sonne schien, Vögel sangen, Bienen und Hummeln brummten durch die Luft und landeten hin und wieder auf einem Marmeladenglas, um sich ihren Anteil an den kulinarischen Herrlichkeiten nicht entgehen zu lassen.

Neben Anneliese Fendels Stuhl hüpfte aufgeregt eine kleine Spatzengesellschaft. Suses Mutter streute ihnen Brotkrumen auf die Erde. Merkwürdigerweise versammelten sich die Vögel ausschließlich bei ihr. Karin Anselm wies empört auf ein ganzes Stück Weißbrot, das sie vorsichtig auf den Boden gelegt hatte. »Da opfere ich denen schon die Hälfte meines Frühstücks, und die gehen nicht mal hin!«

Specht schenkte allen Sekt ein und warf einen qualvollen Blick zum Himmel, als in diesem Augenblick Constanzes Handy klingelte.

»Engel«, meldete sie sich und sah plötzlich sehr ernst aus. »Wo genau bitte? Ich komme.«

Sie klappte ihr Handy zu und sah Specht an. »Komm bitte mit. Dörte von Hameln. Man hat sie bewußtlos aus dem Wasser gefischt. Sieht nicht gut aus«, sagte sie.

Der Rettungswagen stand bereits am See, als sie ankamen. Ein Arzt bemühte sich um Dörte, die bewußtlos auf einer Trage lag. Der Sanitäter stellte den Tropf ein, den man bereits gelegt hatte.

Constanze Engel grüßte die Kollegen kurz und kniete neben der Trage nieder. Sie prüfte Dörtes Augenreflex und wechselte einen besorgten Blick mit den anderen Ärzten.

Nachdem Dörte in den Rettungswagen gebracht und an die Notbeatmung angeschlossen war, schaltete der Fahrer das Blaulicht ein.

Lucy, Josefine, Lukas, Felix und Amanda verfolgten die routinierten Handgriffe der Ärzte ängstlich. Es war offensichtlich sehr ernst.

»Was ist denn passiert?« fragte Specht.

Amanda zitterte vor Aufregung, als sie erzählte, daß sie ein Stück mit Dörte rausgeschwommen sei. »Dörte ist bis zur Mitte des Sees geschwommen. Und plötzlich war sie verschwunden.«

»Sie ist eine so gute Schwimmerin, daß wir uns nichts dabei gedacht haben«, ergänzte Josefine.

»Ja«, sagte Lucy. »Die taucht schon wieder auf, haben wir uns gedacht, schließlich will sie Weltmeisterin werden. Mit solchen Sprüchen haben wir uns beruhigt.«

Felix berichtete dann ausführlich, wie ihnen allen dann doch mulmig geworden war und sie das Ufer abgesucht und Dörte endlich gefunden hatten. Sie hatte mit dem Gesicht im Wasser gelegen und wie tot ausgesehen. Sie hatten alles versucht, Herzmassage, Mund-zu-Mund-Beatmung ... Es war ein Glück, daß Dörte immer ein Handy bei sich hatte. Sonst hätten sie viel länger gebraucht, um einen Rettungswagen zu rufen.

Die fünf Jugendlichen sahen Constanze fragend an. Amanda und Felix fragten fast gleichzeitig: »Glauben Sie, Dörte kommt durch?«

Die Ärztin machte ein ernstes Gesicht. »Ich denke, wir müssen ihr ganz schön viel Glück wünschen.«

Specht riet ihnen, bis zum nächsten Tag abzuwarten. Bis dahin würde er sicher Genaues wissen und ihnen sagen, ob sie Dörte besuchen könnten.

Beim Abendessen war Constanze wortkarg. Sie ließ sogar die Hälfte ihres Steaks auf dem Teller und legte ihr Besteck zur Seite. Specht hob ihr sein Glas entgegen und sah sie aufmunternd an.

»Ich muß ein Geständnis ablegen«, sagte sie leise. Nachdenklich strich sie sich mit dem Zeigefinger über die Lippen, als müsse sie jedes Wort genau abwägen. »Ich wußte, daß Dörte gefährdet ist. Lohmann, euer Sportlehrer, hat sie mit Anabolika vollgepumpt.«

»Eine Vermutung von dir?« fragte Specht und sah sie prüfend an.

Sie schüttelte den Kopf. »Nein, als ich den Laborbericht darüber sah, was in den Spritzen gefunden wurde, die ich habe mitgehen lassen, wußte ich Bescheid. Er hat ihr Turinabol gespritzt. Ein männliches Hormon, das die Leistungskraft steigert, aber auch krank machen oder zum Tod führen kann. Herz- oder Nierenversagen. Es gibt genug traurige Beispiele dafür.«

Specht konnte sich einen leichten Vorwurf nicht

verkneifen. »Du hättest Lohmann zur Rede stellen müssen. Oder wenigstens mir einen Wink geben sollen. Ich hätte ihn mir schon vorgeknöpft.« Ihre Zögerlichkeit irritierte ihn. So kannte er Constanze nicht.

»Genau das hatte ich vor«, verteidigte sie sich. »Ich wußte nur nicht, wie ich Lohmann klarmachen sollte, daß ich es auf nicht ganz redliche Weise herausgefunden habe, verstehst du.«

Als Specht ihr nicht entgegenkam, schwieg sie wieder ein Weile. »Ich habe ihm eine Ampulle mit Anabolika aus der Tasche geklaut«, gab sie dann endlich zu. »Das kann ich schließlich nicht offen zugeben.«

»Aber du hast noch keinen Beweis, daß er ihr das Zeug wirklich gespritzt hat, Constanze.«

Sie nahm einen Schluck Rotwein und behielt das Glas in der Hand. »Das wird die Blutprobe ergeben. Wenn Dörte aus dem Koma erwacht, ist Lohmann sowieso fällig. Sie wird doch gegen ihn aussagen, oder?«

Specht massierte sich seufzend die Stirn. »Das weiß man nicht«, gab er zu bedenken. »Ich vermute eher, daß die beiden unter einer Decke stecken. Sie will Weltmeisterin, er der berühmte Trainer werden.« Er schenkte ihr und sich Wein nach und sah Constanze erschöpft an. »Schule, hat er mir mal erklärt, ist der reinste Horror für ihn, Lehrer kein Beruf, sondern eine Zumutung.«

Zum ersten Mal an diesem Abend lächelte sie ein wenig. »Das sehe ich auch so.« Und setzte nach Spechts kritischem Blick schnell hinzu: »Ich meine, ich habe genauso gedacht, bevor ich dich kennenlernte.«

»Sei beruhigt«, sagte Specht versöhnlich, »für mich ist Schule auch manchmal Horror.«

In der darauffolgenden Nacht schlief Specht fast überhaupt nicht. Nachdem er sich drei Stunden von einer Seite auf die andere gewälzt hatte, stand er auf und setzte sich in die Küche. Er machte sich große Sorgen um Dörte. Was würde sein, wenn sie aus dem Koma aufwachte? Es bestand die Möglichkeit, daß sie für den Rest ihres Lebens Schäden zurückbehielt. Wenn sie überhaupt aufwachte ...

Wie man aus Ehrgeiz und purer Geldgier ein Menschenleben aufs Spiel setzen konnte, war Specht schleierhaft. Dörtes Mutter war ein zäher Knochen, das wußte er. Daß sie allerdings mit Lohmann unter einer Decke steckte, war unvorstellbar. Specht kannte viele schwierige Familien. In keiner Schule waren ihm allerdings so viele selbstsüchtige Eltern begegnet wie in diesem Edelinternat. Erst Mönch, dann Amanda und deren Probleme und jetzt die von Hamelns. Ihnen war das Geld wichtiger als die Gesundheit ihrer einzigen Tochter. Das eigene Kind wurde eiskalt als Sanierungskalkül benutzt. Vielleicht verdarb zuviel Geld ja doch manchen Charakter.

Dörte war zu jung und zu ehrgeizig, um den Versuchungen des Ruhms zu widerstehen. Aber es hatte für sie auch zu wenig Gegengewicht gegeben, überlegte Specht. Vielleicht hätte er sich eingehender mit Dörtes Eltern auseinandersetzen müssen. Seit sie vom Unterricht befreit war, konnte Lohmann ja mit ihr machen, was er wollte.

Dieser Widerling! Jetzt war klar, weshalb Dörte die Jahresbestzeit geschwommen war. Lohmann und sie waren sich während der Feier immer wieder siegestrunken in die Arme gefallen und hatten sich angelächelt, als hätten sie ein Geheimnis, von dem niemand etwas erfahren durfte. Nun, jedenfalls war dieses Geheimnis nicht das lange Kraft- und Ausdauertraining, das allein schon alarmierende Ausmaße angenommen hatte. Und niemand hatte sich darum gekümmert.

Doch! Kneifer war zweimal dazwischengegangen. Einmal hatte er Dörte die Hanteln einfach weggenommen, ein anderes Mal hatte er sie gestoppt, ihren Puls kontrolliert und ihr geraten, mit dem Wahnsinn aufzuhören. Das hatte Kneifer ihm irgendwann abends kopfschüttelnd erzählt, aber Specht hatte nicht weiter darauf reagiert.

Jetzt war es möglicherweise zu spät.

Specht sah wütend auf die Uhr. Es hatte keinen Zweck mehr, schlafen zu gehen. Seine Augen brannten wie Feuer vor Müdigkeit. Gleich heute morgen würde er Lohmann zur Rede stellen. Schon wenn er an sein aalglattes Gesicht dachte, wurde ihm übel. Den egoistischen Traum vom großen Trainer konnte der smarte Muskelmann dann da zu Ende Träumen, wo Lohmann hingehörte, im Gefängnis.

Kurz vor acht studierte Specht mit entschlossener Miene den Stundenplan. Lohmann hatte Sport mit der 7b. Er stürmte zur Turnhalle und riß die Tür auf.

»Runterkommen!« befahl er dem Schüler, der gerade am Reck turnte. »Die Stunde ist vorzeitig beendet.«

Er kümmerte sich nicht um Lohmann und wies die Schüler an, ihre Sachen zu nehmen und nach draußen zu gehen.

Die Klasse machte sich erfreut auf den Weg ins Freie, bevor die Lehrer ihre Meinung änderten und ihnen womöglich doch noch ein wenig Frühsport aufbrummten.

Lohmann wartete ruhig, bis der letzte Schüler die

Tür schloß. »Sie können mir Ihren ungewöhnlichen Auftritt sicher erklären«, forderte er Specht gelassen auf.

»Kann ich, Herr Lohmann.«

Specht ging gleich zum Angriff über. »Sie haben Dörte von Hameln Anabolika verabreicht, damit sie die ganz große Schwimmerin wird. Ein Goldfisch, mit dem Sie glänzen und sich eine goldene Nase verdienen wollen.«

Lohmann lächelte. »Stimmt«, gab er zu, »letzteres waren nicht nur meine, sondern auch Dörtes Beweggründe, hart zu trainieren. Wir wollten mit außergewöhnlichen Leistungen Geld verdienen, um uns ein außerordentliches Leben zu leisten. Nicht mehr und nicht weniger.«

»Aber Sie wollten es mit allen Mitteln, auch mit solchen, die Dörtes Gesundheit gefährden«, fuhr Specht ihn an.

Lohmann sah ihm kalt in die Augen. »Behaupten Sie, Herr Specht.«

»Kann ich beweisen. Ich würde vor Gericht sogar zugeben, daß ich einen Diebstahl begangen habe, um Sie zu überführen. Das haben Sie wahrscheinlich gar nicht bemerkt.«

»Was?« Lohmann schüttelte geringschätzig den Kopf.

»Daß ich Ihnen ein Fläschchen mit Anabolika gestohlen habe«, versetzte Specht schneidend. Er ging ganz nahe an Lohmann heran und musterte ihn kühl. »Ich habe den Stoff, aus dem Ihre Träume sind, inzwischen sogar untersuchen lassen. Wenn wir die gleiche Substanz in Dörtes Blut finden, sind Sie erledigt.« Er machte eine Pause, bevor er zum endgültigen Schlag ausholte. »Schwere Körperverletzung oder, wenn es ganz schlimm kommt, fahrlässige Tötung.«

Lohmann verzog das Gesicht zu einer verächtlichen Grimasse.

Specht ließ ihn stehen und warf ihm im Hinausgehen eine eiskalten Blick zu. »Wenn Sie an Gott glauben, können Sie nur noch beten, Lohmann.«

Von Sternberg ließ seinen Chauffeur am Eingang zur Auffahrt des Internats halten. Der Blickwinkel gefiel ihm. Er streckte die Beine genüßlich und zog einen silbernen Flachmann aus der Innentasche seines Jacketts. »Sieht ansprechend aus«, sagte er mehr zu sich als zu seinem Sohn, der hinter ihm saß und neugierig aus dem Fenster sah. Er nahm einen Schluck und bedeutete dem Chauffeur weiterzufahren.

Das Anwesen war etliche Hektar groß, die Gebäude entweder gut erhalten oder mit viel Geld renoviert. Von Sternberg überlegte, daß die Lage des Internats ideal war, nahe einer Kleinstadt, ruhig und recht preisgünstig.

Ihm war die Schule von einem befreundeten Reeder empfohlen worden. Während einer Party waren sie ins Gespräch über dessen Designermöbelgeschäfte in Deutschland gekommen und auf den jüngsten Sohn, der in einem bayerischen Internat sein Abitur bestanden hatte. Nach vielem Hin und Her, Schulen in Amerika und der Schweiz, war der sommersprossige Nachwuchs des Reeders hier endlich bei den Hammelbeinen gepackt und bis zum Reifezeugnis durchgeschleppt worden. Und wenn der Sohn des Reeders hier nicht länger auf dumme Gedanken gekommen war, war es vielleicht auch für seinen Filius der richtige Platz zur richtigen Zeit.

Sternberg wandte sich fragend an seinen Fahrer: »Was fährt er so rasch?«

Der Fahrer drosselte sofort das Tempo auf Schrittgeschwindigkeit. Sternberg war zufrieden. Diese Idylle fand diese kleine Schlampe bestimmt nie. Erstens war sie weit weg bei ihren Billigschuhen, die sie Sekretärinnen und Buchhaltern über die verquollenen Füße ziehen mußte. Zweitens hatte er ihr genügend Geld gegeben, damit sie ihre Finger von seinem Sohn ließ. Eine Schuhverkäuferin! Das törichte Liebesabenteuer seines Sohnes Justus kam ihm vor wie die Variation einer Oper von Bizet, für deren romantische Leidenschaften er sowieso nichts übrig hatte.

Er steckte seinen Flachmann wieder ins Jackett und ließ vor dem Schulhaus halten. Durch das geöffnete Fenster sprach er Specht an, der neugierig stehengeblieben war. »Tach. Sie können mir sicher helfen. Ich möchte zur Anstaltsleitung.«

Die Wortwahl amüsierte Specht. »Ich glaube, da sind Sie hier falsch. Wir sind keine Anstalt, sondern eine Schule mit Internat.

Von Sternberg gab ein Zeichen, aussteigen zu wollen. Der Chauffeur eilte schweigsam um den Wagen, murmelte »Verzeihung« zu dem vor der Tür verweilenden Specht und öffnete fast geräuschlos den Wagenschlag.

»Sie heißen?« wollte Sternberg wissen.

Daß der Unbekannte reich und somit ein interessanter Geldgeber sein konnte, war offensichtlich. Specht fand jedoch seinen Auftritt überzogen und eher ärgerlich. »Und wie heißen Sie«, fragte er forsch zurück.

»Von Sternberg.«

»Specht.«

»Ihre Anstalt ist mir empfohlen worden. Ich möchte meinen Sohn einweisen. Justus, sechzehn Jahre alt, geistiges Mittelmaß.«

Er zeigte in Richtung Auto und zog seinen Flachmann wieder hervor. Nachdem er einen weiteren Schluck zu sich genommen hatte und sein Sohn ausgestiegen war, stellte er Justus vor. »Das ist der Knabe, um dessen Menschwerdung ich mich seit Jahren bemühe. Er hat das Bedürfnis, seinem Vater möglichst unähnlich zu sein.«

Specht beruhigte ihn. »Dieses Bedürfnis haben fast alle in seinem Alter.« Er begrüßte Justus. »Wenn ich deinen Vater richtig verstanden habe, will er dich bei uns abliefern, ist das richtig?« fragte er ihn.

Sternberg ließ seinen Sohn erst gar nicht zu Wort kommen. »Nicht nur abliefern«, klärte er Specht auf, »Sie sollen meinen Sohn zu einem Menschen erziehen, der fähig ist, seinen Verstand über seine Gefühle zu stellen.«

Specht fragte ihn, ob er eine Vorstellung davon habe, wie lange dieser Prozeß in Anspruch nähme. Als Sternberg von zwei, drei Jahren sprach, winkte er ab. »Damit sieht es im Moment leider nicht gut aus. Wir sind pleite und müssen die Schule schließen.«

»Verstehe.« Von Sternberg ließ sich einen weiteren Schluck durch die Kehle rinnen. Dann drehte er den Schraubverschluß in Gedanken versunken wieder zu. »Wieviel, glauben Sie, würde die Immobilie kosten?«

Specht sah ihn verständnislos an. »Welche Immobilie?«

»Ihr Haus. Mit allem Drum und Dran, einschließlich Personal.«

»Ich glaube nicht, daß wir käuflich sind, Herr von Sternberg.« Specht hatte genug gehört. Der Mann war betrunken. Er entschied sich, weiterzugehen und nickte Sternberg zum Abschied zu. »Wir sind nicht käuflich, Herr von Sternberg«, wiederholte er noch einmal.

»Kann man diesen Punkt mit jemand anderem erörtern?« rief der ihm hinterher.

Als Specht ihm keine Antwort mehr gab, bedeutete er Justus, ihm ins Schulgebäude zu folgen.

Franziska hatte den fremden Herrn mit seinem Sohn zum Sekretariat geführt. Nachdem Sternberg sich bei Blümchen als Käufer des Internats ausgegeben hatte, ließ sie schnell Böck und Specht holen. Während Justus die Sekretärin über sein Familien- und Liebesleben unterrichtete, saß Sternberg nebenan und versuchte auf seine Weise, Eindruck zu machen. Er schob Böck einen Scheck über den Tisch.

»Ein Blankoscheck, den Sie nach Belieben ausfüllen können.«

Böck runzelte die Stirn. »Nach Belieben heißt . . .«

»Daß Sie eine Summe einsetzen können, die das Überleben Ihrer Anstalt für zwei, drei Jahre garantiert.«

»So spendabel sind Sie aber nicht, weil Sie uns mögen, sondern weil Sie irgendeine Bedingung daran knüpfen?«

»Ist bei der Summe, die Sie mir abknöpfen werden, ja wohl verständlich«, antwortet Sternberg. Er prüfte kurz den Inhalt seiner Taschenflasche und trank genüßlich, bevor er zur Erklärung seiner Bedingung ansetzte. »Sie«, er wandte sich jetzt an Specht, »lassen meinen Sohn Tag und Nacht nicht aus den Augen. Er darf sich weder verlieben, noch sich irgendwelchen anderen niederen Gefühlen hingeben.«

Specht mußte fast lachen, als er diese naiven Ansprüche hörte. »Tut mir leid. Wir verfügen leider nicht über die Technik, die nötig wäre, um die Hirn- und Herzströme Ihres Sohnes zu messen. Wenn er sich wirklich verliebt, müßten wir tatenlos zusehen. Uns fehlt die Apparatur, um seine Gefühle notfalls auszuschalten.« Er beugte sich über den Tisch und nahm Böck den Scheck aus der Hand. Er reichte ihn Sternberg zurück. »Ihren Scheck können Sie wieder einstecken.«

»Haben Sie noch mehr solche Mitarbeiter?« fragte Sternberg den Direktor.

Böck hatte Specht einen flehenden Blick zugeworfen und sein Gesicht gleich wieder unter Kontrolle. Er verneinte und setzte zu einer Erklärung an.

»Schade«, unterbrach ihn sein Gegenüber, »noch zwei, drei von der Sorte und ich hätte keine Bange um meinen Sohn.« Er hielt inne, um seine Gedanken zu sammeln und fuhr mit etwas schwerer Zunge fort: »Er hat sich vor zwei Jahren in so eine kleine Schlampe verliebt. Evchen Lamprecht, eine Schuhverkäuferin.« Sternberg lachte kurz auf. »Mehr muß ich ja wohl nicht sagen. Ich habe schon zweimal das Internat gewechselt.«

Specht schüttelte ungläubig den Kopf. »Auf der Flucht vor Evchen Lamprecht?« fragte er belustigt.

»Die Gefahr ist glücklicherweise gebannt«, erklärte Sternberg völlig ernst. »Ich habe die Kleine großzügig abgefunden. Damit sie nicht wieder Witterung aufnimmt und meinen Sohn von seinen schulischen Pflichten abhält, habe ich ihr einen ansehnlichen Betrag gezahlt.«

Mit Blicken gab der Direktor Specht zu verstehen, jetzt bloß den Mund zu halten. Vorsichtig tastete er sich wieder an Sternberg heran. »Um nochmal auf Ihren Scheck zurückzukommen ...«

»Ach ja, richtig, hätte ich fast vergessen.« Sternberg riß den Scheck in mehrere Teile und legte sie in Böcks Aschenbecher. »Schade, wie gesagt, aber wohl nichts zu machen. Muß ich es wohl ein Haus weiter versuchen.«

»Ich glaube, das können Sie Herrn Specht nicht antun.« Böck klappte seine Zigarrenkiste auf und bot Sternberg eine an. »Sie müssen wissen, dieser Lehrer hätte mir gegenüber ein so schlechtes Gewissen, daß er jedesmal, wenn er mich sieht, vor Scham im Boden versinken würde. Außerdem ist mir eingefallen, daß wir einen Mitarbeiter haben, der als spezieller Betreuer für Ihren Sohn bestens geeignet ist. Fragen Sie Herrn Specht, der kennt ihn. Ein Mann, der es mit Moral und Ordnung sehr genau nimmt.«

»Leitmeier«, sagte Specht nur, sich der Tatsache bewußt, daß Böck im Begriff war, einen neuen Geldgeber zu aquirieren. Der Mann war ein wahres Genie in Sachen Finanzierung.

»Leitmeier ist der geborene Schnüffler. Ein Mann also, bei dem Ihr Sohn in den besten Händen wäre.« Böck reichte Sternberg den Zigarrenschneider und schob Specht das Tischfeuerzeug hin.

Von Sternberg setzte seine Flasche wieder an. Als er feststellte, daß kein Tropfen mehr drin war, griff er grinsend in seine rechte Jackettasche und zog einen zweiten Flachmann hervor. »Na, sehen Sie. Darauf sollten wir endlich mal einen Schluck trinken.«

Gedankenversunken schlenderte Specht nach dem Mittagessen durch den Park. Heute morgen hatte ihm Constanze zart an seinen Schläfenhaaren gezupft. Er hatte inzwischen mindestens so viele graue Haare wie dunkle und ärgerte sich mitunter darüber, denn die grauen waren störrischer, irgendwie härter. Er mußte unbedingt zum Friseur. Constanze amüsierten die winzigen Löckchen über seinen Ohren. Er aber fand sich manchmal abscheulich oder stockbieder, wenn er sich im Spiegel betrachtete. Ganz allein mit sich überlegte er ab und zu sogar, ob er sich die Haare färben oder sich eine ganz andere Frisur zulegen sollte. Als er Constanze am Morgen gefragt hatte, was sie von nackenlangen Haaren hielte, war sie in lautes Gelächter ausgebrochen und hatte an seinen melierten Schläfen gezupft.

»Damit würdest du aussehen wie ein in die Jahre gekommener Mafioso,« hatte sie gesagt. Und hinzugefügt: »Ist doch schön so. Wirkt ein bißchen marode. Mir gefällt das.«

Er verstand zwar nicht genau, was sie damit meinte, aber wenn's ihr gefiel, war es gut.

In einiger Entfernung entdeckte Specht Dörtes Vater vor dem Schülerwohnheim. Er sah auf seine Armbanduhr. So früh hatte er gar nicht mit dem Freiherrn gerechnet. Böck hatte ihm gesagt, daß von Hameln fürs erste die Sachen seiner Tochter abholen wolle, und hatte ihn gebeten, beim Einladen dabeizusein. Er lief ein Stück und entschuldigte sich bei dem Schloßherrn für seine Verspätung.

Von Hameln winkte ab. Er legte Dörtes Plüschlöwen auf die Koffer und schloß den Kofferraum.

»Danke, Herr Specht. Es war ja gar nicht viel.« Er fuhr sich mit einer Hand über das Gesicht und die müden Augen. »Man hat sie in eine Spezialklinik verlegt. Sie ist noch immer ohne Bewußtsein«, brachte er gequält hervor.

»Ich weiß, Frau Dr. Engel berichtet mir jeden Tag, wie es Dörte geht.«

Von Hameln schüttelte den Kopf. Er sah Specht verzweifelt an. »Sie lebt, weil sie von irgendwelchen Maschinen am Leben erhalten wird. Ihr Herz schlägt, ihr Gehirn funktioniert. Ist alles soweit in Ordnung mit meiner Tochter.« Er schluckte und fuhr resigniert fort: »Fragt sich nur, ob ihr Herz jemals wieder etwas fühlen, ihre Augen je wieder etwas sehen können. Ich wäre mit dem kleinsten Lebenszeichen zufrieden.« Er gab Specht die Hand. »Danke, daß Sie so gut zu meiner Tochter waren.«

Specht preßte die Lippen aufeinander und dachte an all die Versäumnisse gerade, was Dörte anging. Er kam sich vor wie ein vollkommener Versager. »Ich weiß nicht, ob ich das wirklich war ...«

»Hat sie behauptet. Und das müssen wir, bis sie wieder sprechen kann, also glauben.« Der sympathische Freiherr schüttelte Specht nochmal die Hand und fuhr dann los.

Specht überlegte, ob er von Hameln von der Festnahme Lohmanns hätte erzählen sollen und daß der Staatsanwalt entschlossen war, den skrupellosen Sportlehrer für lange Zeit aus dem Verkehr zu ziehen. Doch auch das hätte die Sorge des Vaters um seine Tochter im Augenblick nicht schmälern können.

Vater unser

Sternberg rief fast täglich von irgendwoher in der Schule an. Je nachdem, ob er nüchtern war oder einen angestiegenen Alkoholpegel im Blut hatte, waren die Gespräche, die er mit Blümchen führte, gebieterisch oder von einer fast erotischen Leichtigkeit.

Heute war sein silberner Flachmann entweder noch nicht nachgefüllt oder Sternberg war wieder einmal in der gefürchteten Verfassung, die Blümchen inzwischen haßte wie die Pest. »Sternberg!« raunzte er durchs Telefon. »Ich bitte um Rapport. Und zwar ohne jeden Schnörkel!«

Wenn Böck ein Telefongespräch mit Sternberg mitbekam, erinnerte er Blümchen stets an die Bedeutung des neuen Geldgebers. Die Sekretärin müßte doch langsam gelernt haben, wie man ein bißchen heuchelt und notfalls auch lügt. »Sie sind seit vier Jahren meine Sekretärin, Blümchen«, sagte er zuweilen und schüttelte den Kopf. »Das hätten Sie nun wirklich in der Zwischenzeit von mir lernen können.«

Blümchen mochte Justus weitaus lieber als seinen Vater. Er hatte etwas, das einen ganz und gar für ihn einnahm. Er redete gern und viel, und sein Lieblingsthema war natürlich Evchen Lamprecht. Er muß unsterblich in sie verliebt sein, dachte Blümchen. Und treu, denn erstens dauerte die Liebesgeschichte bereits zwei Jahre, zweitens schien er gegen alle Anfechtungen, die ihm durch die Mädchen im Internat begegneten, gefeit, obwohl diese reges Interesse an dem gutaussehenden Neuen bekundeten.

Bereits eine gute Woche nach Justus' Ankunft im Internat stand Evchen überraschend mit einer Reisetasche und einem Rucksack in der Tür des Direktionszimmers. »Grüß Gott«, sagte sie freundlich und machte sogar einen kleinen Knicks. »Ich heiße Evchen Lamprecht.«

Böck warf Blümchen einen warnenden Blick zu. Da keiner etwas sagte, half Evchen nach. »Ich bin die Freundin von Justus.«

Böck tat erstaunt. »Wie kommt es, daß Sie Ihren Freund ausgerechnet bei uns suchen?«

Das Mädchen lächelte und hielt Böck die Hand hin. »Es war gar nicht so leicht, das rauszukriegen. Ich habe überall herumtelefoniert.«

Gespannt auf das, war jetzt wohl kommen würde, behielt Böck ihre Hand in seiner. »Das heißt, Sie haben hier angerufen ...«

»Gestern«, bestätigte Evchen. »Ich habe mit einem freundlichen Herrn gesprochen ... Leitmeier oder so ähnlich.«

Dem Direktor wurde elend zumute. Als er sich wieder gefaßt hatte, beauftragte er seine Sekretärin, auf schnellstem Wege Specht herbeizuschaffen.

Blümchen ließ jedoch erst Justus von Sternberg wissen, wer zu Besuch gekommen war.

Es dauerte keine Minute, bis Justus in Blümchens Büro stürzte. Er sah Evchen und wollte sie gar nicht mehr loslassen, wirbelte sie herum und küßte sie ab, als habe er sie jahrelang nicht gesehen. Die beiden vergaßen alles um sich herum, bis Blümchen, die zurückgekommen war, sich räusperte und daran erinnerte, daß jeden Augenblick Leute kommen konnten, die Justus' Freundin erst einmal besser nicht zu sehen bekamen.

Justus nahm die Reisetasche und hängte sich den Rucksack um. Blümchen sah nach, ob draußen die Luft rein war und brachte die Turteltauben ins Gewölbe des alten Hauses. In einem der Räume standen ein paar alte Möbel herum. Da konnten sie bis zum Abend bleiben und von Luft und Liebe leben.

Justus gab Blümchen einen dicken Kuß auf die Wange. »Wäre nicht Evchen meine absolute Auserwählte, würde ich Sie heiraten, Blümchen«, bedankte er sich charmant.

Sie nickte in gespielter Schwermut. »Ja, das ist mein Schicksal, immer nur an zweiter Stelle zu stehen.«

Böck wanderte, ein gefülltes Schnapsglas in der einen, eine Zigarre in der anderen Hand, durch sein Büro. Ohne weitere Umschweife fragte er Specht nach seiner Einschätzung der Lage.

»Sternberg wird seinen Sohn vor Evchen in Sicherheit bringen. Er wird ihn wieder von der Schule abmelden.« Specht sprach aus, was bisher niemand zu sagen gewagt hatte.

Der Direktor ließ sich stöhnend in einen Sessel fallen. »Damit wären wir nicht nur den Sohn, sondern auch den Vater und sein Geld los. Wir sehen uns alle bald auf dem Arbeitsamt wieder. Nicht nur Sie und ich, sondern auch Leitmeier, der uns das alles eingebrockt hat. Nicht nur, daß er der jungen Dame am Telefon bereitwillig Auskunft erteilt hat. Nein, er mußte ja umgehend Sternberg anrufen, und ihm von der jungen Dame erzählen, wie ich mir denken kann.« Er goß sich einen Schluck nach und hielt Specht die Flasche hin. Der winkte ab und Böck fuhr mit seinem Gedanken fort. »Wenn der Mathematikkollege das hört, in welche Lage er uns damit gebracht hat, wird er so entsetzt sein, daß er zu jeder Falschaussage bereit ist.«

Specht sah den Direktor verständnislos an. Was meinte Böck mit Falschaussage?

Böck fixierte den Kollegen mit listig zusammengekniffenen Augen und deutete mit der Zigarre auf Specht. »Sie und ich müssen Leitmeier nur klarmachen, daß wir alle in einem Boot sitzen.«

Das Bild vom Boot war nicht nur im übertragenen Sinne gemeint. Mit seinem ausgeprägten Sinn für Komik lud Böck seinen Stellvertreter und Specht tatsächlich zum gemeinsamen Angeln auf einen See in der Nachbarschaft ein. Specht führte die Ruder, und Leitmeier verfolgte von der hinteren Bank aus unbehaglich jede seiner Bewegungen.

Während Böck geruhsam die Köder an zwei Haken befestigte, zog er dem schweigsam dasitzenden Kollegen genau die Informationen aus der Nase, die er sich längst selbst zusammengereimt hatte. Als Leitmeier zugab, Sternberg ins Internat bestellt zu haben, um dessen Sohn vor den Nachstellungen der kleinen Schuhverkäuferin zu bewahren, hatte Böck gehört, was er hören wollte.

Er wußte, daß sich Leitmeier lieber auf festem Boden aufhielt, und warf mit Schwung seine Angel aus. Das Boot schlingerte bedrohlich, Leitmeier hielt sich krampfhaft mit beiden Händen an der Bootswand fest.

»Ich weiß nicht, wie Sie sich vorbereitet haben, Herr Kollege«, sagte Böck wie beiläufig, »ich meine auf Ihre Arbeitslosigkeit. Mir wird das nicht ganz so schwerfallen wie Ihnen, nehme ich an. Ich bin mit Leib und Seele Angler.«

Leitmeier rutschte wieder genau in die Mitte der Bank. Er warf einen mißtrauischen Blick auf Specht und versuchte Böck zu folgen, als der fortfuhr.

»Mir ist überhaupt jede Tätigkeit recht, die mich

davor bewahrt, Lehrer oder Schuldirektor zu spielen. Was bei Ihnen natürlich ganz anders ist, Herr Leitmeier. Sie sind ein geistreicher Mensch, pflichtbewußt bis zur Selbstaufgabe.«

Leitmeier nickte bedrückt. Ihm war klar, daß er mit seinem Anruf bei Sternberg vorschnell gehandelt hatte. Aber worauf der Kollege hinauswollte, ahnte er bei besten Willen nicht.

Böck drehte sich zu ihm um. »Endstation Arbeitsamt. Kann ich mir bei Ihnen gar nicht vorstellen.«

»Was, bitte, können Sie sich nicht vorstellen?« fragte Leitmeier völlig irritiert.

»Daß Sie mit anderen Erwerbslosen in einer Schlange stehen, wohl wissend, daß Sie nie wieder eine angemessene Arbeit bekommen werden.«

Leitmeier zerrte an seinem Krawattenknoten. Er rang nach Luft und riß am obersten Kragenknopf. »Wenn ich geahnt hätte, daß mein Verhalten für unsere Schule so schwerwiegende Konsequenzen hat«, sagte er reumütig, »... hätte ich Herrn von Sternberg wohl kaum mitgeteilt, daß sich Fräulein Lamprecht bei mir gemeldet und mich ins Vertrauen gezogen hat.«

»Sie geben also zu, einen Fehler gemacht zu haben?«

»Wohl oder übel.«

Böck kurbelte an seiner Angel. »Ihren Fehler können Sie ausbügeln, Leitmeier. Ich erkläre Ihnen sogar, wie.«

Da Sternberg sich für den nächsten Tag angemeldet hatte, mußte alles schnell gehen. Für Böck war der Zeitdruck allerdings eher eine Herausforderung. Leitmeier hörte ihm beinahe verschämt zu, als der Direktor von seinem Plan erzählte, mit dem er das Internat retten wollte. Wie konnte es anders gewesen sein, als daß eines der Mädchen aus dem Internat Leitmeier angerufen und sich als Evchen Lamprecht ausgegeben hatte, um ihm einen Streich zu spielen. Das war möglich, weil sämtliche Schülerinnen an Justus' Schicksal regen Anteil nahmen. Wenn jetzt Sternberg auftauchte, war nichts anderes zu tun, als in die Mathematikstunde zu marschieren und Leitmeier wie einen Idioten aussehen zu lassen.

»Können Sie mir folgen?« fragte Böck zwischendurch den betreten dreinblickenden Kollegen.

Als der nickte, fuhr er zu Specht gewandt fort: »Jetzt ist es an Ihnen, Specht. Sie werden der versammelten Klasse vorhalten, daß ein elender Schabernack mit Herrn Leitmeier getrieben worden ist, der den Ulk ernstgenommen und Justus' Vater hergebeten hat. Sie fordern die an dem dummen Scherz Beteiligten dann auf, sich zu melden.«

Leitmeier wandte ein, daß sich niemand melden könne, da niemand beteiligt gewesen sei.

»Auch wenn es Sie anstrengt, Leitmeier«, erwiderte Böck, »um ein wenig mehr Phantasie werden Sie sich schon bemühen müssen, wenn Sie nicht auf dem Arbeitsamt landen wollen!«

Böck dachte kurz nach und teilte seine Entscheidung mit. »Wir werden die Schülerin Stefanie Plage einweihen. Das Mädchen hat schauspielerisches Talent und ist die einzige, die Sternberg glaubwürdig diese Rolle vorspielen kann. Und nicken Sie, wenn Sternberg fragt, ob Sie Opfer eines Schülerstreichs geworden sind, Leitmeier. Meine Sekretärin wird ebenfalls eingeweiht, damit keine Dummheiten passieren. Klar? Oder fällt Ihnen etwas anderes zur Rettung der verfahrenen Situation ein?«

»Nein, nein«, sagte Leitmeier. »Alles ist bewundernswert logisch und durchdacht. Ich danke Ihnen, Herr Professor und werde mich natürlich zum Wohle der Schule, das heißt in Ihrem Sinne verhalten.«

Sternberg war nüchtern. Als erste bekam das Karin Anselm auf dem Schulflur zu spüren. Er befahl ihr im Generalston, seinen Sohn hier sofort herbeizuschaffen. Im Direktorat erwarteten ihn Specht, Professor Böck und Blümchen mit einer Flasche Cognac. Sternberg schob den Cognacschwenker mit dem Handrücken entschieden zu Böck zurück. Blümchen bot ihm Kaffee an und begab sich, wie abgesprochen ins Gewölbe, um Evchen zu bewachen, damit sie am Ende nicht noch Sternberg in die Arme lief.

In unleidlichem Ton faßte Sternberg noch einmal kurz zusammen, weshalb sein Sohn hier war. »Zudem hat die Göre Geld, viel Geld, von mir angenommen und mir versprochen, meinen Sohn in Ruhe zu lassen«, schloß er. »Familienplanung ist einzig meine Angelegenheit. Der junge Mann soll meinem Namen Ehre machen. Das ist ja wohl nicht zuviel verlangt.«

Böck und Specht erklärten abwechselnd ihre Geschichte vom Schülerstreich und Leitmeiers Naivität, mit der er dem gewitzten Mädchen sofort ins Netz gegangen sei. »Wenn Sie wüßten, wie der sich schämt«, sagte Böck mit bedauerndem Lächeln. »Er hat mir sogar seine Kündigung angeboten.«

Sternberg saß zurückgelehnt in seinem Sessel. Der Direktor war ein Fuchs, ihm machte er nichts vor! Er glaubte den beiden kein Wort.

Specht versuchte noch einmal, ihm alles zu erklären. »Das Ganze hat ja, zur Freude aller Mitschüler, funktioniert. Die lachen sich jetzt alle halbtot. Nicht nur über Leitmeier, sondern auch über Sie, Herr von Sternberg.«

Sternberg griff über den Tisch. Der Cognac verschwand jetzt doch mit zwei Schlucken in seinem Mund.

Böck beeilte sich, sofort nachzuschenken.

»Gehen wir zu Leitmeier in die Klasse! Am besten fragen Sie ihn selbst!« schlug Specht vor.

Als die drei in den Mathematikunterricht der 10b kamen, war Sternberg dank der zwei hastig getrunkenen Cognac zum Glück wieder in einer besseren Laune. Böcks Inszenierung lief wie am Schnürchen. Als Schuldige meldete sich neben Stefanie Plage die halbe Klasse. Leitmeier machte einen mehr als unglücklichen Eindruck, und das war es, was Sternberg schließlich überzeugte, daß es sich hierbei nicht um ein abgekartetes Spiel handelte.

Justus pflichtete seinem Vater bei. »Wenn Evchen angerufen hätte, wäre ich überhaupt nicht mehr hier, Vater. Ich liebe sie nämlich.«

Sternberg schüttelte den Kopf. Deutlicher hätte sein Sohn seine Herzensverwirrung und seine absolute Unreife nicht auf den Punkt bringen können.

»Haben Sie das gehört?« fragte er Böck.

»Da kann man von Glück sagen, daß Ihr Sohn eine so strenge Erziehung bei uns genießt.« Böck sprach wie ein Vertreter harter pädagogischer Maßnahmen. »Herr Specht wird ihm die Liebe schon austreiben.«

Sternbergs Zweifel waren ausgeräumt. Er prostete Specht zu. »Weiter so!« Angenehm beschwipst verabschiedete er sich.

Ihm war nach angenehmer Gesellschaft zumute. Auf dem Flur hielt er die Musiklehrerin an. Er wollte von ihr wissen, wo man hier etwas zu trinken bekäme.

Vroni Seelig schätzte seinen Zustand richtig ein. Sie riet zu Früchtetee in der Mensa.

»Beruf?« fragte Sternberg, ohne jeden erkennbaren Zusammenhang.

»Was ich beruflich mache, meinen Sie?«

Der Mann ist wohl noch betrunkener, als es den Anschein hat, dachte Vroni Seelig. Sie gab ihm Auskunft über ihre Arbeit.

»Schade«, bedauerte er und fügte erklärend hinzu: »Ich mache mir nichts aus Musik. Ich hätte Sie sonst zu etwas eingeladen.«

Höchst verwundert blickte Vroni Seelig dem betrunkenen Sternberg nach.

Specht war erschöpft. Er schlenderte langsam, seine Schultasche unter den Arm geklemmt, in Richtung Parkplatz und freute sich auf Fräulein Lydia, Constanze und Pia Kleinholz. Die waren nie so anstrengend wie ein Schultag es bisweilen sein konnte. Fürs erste war aber alles wieder im Lot, die finanzielle Situation gerettet und alle zufrieden. So anregend sein Chef auch in seiner schier unendlichen Erfindungsgabe, problematische Situationen zu meistern, war, so kostete es doch viel Kraft, ihm bis in die hintersten Nischen seines listigen Verstandes zu folgen. Specht war da impulsiv, wo Böck klug taktierte. Der Erfolg seiner Strategien zeigte aber, daß er ein Meister der Menschenkenntnis war. Specht konnte noch viel von ihm lernen, das wußte er.

Constanze stand an ihren Wagen gelehnt und lächelte ihn freudig an. Specht rief ihr zu: »Schön, daß du mich abholst.« Er beschleunigte seinen Schritt und nahm sie in den Arm. »Schön, dich den Rest des Tages ganz für mich zu haben.«

»Nun ja, vielleicht eher den halben Rest des Tages«, sagte sie und wartete Spechts Reaktion ab.

»Mußt du ins Krankenhaus?« fragte Specht enttäuscht.

Constanze faltete beide Hände dicht vor ihrem Gesicht zusammen. »Nein, ich muß in die Kirche.«

Als sie Spechts verständnislosen Blick sah, lachte sie. »Sunny hat sich in den Kopf gesetzt, klare Familienverhältnisse zu schaffen. Sie will Amandas Vater besuchen und ihm seine uneheliche Tochter präsentieren.«

»Dem Pastor?« entgegnete Specht entgeistert.

»Ja, Hochwürden Bonifaz. Wir sollen die beiden dorthin begleiten.«

»Wo sind sie jetzt?«

Sie deutete auf Spechts Auto. »Vorsichtshalber in Deckung gegangen.«

Sunny und Amanda tauchten hinter dem Auto auf. Übers Dach hinweg sagte Amanda: »War nicht meine Idee, Herr Specht, ich ...«

»Wurde also höchste Zeit«, unterbrach Sunny sie, »daß ich mir was einfallen ließ. Ich werde Hochwürden beichten, daß er in sechs Monaten Großvater wird.« Sie zog Amanda an der Hand hinter sich her und blieb erst dicht vor Specht stehen.

Der verstand zuerst nicht richtig. »Das heißt ...«

»Amanda bekommt ein Kind von Lukas«, klärte seine Pflegetochter ihn auf, als sei er schwer von Begriff. »Sie hat mir erlaubt, es dir schonend beizubringen, Herr Specht.«

»Schonend ist gut ...« meinte Specht trocken. »Ich will mir jetzt gar nicht vorstellen, wie einem Pastor zumute sein wird, wenn du bei ihm schonungslos offen sein wirst.«

»Er ist ein Sohn der Kirche, also wird Gott ihm beistehen«, gab Constanze salbungsvoll von sich. Sie hakte sich bei Specht unter und hauchte ihm einen Kuß auf die Wange.

Im Wagen erzählten Constanze und Sunny Specht von ihrem Plan. Sie hatten vor, Hochwürden im Beichtstuhl aufzusuchen. Das hieß, Sunny wollte die Rolle der reuigen Sünderin übernehmen, während sich Constanze draußen in der Kirchenbank in schuldbewußter Erforschung ihrer Fehler zu üben hatte. In Wirklichkeit sollte sie jedoch das Beichtgespräch belauschen. Sunny beabsichtigte, Hochwürden die Schuld einer gefallenen Frau zu beichten und ihm auf dem Höhepunkt des Gesprächs zu gestehen, daß es sich um die Geschichte seiner Tochter handelte. Sie hatte sogar ein Foto dabei. Wenn der Pfarrer nämlich wie erwartet reagierte, wollte sie es ihm durch das vordere Fenster des Beichstuhls reichen. Sunny war sich sicher, daß Amandas Bild ihn aus der Kirche treiben würde. »Oder er verflucht mich«, sagte sie.

»Ich gehe da jedenfalls nicht mit rein.« Amanda fror trotz der Wärme im Auto.

Specht hielt den Wagen auf dem Platz vor der Kirche. Sie beobachteten schweigend ein paar ältere Damen, die über die Treppe in die kühle Dunkelheit des Gotteshauses traten.

»Du brauchst auch gar nicht mitzugehen«, sagte Sunny. Sie zeigte auf ein Café gegenüber, das sie entdeckt hatte. »Du wartest da drüben mit Herrn Specht. In einer Stunde sind wir bestimmt zurück.« Sie beugte sich nach vorne und fragte Specht: »Du hast noch gar nichts gesagt, Herr Specht. Ist doch alles klar durchdacht, oder?«

Specht ließ beide Hände ergeben auf das Lenkrad fallen. »Ich finde deine Idee so verrückt, daß ich dich einfach gewähren lasse. Ich liebe verrückte Ideen.«

»Bist du überhaupt katholisch?« fragte Amanda.

»Wozu?« Sunny wäre die Frage nach der Konfession nie in den Sinn gekommen.

Amanda hatte wirklich Bedenken. »Na ja, wenn du jetzt beichten gehst ...«, sagte sie zögernd.

Sunny legte den Arm um die Freundin und beruhigte ihr Gewissen. »Gott freut sich über jeden reuigen Sünder. Dem ist die Konfession völlig egal.«

Pfarrer Bonifaz rückte die vergoldete Hostienschale auf der linken Altarseite zurecht. Der Dekan hatte wieder einmal alles durcheinander gebracht. Während des Gottesdienstes störte es die Andacht, wenn alles erst auf seinen Platz gestellt werden mußte. Scheinbar war dem Mann auch nach Jahren nicht beizubringen, wann welches Gerät zur Ehre Gottes in die liturgische Handlung einbezogen wurde, obwohl er den Ablauf einer Messe im Schlaf kennen mußte.

Der Pfarrer hörte Schritte und kniete rasch vor dem Altar nieder. Er wandte sich zum Kirchenschiff und entdeckte fremde Leute. Wahrscheinlich gläubige Touristen, schoß es ihm durch den Kopf.

Sunny trat näher, während sich Constanze dem Altar des Heiligen Josef zuwandte.

»Guten Tag, Hochwürden«, grüßte Sunny.

»Grüß Gott, mein Kind. Was kann ich für dich tun?« Der Pfarrer freute sich insgeheim. Es war doch noch so, daß junge Schafe Gott suchten. Ganz so schlimm, wie die Zeitungen schrieben, war die Welt nicht.

»Ich möchte meine Sünden beichten.« Sunny blieb mit flehentlichem Ausdruck vor ihm stehen. »Das heißt, eine Sünde ist das eigentlich gar nicht. Mehr eine Gewissensqual, die Herz und Seele gleichermaßen bedrängt.« Sie beobachtete die Wirkung ihrer

Worte in seinem Gesicht und fuhr befriedigt fort: »Ich hätte mich schon früher einem Priester anvertrauen müssen. Das ging leider nicht, weil ich zu erregt war.«

So. Das war raus. Überaus zufrieden mit sich, folgte Sunny der einladenden Geste des Pfarrers zum Beichtstuhl.

»Gott, der Herr, wird für deine Erregung Verständnis aufbringen. Komm und erleichtere dein Herz.« Pfarrer Bonifaz ging ein Stück voraus und legte sich vor dem Beichtstuhl die violette Seidenstola um. Er begab sich an seinen Platz und murmelte einen Segen, als Sunny, getrennt durch ein Holzgitter, niederkniete.

»Wie weit liegt deine Sünde zurück?«

Sunny beugte sich zu dem filigranen Meisterwerk aus Holz, das das Gesicht des Priesters fast ganz vor ihren Blicken verbarg.

»Sechzehn Jahre«, flüsterte sie halblaut. »Damals wurde ein Kind in Sünde gezeugt.«

»Da du noch sehr jung bist, kann ich wohl davon ausgehen, daß das Kind nicht von dir ist«, entgegnete der Priester, daran gewöhnt, daß es manchmal lange dauerte, bis der Reumütige auf den Punkt kam.

Sunny schluckte. Jetzt mußte sie allen Mut zusammennehmen. Sonst ging's schief. Also, Augen zu und durch! »Stimmt«, sagte sie. »Ich will auch nicht *meine*, sondern *Ihre* Sünde beichten, Hochwürden. Es geht um Ihre Tochter Amanda.«

Das saß! Der Schatten des Gesichts, den sie durch das Gitter sehen konnte, verharrte in sekundenlangem Schweigen. Sunny war sogar einen Moment lang erschrocken. Vielleicht hatte ihn der Schlag getroffen.

»Sind Sie noch da?« fragte sie schließlich.

Der Pfarrer ließ den Kopf sinken »Ja ...«, sagte er rauh.

Sunny lächelte. »Sie haben eine sehr schöne Tochter.

Sie ist nur manchmal ein bißchen traurig.« Sie kramte in ihrer Handtasche. In dem Dämmerlicht hier war alles so verschwommen und ungenau zu sehen. Endlich fand sie das Foto und hielt es an das Holzgitter. »Ich habe Ihnen ein Bild mitgebracht.«

Pfarrer Bonifaz reagierte nicht. Als könne er der Scham seines Lebens nicht in die Augen sehen, verweilte Amandas Vater schweigend und in sich zusammengesunken auf seinem Platz. Gerade drohte die Welt um ihn einzustürzen. War das eine Prüfung des Allmächtigen?

Sunny zögerte nicht länger. Vorne am Beichtstuhl war das Fenster ja offen und Constanze war auf ihrem Platz. Sunny reichte das Foto aus dem Beichtstuhl und nickte Spechts Freundin zu. Die nahm das Foto in Empfang und schob es dem Pfarrer durchs Fenster zu.

Es verging bestimmt eine Minute, bis eine Reaktion erfolgte. Bonifaz starrte auf die Fotografie. Schließlich sagte er: »Hübsch. Aber wer sagt mir, daß das meine Tochter ist?«

»Ihre Tochter selbst«, beantwortete Sunny seinen versuchten Rückzug. »Sie wartet in dem kleinen Café gegenüber.«

Hochwürden Bonifaz griff mit den Fingern in den Kragen seiner Soutane, der ihm plötzlich zu eng war. Aber gut. Gottes Prüfungen waren manchmal hart. Er wandte sich Sunny halb zu und machte das Zeichen des Kreuzes.

»Ich erteile dir Absolution und erbitte mir eine halbe Stunde Bedenkzeit.«

Die halbe Stunde Bedenkzeit war längst um. Amanda war so nervös, daß sie am liebsten aufgestanden und sofort gegangen wäre. Was sollten sie und ihr Vater auch miteinander reden? Es gab nichts mehr zu sagen. Immerhin hatte der geheime Liebhaber ihrer Mutter ja wenigstens das Nötigste getan, nämlich jeden Monat ihren Unterhalt und das Geld für ein gutes Internat hinterlegt. Sie verteidigte ihn sogar, als Constanze ihr sagte, sie solle kein Mitleid mit ihrem Vater haben.

Auf einmal blickte Amanda sprachlos zur Tür des Cafés. Hochwürden Bonifaz stand dort und sah sich suchend um. Als er Sunny erkannte, griff er nach seinem Koffer und kam an den Tisch.

»Grüß Gott.« Er verbeugte sich. »Ich bitte um Nachsicht, daß ich Sie warten ließ.«

Constanze schob ihm einen Stuhl zurecht. »Nach sechzehn Jahren kommt es auf einen Tag mehr oder weniger auch nicht an«, sagte sie.

Sunny nahm Amandas Hand und hielt sie ganz fest. Sie wußte, daß ihre Freundin am liebsten kopflos davongestürzt wäre. »Das ist Amanda«, stellte sie vor und lächelte Bonifaz an.

Bonifaz betrachtete seine Tochter versonnen und sagte zu Specht: »Es ist eigentlich ein schönes Gefühl, Vater zu werden.«

»Sie könnten Amanda ja wenigsten in Ihre Arme schließen«, regte Sunny an.

Bonifaz wehrte verlegen ab. »Mache ich, sobald wir hier weg sind. Ich habe zu meiner Haushälterin gesagt, daß ich in einer dringenden Familienangelegenheit plötzlich und unerwartet abberufen wurde.«

Nach einem weichen Blick auf seine Tochter atmete er grenzenlos erleichtert aus. »Ich werde mit Gottes Hilfe ein neues Leben anfangen. Meinen Koffer habe ich schon gepackt.«

Amanda wollte wissen, was in dem Koffer war.

»Zivilkleidung«, antwortete Bonifaz entschlossen.

»Ich denke, Sie wollen Bischof werden.«

Er legte zum ersten Mal seine Hand auf ihren Arm. »Das geht ja wohl nicht mehr.«

Amanda ließ sich auf den Stuhl neben ihrem Vater fallen. Am liebsten hätte sie Champagner getrunken. Sie biß sich vor Freude ganz fest auf die Unterlippe. Ihr Vater schien sie zu mögen. Das war wie ein Wunder. Eigentlich konnte das alles gar nicht wahr sein.

Sie kamen erst kurz nach Sonnenuntergang nach Hause. Pia war gerade dabei den Tisch zu decken. Sie war kein bißchen erstaunt, als Specht sie bat, ruhig ein paar Gedecke mehr aufzulegen. Überraschungsbesuch war sie bei ihm gewöhnt. Er stellte ihr den Pfarrer und dessen Tochter vor. Seine Stiefmutter nahm die merkwürdigen Familienverhältnisse mit der üblichen rauhen Gelassenheit hin. Nur Spechts Bitte um ein Quartier für den Geistlichen lehnte sie ab.

»Sie werden Ihr neues Leben woanders beginnen müssen, Hochwürden. Wir haben nämlich ein volles Haus.« Pia Kleinholz wandte sich Specht zu, der fragend die Brauen hob. »Frau Anselm hat ebenfalls einen Herrn mitgebracht. Der hat das letzte freie Bett belegt, um seinen Rausch auszuschlafen.«

Wer dieser Herr war, konnte Specht sich denken. »Dann müssen wir eben noch etwas zusammenrücken«, sagte er nur. Er bat Amanda und ihren Vater, doch schon im Garten Platz zu nehmen, und ging in die Küche. Dort bereiteten Karin Anselm und Suse Fendel das Abendbrot vor. Constanze band sich gerade eine Schürze um. Specht schnappte sich ein Radieschen von der Salatplatte und nahm die Biologielehrerin ins Visier.

»Ich hoffe, Sie haben Herrn von Sternberg nicht in *mein* Bett gelegt . . .«

Karin lachte. »Der war so besoffen, der wollte schließlich nicht mal mehr zu mir ins Bett. Vorher hat er mir schöne Augen und unzüchtige Angebote gemacht.«

»Zum Beispiel?« fragte Constanze mit gespielter Neugier.

»Er wollte mir ein Märchenschloß schenken.« Sie seufzte träumerisch. »Ich habe aber abgelehnt. Schön dumm, ich weiß.« Sie rollte sich ein Stück Schinken zusammen und spülte es mit einem Schluck Rotwein hinunter.

Specht pickte sich hier ein Käsehäppchen, da ein Stück Gurke von den Platten. Er kostete den Salat, mit dem Suse gerade fertig geworden war. »Schmeckt gut, Suse. Wer hat dir das beigebracht?«

Suse freute sich sichtlich über sein Kompliment. »Salat machen?« fragte sie.

Specht nickte.

»Frau Kleinholz. Meine Mutter hat mich nie in die Küche gelassen.«

»War ein Fehler«, meinte Specht kurz und nahm sich noch ein Blatt.

Sunny kam aufgeregt herein. »Habt ihr das gesehen!« Sie wirkte etwas durcheinander. »Eben ist er völlig splitternackt an mir vorbeigelaufen.«

»Wer?« fragte Specht.

»Herr von Sternberg!«

Constanze sah neugierig zur Tür. Sie dämpfte ihre Stimme: »Hat er was gesagt?«

»Nichts!« Sunny war völlig verdattert.

Constanze drückte ihr eine Wurstplatte in die Hand. »Und warum bist du so entsetzt?« Sie hatte Sunny gar nicht für so prüde gehalten.

»Wären Sie wohl nicht, wenn Sie bei sich zu Hause einem nackten Mann begegnen, wie«, erwiderte

Spechts Pflegetochter, warf Specht einen vielsagenden Blick zu und verließ mit hocherhobenem Haupt die Küche.

Sternberg saß gemütlich mit Hochwürden Bonifaz am Gartentisch zusammen. Während sich der Priester bereits etwas vom Essen genommen hatte und mit bestem Appetit wie ein Halbverhungerter noch einmal zugriff, unterhielt er sich mit dem leichtbekleideten Fremden über seine Pfarrei.

Die Art und Weise, wie sich Sternberg in seinem Bademantel in den Stuhl geworfen hatte, ärgerte Specht. Wahrscheinlich hatte der Kerl auch noch seine Zahnbürste benutzt.

Sternberg hob die Augenbrauen, als er Specht sah. »Darf ich fragen, was Sie eigentlich hier machen?«

Diese Selbstherrlichkeit war nicht zu überbieten. Specht knallte die Schüssel auf den Tisch und baute sich vor dem arroganten Kerl auf. »Ich wohne hier. Mir gehört nicht nur das Haus. Mir gehört auch der Bademantel, den Sie anhaben.«

»Kaufe ich Ihnen ab. Nicht nur den Bademantel, sondern auch das Haus.« Sternberg nahm weiter keine Notiz von Spechts Aufregungen. Er blickte über den Tisch und entschied sich für ein Stückchen Schafskäse und zwei Oliven. Er kostete den Käse, wog den Kopf hin und her und kaute in aller Ruhe. Specht betrachtete ihn, als könne er soviel Dickhäutigkeit nicht fassen.

»Sie schulden mir sowieso noch etwas, Specht.«

»Nämlich?« wollte Specht wissen, dem beim besten Willen nicht einfiel, was Sternberg meinen konnte. So langsam reichte es ihm.

Sternberg bediente sich aus der Salatschüssel. Den

Teller in der Hand, pickte er mit der Gabel ein Blatt und ein Stück Ei auf. Von unten herauf sagte er zu Specht: »Das Eingeständnis, daß Sie Evchen Lamprecht versteckt haben. Ist bis jetzt nur eine Vermutung von mir. Sollte sie aber zur Gewißheit werden, mache ich Sie fertig.«

Fast sanft nahm ihm Specht den Teller aus der Hand. »Bademantel ausziehen und ab durchs Gartentor!« Er wurde noch nicht einmal so grob, wie er sein wollte. »Sie haben genau fünf Minuten Zeit, um sich in Sicherheit zu bringen.«

»Wer war das, bitte?« fragte Hochwürden Bonifaz, als Sternberg weg war. Er hatte die Szene mit verhaltenem Interesse beobachtet und dabei immerzu weitergegessen.

Specht setzte sich zu ihm. »Ein Mann, der nicht so unsympathisch ist, wenn er was getrunken hat«, erklärte er. »Leider trinkt er aber nicht immer.«

Sunny hatte den Rausschmiß von der Tür aus beobachtet. Sie lobte Specht grinsend für seine Tat.

»Ich weiß nicht, ob das wirklich so gut war, Sunny. Der kommt doch jetzt jeden Tag in die Schule, um die Liebste seines Sohnes aufzuspüren.«

Sie lachte. »Da müssen wir uns eben alle mit einer Schnapsflasche bewaffnen.«

Das war wohl nicht die ideale Lösung, aber irgend etwas mußte ihnen einfallen. Specht seufzte. Die nächsten Wochen würde Sternberg bestimmt keine Ruhe geben. Sie würden sich allerhand Schliche ausdenken müssen. Wenn das mal gutging.

Die Verwandlung

Um halb fünf tappte Fräulein Lydia mit nackten Füßchen ins Schlafzimmer ihres Vaters. Sie war wach und hatte Hunger. »Mama, aufstehen!« Nicht eben geduldig patschte sie der verschlafenen Constanze auf die Wangen. Die blinzelte müde. Hatte sie richtig gehört? Spechts Tochter hatte Mama zu ihr gesagt?

Als Lydia das Wort wie eine Selbstverständlichkeit wiederholte und sie fordernd am Arm aus dem Bett ziehen wollte, sprang Constanze aus den Federn. Sie nahm die Kleine auf den Arm und drückte sie fest an sich. Ein größeres Geschenk hätte das Kind ihr nicht machen können.

Sie frühstückten Joghurt und einen Apfel und ein Stück Kuchen miteinander. Während sie am Tisch saßen, funktionierte Constanze zwei Löffel zu Silberhengsten um, die sich zwischen ihren Frühstücksschalen und Kakaotassen eine wilde Jagd lieferten. Fräulein Lydia kreischte vor Vergnügen, wenn einer der Hengste vor ihrer Hand stehenblieb, wieherte und zum gekonnten Sprung über das Hindernis ansetzte.

Nach einer Stunde gingen sie gemeinsam ins Bad. Lydia wies Constanze daraufhin, daß sie nur mit dem Katzenwaschlappen sauber würde. Das war ein blauer Frotteehandschuh in Form einer Katze. Constanze steckte jeweils einen Finger in die angenähten Katzenohren und wischte Lydia die Spuren des Frühstücks vom Gesicht.

Constanze sah auf die Uhr. Es wurde Zeit, daß sie sich selbst zurechtmachte und Specht weckte. Es war merkwürdig. Obwohl sie mehr als eine Stunde früher aufgestanden war, fühlte sie sich wacher als sonst.

Sie gab Specht einen schmatzenden Kuß. »Du

kannst gleich noch ein bißchen dösen. Ich muß nur schnell eine Frage loswerden, die mich seit einer Stunde beschäftigt.«

Er verzog das Gesicht und grummelte irgend etwas vor sich hin, schnappte schlaftrunken nach der Decke und zog sie sich wieder über den Kopf.

Constanze beugte sich über die Stelle, wo sein Ohr sein mußte und sagte leise: »Was hältst du davon, wenn wir heiraten?«

»Wir beide?« Spechts Stimme war noch ganz rauh. Er verharrte plötzlich ganz aufmerksam in seiner warmen Kuhle.

»Vor ein paar Tagen habe ich ein sehr schönes Hochzeitskleid gesehen. Eine Art Dirndl«, schwärmte sie. Sie wußte, daß Specht nicht gerade auf Dirndl stand und freute sich bei dem Gedanken, wie er sich Constanze in einem Trachtenkleid vorstellte.

Wie von Constanze beabsichtigt, kam er jetzt unter der Decke hervor. »Deshalb willst du mich heiraten?«

»Es gibt natürlich noch andere Gründe«, überlegte sie laut, »zum Beispiel den, daß ich mit dir alt werden möchte.«

Specht sah auf die Uhr. Constanze war weiß Gott anstrengend. Ein Heiratsantrag in der Morgendämmerung! Er wuschelte mit den Fingern durch sein Haar. »Wenn du mich jeden Morgen so zeitig weckst, kann das ganz schnell gehen.« Constanze wirkte völlig ausgeschlafen, sah wundervoll aus, hatte sogar schon ihre Arzttasche in der Hand. Wie konnte ein Mensch früh morgens nur so fit sein?

Sie lächelte. Sein zerknittertes Gesicht zeigte Spuren des Kissens, in das er sich nachts immer wühlte. Gerade diese leicht gequälte Hilflosigkeit, mit der Specht unweigerlich jeden Tag begrüßte, liebte sie so sehr

»Um halb fünf hat mich deine Tochter geweckt. Sie hat Mama zu mir gesagt«, erzählte sie mit einem weichen Lächeln. »Darum kam ich überhaupt auf die Idee.« Constanze warf ihm eine Kußhand zu. »Ich muß jetzt fahren. Fräulein Lydia ist in ihrem Zimmer. Du kannst dir mit der Antwort natürlich Zeit lassen.«

Im Garten saß Hochwürden Bonifaz allein am Frühstückstisch. Nach Sternbergs Rausschmiß hatte er die Nacht doch recht komfortabel in Spechts Haus verbringen können. Seltsamerweise trug er wieder seine Soutane, die er am Abend zuvor gegen Straßenkleidung getauscht hatte. Wie immer ließ er es sich schmecken. Er zeigte auch keinerlei schlechtes Gewissen, als Specht ihn fragte, ob er nicht zufällig auch sein Frühstücksei gerade verspeist habe.

Specht wollte wissen, weshalb der Pfarrer die Soutane wieder angezogen hatte. Der beruhigte ihn. Er hatte beschlossen, seiner Gemeinde reinen Wein einzuschenken und sich nach dem Frühstück in der Schule als Amandas Vater vorzustellen.

Sunny, Amanda, und Anneliese Fendel pumpten gerade die Reifen ihrer Fahrräder auf.

Suse prüfte noch einmal den Rücktritt eines älteren, schon etwas klapprigen Modells und schob es dem Pfarrer zu. Sie lehnte es an den Tisch und sagte: »Ihr Rad, Hochwürden. Ist zwar nicht sehr schön, aber fahrtüchtig.«

Suse hatte beschlossen, sich langsam wieder an einen normalen Lebensrhythmus zu gewöhnen.

Schlimme Tage lagen hinter ihr. Sie hatte schweißgebadet im Bett gelegen und sich hin und her gewälzt. Constanze hatte die Entzugserscheinungen zwar etwas lindern können, dennoch hatte Suse geglaubt, sterben zu müssen. Doch jetzt ging es wieder einigermaßen, und Suse wollte mit Dr. Specht zur Schule fahren. Ein bißchen Angst hatte sie davor, weil sie soviel versäumt hatte. Specht versuchte sie zu beruhigen. »Es findet sich bestimmt jemand, der dir Nachhilfe gibt. Sunny zum Beispiel. Der ging es vor ein paar Jahren ähnlich schlecht wie dir, Suse. Das schaffen wir schon, wirst sehen!«

Amanda drängte ihren Vater zum Aufbruch. Er konnte Stunden mit Essen zubringen. Sie war guter Laune und schwang sich aufs Rad. Bonifaz stopfte sich noch schnell ein Stück Weißbrot mit seinem Lieblingskäse in den Mund und raffte seine Soutane, damit sie sich nicht in den Speichen verfing. Er reihte sich als Schlußlicht der kleinen Karawane hinter Anneliese Fendel ein.

»Wir sind weg, Frau Kleinholz«, schrie Sunny und winkte Fräulein Lydia nochmal zu, die ihre Abfahrt auf dem Arm der Großmutter verfolgte.

Sternbergs Limousine war nicht zu übersehen. Obwohl er den Wagen in einiger Entfernung hatte parken lassen, fiel er Specht doch sofort auf, als er zum Internat fuhr. Also spukte der auch schon wieder hier herum.

Er traf Karin Anselm, die auch gerade auf dem Weg ins Lehrerzimmer war. Specht fragte sie sofort nach Sternberg.

»Seit einer Stunde ist er hier. Er sucht eine Schwachstelle, die er aushorchen kann«, sagte seine Kollegin.

»Da kann man nur hoffen, daß er nicht auf Lukas Brahms trifft. Der hat soviel Spielschulden, daß er nicht nur ein Geheimnis preisgeben, sondern auch einen Menschen verraten würde.«

»Würde ihm nicht viel nützen«, gab die Kollegin zurück. »Es gibt nämlich kein Evchen Lamprecht mehr.«

Specht sah sie fragend an.

»Sie heißt jetzt Anders«, klärte sie ihn auf. »Sieht wahrscheinlich auch anders aus.«

Specht verstand nur Bahnhof. Er beschloß, direkt zu Böck zu gehen.

Auf dem Flur zum Direktorat saß Felix Löffelholz auf einem Stuhl vor einem rot-weißen Flatterband, mit dem der Durchgang abgesperrt war. Specht stieß ihn leicht an. »Was machst du denn hier?«

Felix fuhr vor Schreck hoch. »Ich soll die Augen offenhalten und keinen durchlassen.«

»Eine Aufgabe, die du im Schlaf erledigst«, kommentierte Specht trocken und fragte nach dem Grund dieser merkwürdigen Veranlassung.

Felix wollte sich verteidigen. Sein Klassenlehrer schien ihm kein Wort zu glauben. »Herr Professor Böck hat gesagt, ich soll jeden, der ihn belästigen will, darauf hinweisen, daß er seinen Amtssitz ins Freie verlegt hat, weil sein Büro renoviert wird. Das stimmt aber nicht. Er arbeitet jetzt draußen, weil das Wetter so schön ist. Außerdem hat er mir gesagt, Ihnen soll ich das ruhig verraten, weil Sie den Schulbetrieb auch nicht so ernst nehmen wie er.«

Als Specht ihn mit wachsender Skepsis ansah, wehrte sich der Junge. »Sagt Professor Böck!«

Stimmte wahrscheinlich, was Löffelholz da für ein wirres Zeug von sich gab. Specht ließ ihn mit einem »Schlaf weiter« sitzen und ging wieder nach draußen. Böck arbeitete bestimmt unter den Bäumen im Garten. Es konnte aber auch sein, daß er sich dort im Pavillon ein Büro eingerichtet hatte. Solche Verrücktheiten waren ihm zuzutrauen.

Tatsächlich fand Specht Blümchen in einer Art Beduinenzelt, das als Vorzimmer zum Pavillon aufgebaut worden war. Unter den Zeltwänden stand ein Regal mit ihren wichtigsten Aktenordnern. Die Sekretärin saß an ihrem Schreibtisch, in der einen Hand einen Stift, mit dem sie eine Strichliste führte, mit der anderen umklammerte sie eine Fliegenklatsche. Sie machte nicht eben einen entspannten Eindruck. Specht begrüßte sie. »Schule unter freiem Himmel ... war doch schon immer Ihr Traum, Blümchen.«

»Wenn Sie wüßten, wie qualvoll das ist«, sagte sie und seufzte. »Ich habe schon vierundsechzig Wespen totgeschlagen.« Sie hob ihr Mordwerkzeug und erledigte ein weiteres Insekt. Sie wedelte scharf hinter zwei anderen her, die ihr ums Gesicht sirrten. »Sie möchten sicher zu Professor Böck?« fragte sie sichtlich genervt. »Sie sind sowieso der einzige, den ich vorlassen darf. Kommen Sie.«

Statt Akten lag auf dem Tisch im Pavillon ein weißes Tischtuch, darauf das Gehäuse einer alten Taschenuhr mit ihren zahllosen Einzelteilen. Von Böck allerdings keine Spur. Specht blickte sich suchend um. Hinter dem Tisch stieg eine Qualmwolke auf. Er räusperte sich zweimal vernehmlich und wartete.

Böck kroch ächzend unter dem Tisch hervor und richtete sich auf. »Sieht nicht gut aus, Specht. Es sieht sogar ziemlich katastrophal aus«, sagte er.

Böck wußte offensichtlich schon Bescheid. »Er hat Sie also auch schon heimgesucht?« fragte Specht.

»Wer?« Der Schulleiter verstand nicht, was Specht meinte.

»Herr von Sternberg!«

»Wie kommen Sie denn auf den?«

»Ich dachte, daß er Sie eingeweiht hat. Er sucht einen Menschen, der käuflich ist.«

Böck deutete auf den Tisch und sagte: »Ich rede von einer ganz persönlichen Katastrophe. Ich habe ein Uhrwerk zerlegt ... Dabei ist mir ein Schräubchen runtergefallen. Das suche ich seit einer Stunde. Sie müssen nicht, aber Sie dürfen Specht.«

»Was denn?« fragte Specht, dem im gleichen Moment jedoch aufging, was der Direktor gemeint hat.

Zufrieden stellte der Professor fest, daß er verstanden worden war. »Mir bei der Suche helfen.« Er zog an seiner Zigarre und zeigte in die Richtung, in die das winzige Schräubchen gefallen sein mußte. Während Specht auf dem Boden herumkrabbelte, sah Böck ihm versonnen schmauchend zu.

Josefine und Lucy waren auf eine grandiose Idee gekommen: Wenn Herr von Sternberg neuerdings dauernd auf dem Schulgelände Evchen Lamprecht suchte, durfte es eben kein Evchen Lamprecht mehr geben. Das hieß ganz einfach, sie mußte sich in eine vollkommen andere Person verwandeln. Was die Maskenbildner im Fernsehen schafften, konnte sie doch auch. Josefine und Lucy legten ihre Schminkkästen zusammen, besorgten sich in der Stadt eine blonde Perücke und ließen Evchen ein ganzes Sortiment an Kleidungsstücken an- und ausziehen, bis sie das Passende zu ihrem neuen Typ gefunden hatten.

Lucy fettete ihr die Augenpartie ein, damit die Augenbrauenfarbe nicht auch noch die Haut mitfärbte. Josefine rührte in dem kleinen Tiegel. »So, jetzt mach die Augen zu. Und beweg dich nicht.« Sie trug vorsichtig die Farbe auf Evchens Augenbrauen auf und bat Lucy, auf die Uhr zu achten. »Schade, daß wir keine farbigen Kontaktlinsen haben«, meinte Lucy.

Als die Farbe eingewirkt war, wischten sie die Mischung mit viel Creme und warmen Wasser ab und hielten Evchen den Handspiegel vor das Gesicht.

Sie kniff einige Male die Augen zusammen und betrachtete sich skeptisch. »Meint ihr wirklich, das geht?«

Lucy nickte. »Klar, du siehst doch Klasse aus. Paß erst mal auf, wie gut die Sache wird, wenn du die Perücke aufhast. Außerdem geht's sowieso nicht anders. Sternberg darf dich um keinen Preis erkennen.«

»Genau. Deswegen wiederholen wir jetzt auch nochmal unsere Lektion«, sagte Josefine. »Name?«

»Edith Anders«, antwortete Evchen.

»Geboren?«

»Vor sechzehn Jahren, neun Monaten und drei Tagen. Sternzeichen Jungfrau.«

»Vater?«

»Richard Anders. Kaufmann in Hamburg. Ein sogenannter Pfeffersack«, meinte Evchen und kicherte.

»Konzentrier dich, das muß alles gut sitzen«, schimpfte Josefine und fragte Evchen weiter nach dem erfundenen Lebenslauf, den sie sich ausgedacht hatten, damit Evchen sich bei Böck als Edith Anders anmelden konnte. Erst als der Text absolut flüssig saß, war Josefine zufrieden.

Lucy bürstete noch ein paarmal über die Perücke und setzte sie Evchen auf. Sie zupfte sie ein bißchen zurecht und trat einen Schritt zurück. »Vollendet! So würde dich nicht mal deine eigene Mutter erkennen.« Sie war restlos zufrieden und hielt Evchen den Spiegel vors Gesicht. »Na, wie findest du dich?« fragte sie gespannt.

»Ich sehe ja völlig verwandelt aus ...« Evchen starrte ihr Spiegelbild ungläubig an.

»Das war ja wohl auch der Zweck der Übung. Schließlich wollen wir nicht nur von Sternberg, sondern auch Professor Böck hinters Licht führen.«

Josefine ging um Evchen herum. Selbst Justus würde seine Freundin nicht wiedererkennen. Das hatten sie doch wirklich toll gemacht.

Evchen machte plötzlich ein ängstliches Gesicht. Ganz kleinlaut fragte sie: »Was passiert, wenn der irgendwelche Papiere von mir sehen will? Ausweis, Zeugnisse . . .«

Josefine beruhigte sie. »Brauchst du dir bei Böck keine Sorgen zu machen. Bevor der Papier sehen will, bist Du längst verheiratet.«

»Oder schon geschieden«, sagte Lucy. »Die Liebe zwischen Mann und Frau hält bekanntlich nicht lange.«

»Wir wollen dir natürlich keine angst machen, Evchen.« Josefine sah ihre Freundin stirnrunzelnd an. Justus' Freundin war schon aufgeregt genug, ohne daß man ihr in Aussicht stellte, daß ihre Beziehung nicht mehr lange halten würde.

»Edith«, verbesserte Lucy. »Edith Anders!«

Amanda und ihr Vater kamen als letzte mit weitem Abstand hinter den anderen auf dem Schulgelände an. Bonifaz war unterwegs die Kette abgesprungen und Amanda hatte sich um ihn und sein Rad gekümmert.

Jetzt stiegen sie ab und schoben ihre Räder in den Ständer. Amanda zeigte Bonifaz ihre schmutzigen Hände. Sie waren völlig mit Öl verschmiert. Sie bat ihn, auf sie zu warten, bis sie von der Toilette zurück war.

Bonifaz schloß die beiden Fahrräder mit einer Kette

zusammen und probierte, ob das Schloß richtig hielt. Hinter ihm sagte jemand »Grüß Gott«. Er stützte sich mit einer Hand auf dem Oberschenkel ab, als er sich aufrichtete.

Leitmeier stellte sich freundlich vor. Er hatte den Priester kommen sehen und war neugierig, was er in der Schule wollte. »Darf ich wissen, was Sie zu uns führt?« fragte er höflich.

Bonifaz atmete tief durch. »Ich bringe meine Tochter zur Schule«, sagte er dann.

Leitmeier war plötzlich argwöhnisch. Seine Stimme klang unverhohlen mißtrauisch. »Ihre Tochter?«

Da es jetzt einmal heraus war, wurde Bonifaz völlig ruhig. Er zeigte auf die Fahrradkette. »Die ist abgesprungen. Meine Tochter hat sie repariert und sich schmutzig gemacht. Sie kommt gleich vom Händewaschen zurück.«

Vielleicht war der Mann irre. Leitmeier musterte ihn von oben bis unten. »Wenn ich Ihre Aufmachung richtig deute, sind Sie ein Priester, mein Herr«, sagte er streng. »Wie kommen Sie, die Frage sei mir erlaubt, zu einer Tochter?«

»Indem ich sie in Liebe gezeugt, aber leider nicht aufgezogen habe«, lautete Pfarrer Bonifaz' einfache Antwort. Er betrachtete Leitmeiers bestürzte Miene. »Ich werde mich aber ab jetzt um sie kümmern«, beeilte er sich zu sagen.

Böcks Stellvertreter nickte, als habe er völliges Verständnis für das Problem des Mannes. »Inwiefern?« fragte er nach.

»Indem ich ihr nicht nur ein liebender Vater sein werde«, erklärte der Priester ihm, »sondern mich auch um ihr Kind kümmern werde.« Leitmeier hatte genug gehört. Entweder war der Kerl verrückt oder kriminell. Er mußte sofort etwas unternehmen.

Josefine hatte Evchen ihre Reisetasche gegeben, in die sie ihre eigenen Kleider umgepackt hatte. Daß Böck im Pavillon residierte, wußten sie längst. Der Spitzeldienst innerhalb der Schule funktionierte prächtig. Natürlich waren die meisten eingeweiht, was die Neue betraf. Schließlich lag allen daran, den tristen Internatsalltag mit diesem Abenteuer auf den Kopf zu stellen. Jetzt nahte die Feuerprobe. Wenn Böck Evchen nicht erkannte, war alles in Ordnung.

Lucy und Josefine schleusten das verkleidete Evchen in den Park und gaben ihr mit stumm gedrückten Daumen zu verstehen, daß sie ihr Erfolg wünschten. Sie rannten in die Klasse zu Frau Seelig, viel zu spät, aber um Ausreden waren sie nicht verlegen.

Evchen trat noch eine Weile von einem Fuß auf den anderen und murmelte leise ihren Text vor sich hin. Wenn sie bloß schon draußen wäre! Oder wenigstens vor Böck stünde. Sie atmete dreimal tief ein und aus, wie Lucy ihr geraten hatte. Wer nicht wagt, der nicht gewinnt, dachte sie und gab sich einen Ruck. Wird schon schiefgehen.

Blümchen war natürlich ebenso eingeweiht wie die Biologielehrerin. Sie spielten halblaut ein Begrüßungszeremoniell durch und hoben zwischendurch mit unterdrückten Kichern die Schultern. »Super siehst du aus«, flüsterte Blümchen. »Der merkt nie etwas.« Sie wies mit dem Kopf zum Eingang des Pavillons: »Also, Hals- und Beinbruch!«

Böck saß immer noch rauchend hinter seinem Tisch und sah Evchen ein wenig unwirsch entgegen. Wieso schickte seine Sekretärin ihm unerlaubterweise Besuch hier rein?

Specht ließ sich bei seiner Suche nach der verlorenen Schraube nicht stören. Er hatte das verflixte Ding immer noch nicht gefunden. Er und Böck hatten sich die Zeit mit einem angenehmen Gespräch über Standuhren aus der Alpenregion vertrieben. Zumindest sah Böck das so. Er hatte ständig geredet, während sein Kollege fluchend auf dem Boden herumgekrochen war.

»Guten Tag. Ich heiße Anders. Edith Anders«, stellte Evchen sich vor. »Mein Vater hat mich telefonisch angemeldet.«

Specht stieß sich den Kopf an der Tischplatte. Er war bei dem Namen Anders überrascht hochgefahren. Jetzt rieb er sich den Kopf mit schmerzverzerrtem Gesicht.

Böck gab dem Mädchen die Hand und stellte sich und Specht vor. Er fragte sie nach ihrem Alter.

Sie lächelte schüchtern. »Sechzehn. Ich habe die zehnte Klasse abbrechen müssen, weil ich krank wurde«, erklärte sie. »Herzbeschwerden, verursacht durch Liebeskummer.«

Specht warf einen Blick auf den Direktor. Der schien nichts zu merken. »Das heißt, du willst bei uns die zehnte Klasse besuchen?« fragte Specht Evchen.

»Ich möchte bei Ihnen leben und lernen, Herr Dr. Specht.«

Beinahe hätte er laut aufgelacht. Sie hatte den Text richtig gut auswendig gelernt. Wer die Maskerade ausgeheckt hatte, konnte er sich zusammenreimen. »Den Doktor kannst du ruhig weglassen, Edith. Ich darf dich doch duzen?« Diese Komödie war zu schön, um nicht mitzuspielen.

Böck wollte wissen, ob es noch irgendwelche Formalitäten zu erledigen gab. Die habe Blümchen bereits erledigt, antwortete Justus' Freundin. Böck schien immer noch nichts zu merken. Es hätte ihm auffallen müssen, daß eine Neue kaum den Spitznamen seiner Sekretärin kennen konnte. Aber Böck schien in Gedanken noch bei der fehlenden Schraube zu sein. »Ich denke, dann sollten Sie zu Specht in die Klasse gehen.«

Evchen freute sich und warf Specht einen Blick zu. »Wenn Sie wüßten, was für eine Freude Sie mir damit machen«, dankte sie dem Direktor. Sie ging um den Tisch herum und betrachtete die Einzelteile seiner Uhr. »Das ist eine schöne alte Uhr, Herr Professor«, sagte sie anerkennend. Als sie seine Freude über ihren Sachverstand sah, fügte sie spaßhaft hinzu: »Wenn Sie die wieder zusammengesetzt haben, müssen Sie sie mir unbedingt zeigen, Herr Böck.« Sie bückte sich und hielt ihm das verlorene Schräubchen hin. »Das gehört doch sicher dazu.«

Böck war vollkommen sprachlos. Edith Anders hatte spätestens seit diesem Moment bei ihm einen ganz dicken Stein im Brett.

»Sobald wir den Namen Johann Sebastian Bach hören, fällt einem jeden von uns, musische Bildung vorausgesetzt, das eine oder andere Stichwort ein«, erläuterte die Musiklehrerin Vroni Seelig in ihrer liebenswürdigen Art das heutige Thema des Musikunterrichts. »Ich bitte um Ihre Zurufe!«

»Weihnachtsoratorium«, meldete sich Justus und fügte hinzu: »Die Kunst der Fuge.« Lucy schlug vor: »Kirchenlieder und Kantaten.« Und Fridolin fiel bei dem Komponisten ein ausschweifendes Liebesleben ein.

»Wollen Sie Ihren Mitschülern freundlicherweise erläutern, was Sie damit meinen«, meinte die Musiklehrerin.

»Na ja, er hat immerhin neunzehn Kinder gezeugt«, sagte Fridolin und grinste.

»Zwanzig, soviel ich weiß«, korrigierte Vroni Seelig und fuhr lebhaft fort: »Er hat sie gezeugt, aber nicht austragen müssen. So blieb ihm noch viel Zeit und Schöpferkraft für anderes als seine Ehepflichten.« Sie ging zum Tisch und schaltete den CD-Player an. »Lassen Sie uns eine kleine Kostprobe seiner Musik anhören.«

Als hätten die erhabenen Orgelklänge ihn herbeigelockt, stand plötzlich Hochwürden Bonifaz mit seiner Tochter Amanda in der Tür. Vroni Seelig bekreuzigte sich. Sie stellte die Musik ab. Der Priester gab ihr die Hand und entschuldigte Amandas Verspätung.

»Ich habe Amanda versprochen, ihr in allen Lebenslagen beizustehen. Egal, ob sie ein Kind bekommt oder sich in der Schule verspätet. Ich nehme alle Schuld auf mich.«

»Sehr schön«, sagte die Lehrerin verwirrt. Aber vorsichtshalber hakte sie noch einmal nach. »Das mit dem Kind haben Sie natürlich nur als Beispiel erwähnt?«

»Keineswegs.« Der Pfarrer schüttelte den Kopf.

Amanda trat einen Schritt vor und schluckte hart. »Ich bin im dritten Monat schwanger, Frau Seelig«, gestand sie.

Die Lehrerin war fassungslos und sah von einem zum anderen. »Und Sie sind der Vater?«

Bonifaz nickte. Mit seiner Reaktion malte er noch größeres Erstaunen auf die Züge der um Verständnis bemühten Musiklehrerin.

Amanda konnte ihre Gedanken fast lesen und klärte die Musiklehrerin darüber auf, daß der Priester nicht der Vater ihres Kindes, sondern ihr eigener Vater war.

Die Lehrerin legte die Hände ineinander und neigte den Kopf zur Seite. Das tat sie immer, wenn sie vor einem schwierigen Problem stand. »Kinder zu haben ist nicht gerade üblich bei seinem Beruf«, sagte sie.

»Stimmt. Ist noch nicht sehr verbreitet«, entgegnete Amanda.

Pfarrer Bonifaz fragte, ob er ein paar Minuten am Unterricht teilnehmen dürfe. Liebenswürdig wie immer, aber auch durchaus verwirrt, lud Vroni Seelig den seltsamen Gast ein, sich zu setzen.

In der Zwischenzeit hatte sich Leitmeier vor dem Musikzimmer postiert. Er erwartete Kommissar Brahms, den er umgehend über die verdächtige Gestalt informiert hatte, die ihm auf dem Schulgelände aufgefallen war. »Der Mann hat eindeutig unlautere Absichten«, hatte er dem Kommissar am Telefon erklärt. »Das scheint mir ein Kinderschänder zu sein oder ein Betrüger, der sich in das Gewand eines Priesters hüllt. Kommen Sie bitte unverzüglich.«

Auf dem Flur traf Brahms Specht, der gerade Evchen in ihre neue Klasse bringen wollte. Er erzählte ihm, warum er in der Schule war. Specht freute sich auf Leitmeiers Gesicht, wenn der die ganze Wahrheit erfuhr. Der stellvertretende Direktor legte den Finger auf die Lippen, als er mit Brahms, Specht und Evchen vor der Tür des Musikzimmers stand. »Der Täter ist in diesem Raum«, sagte er leise, als gälte es, eine ganze Räuberbande zu überführen. »Ich hatte wirklich schon Angst, daß Sie nicht rechtzeitig eintreffen würden.«

Brahms wollte wissen, wer noch in dem Raum sei. Leitmeier schnaufte gewichtig. »Sämtliche Schüler der Klasse 10b, einschließlich Musiklehrerin. Es steht zu befürchten, daß er sich ins Vertrauen seiner Opfer einschleichen will, um sie in Sicherheit zu wiegen.«

»Das sehe ich absolut genauso, Herr Leitmeier«,

sagte Specht und nahm die Türklinke in die Hand. »Am besten, wir überraschen ihn jetzt!«

»Tag, Frau Seelig«, unterbrach Specht freundlich das Klavierspiel der Kollegin. Er wollte gerade zu einer Entschuldigung ansetzen, aber Leitmeier kam sofort zur Sache. Er zeigte auf den Geistlichen und sagte befriedigt zu Brahms: »Das ist der Mann. Er trägt den Rock eines Priesters, obwohl er wahrscheinlich gar keiner ist.« Es schien, als würde er sich am liebsten auf Bonifaz stürzen und ihn selbst in Gewahrsam nehmen.

»Das läßt sich ja wohl feststellen«, äußerte Specht.

Leitmeier war froh über die Schützenhilfe seines Kollegen. »Sie sagen es, Herr Specht«, brachte er mit unterdrücktem Zorn hervor. Er trat zu Bonifaz.

»Aufstehen!« herrschte er ihn an.

Amandas Vater warf Specht einen hilfesuchenden Blick zu. Er wußte überhaupt nicht, wie ihm geschah. Specht machte eine beruhigende Geste.

»Ich werde jetzt ein paar Worte aus der Bibel zitieren«, begann Leitmeier sein Verhör. »Sie werden sie dann bitte ergänzen. ›Wo du den Gottlosen warnest und er sich nicht bekehret von seinem gottlosen Wesen ...‹«

»›... so wird er um seiner Sünde willen sterben‹«, ergänzte Bonifaz. »Hesekiel 3,19.«

Leitmeier runzelte die Stirn. Bis dahin richtig. Er ließ sich jedoch nicht durch diese prompte Antwort irritieren und fuhr fort. »›Was bleibt, ist Glaube, Liebe, Hoffnung, diese drei ...‹«

»›... am größten aber unter diesen ist die Liebe.‹ Korinther 1,13«, gab der Priester zurück.

Der Kerl kennt sich aus, dachte Leitmeier. Wird ihm aber nicht viel nützen. »›Vanitas vanitatum ...‹« Ein Krimineller würde dem nicht folgen können.

Hochwürden Bonifaz nickte. »›... et omnia vanitas‹«, ergänzte er wieder wie aus der Pistole geschossen und legte die Hände zusammen, ergeben der weiteren Fragen harrend.

Specht unterbrach Leitmeiers Enttarnungsmethode. »Wir sollten dem Spiel ein Ende machen, Herr Leitmeier. Ich kenne Hochwürden Bonifaz und kann bezeugen, daß er ein Priester in Amt und Würden ist.

Leitmeier schnappte nach Luft. Was hatte er anderes erwartet? Wo der Kollege Specht mit im Spiel war, geschah zwangsläufig etwas, daß ihn entweder lächerlich machte oder auf irgendeine andere Art und Weise blamierte. Oder es war wieder etwas im Gange, wovon er nichts wissen durfte. Was hatte der Deutschlehrer mit dieser fragwürdigen Priesterfigur zu tun?

Bonifaz war in der Zwischenzeit zu seiner Tochter gegangen. Er hatte den Arm um Amanda gelegt und relativierte Spechts letzten Satz. »Was die Würde betrifft, könnte man ein paar Abstriche machen ... Ich habe vor sechzehn Jahren eine Tochter gezeugt, der ich mich in Liebe zugetan fühle.« Zu Leitmeier gewandt, bat er um Verständnis. »Spät, aber nicht zu spät, wie ich hoffe.«

Er erntete einen vernichtenden Blick von Leitmeier. Wenn die obersten Tugenden der Kirche wie Moral und gute Sitten sogar von den Geistlichen nicht mehr begriffen und eingehalten wurden, war es dann ein Wunder, wenn sich das außerhalb der Gotteshäuser fortsetzte? Ein katholischer Priester mit einer Tochter! Und das an seiner Schule! Womöglich kam es noch soweit, daß man in Zukunft besser nicht erzählte, wo man arbeitete.

»Ich glaube, Sie können wieder gehen, Herr Brahms«, sagte Specht zum Kommissar. Der wünschte allerseits noch einen beschaulichen Tag und grinste, als er ging.

Specht winkte Evchen herbei. Bevor er sie vorstellte, konnte er der Versuchung nicht widerstehen, Leitmeier noch ein bißchen mehr zu reizen. Er wandte sich an die Musikkollegin und nahm den moralischen Eiferer in die Pflicht. »Bevor sich Herr Leitmeier bei Ihnen entschuldigt, weil er den Unterricht gestört hat, möchte ich Ihnen und der Klasse eine neue Mitschülerin vorstellen.«

»Tag allerseits«, grüßte Evchen. »Ich heiße Edith Anders und komme aus Hamburg.«

Alle in der Klasse wußten natürlich Bescheid, ließen es sich jedoch nicht anmerken.

Als Evchen ihren gut einstudierten Satz »Ich hoffe, wir werden Freunde« los war, klopften die Schüler mit ihren Stiften auf die Tische oder applaudierten und hießen die Neue herzlich willkommen.

Für den Nachmittag hatten sich Evchens neue Mitschülerinnen noch etwas ganz Besonderes ausgedacht: Sunny gab eine Begrüßungsparty.

Kneifer hatte sich breitschlagen lassen und Schnaps mit ihnen gebraut. Nach der Schule wurde auf der Wiese ein Buffet aufgebaut, auf dem einladend Flaschen voller Saft, Wasser, Limonaden und Kneifers Zauberwasser standen. Sogar eine riesige Torte hatten sie aufgetrieben. Dank der guten Vorbereitung von Sunny, Josefine, Lucy und einigen anderen war alles da, was man für einen kleinen Empfang benötigte.

Sunny hatte natürlich Gäste eingeladen. Karin Anselm, Kneifer und Specht ließen es sich genauso schmecken wie die Schüler. Sunny bot Specht eine Mischung aus Schnaps, Ananassaft und Zitronenlimonade an. Als er skeptisch daran roch und ihr das Glas zurückgab, erklärte sie ihm, daß sie sich das alles für Sternberg ausgedacht hatten.

»Wenn der hier langkommt, wird er abgefüllt«, sagte Josefine kämpferisch.

Specht wunderte sich darüber, daß im Chemieunterricht Schnaps gebrannt wurde. Kneifer stand neben ihm am Buffet und wandte ein, daß die Herstellung gewissermaßen als Mittel der Abschreckung zu betrachten sei.

»Und das soll ich jetzt trinken?« fragte Specht.

Karin Anselm beruhigte ihn. »Herr Kneifer hält ein Gegenmittel bereit. Das baut die Toxine ab und beseitigt die Körperlähmung.«

»Sehr beruhigend.« Specht goß sich ein Glas Wasser ein und wurde dann auf Fridolins aufgeregtes Winken aufmerksam.

»Er kommt«, zischte er den anderen zu.

Von Sternberg war gerade auf dem Weg zu seinem Auto. Sunny schnappte sich das vorbereitete Tablett mit den gefüllten Schnapsgläsern. Sie ging schnell zu ihm und bot ihm mit ihrem einladenden Lächeln ein Glas an. Er nahm sich sogleich ein zweites und ließ sich von Sunny zum Buffet einladen, an dem Specht und Karin Anselm gespannt dem Lauf der Dinge zusahen.

Justus' Vater war bester Laune. Er hatte vor den beiden Schnäpsen eines seiner Taschenfläschchen geleert und legte Specht die Hand auf die Schulter. »Ich muß mich bei Ihnen entschuldigen, Specht. Habe geglaubt, daß Sie mich nach Strich und Faden belügen. Irrtum meinerseits.« Er nahm sich ein weiteres Glas vom Tablett, das Josefine gerade vorbeitrug und leerte es in einem Zuge. Mit schon etwas schwerer Zunge bekannte er, das ganze Haus abgesucht und Evchen

Lamprecht tatsächlich nicht gefunden zu haben. Er sinnierte ein paar Sekunden vor sich hin und fragte Specht plötzlich: »Er hat sich hoffentlich damit abgefunden?«

»Wer?« wunderte sich Specht.

»Mein Sohn.«

»Sie meinen, ob er sich damit abgefunden hat, daß Sie seine Liebe zerstören wollen? Weiß ich nicht. Müssen Sie ihn fragen.«

Sternberg wandte sich an Karin Anselm. »Was meinen Sie?«

Sie reichte ihm ein weiteres Glas und stieß mit ihm an. »Ich glaube, daß er das verschmerzt hat.« Sie zeigte mit der Hand auf Evchen, die sich gerade todesmutig mit einem Tablett näherte. »Laufen ja genügend hübsche Dinger hier rum, die Trost und Abwechslung verheißen. Edith Anders zum Beispiel.«

»Möchten Sie einen Schnaps, Herr von Sternberg«, fragte Evchen.

»Gegenfrage«, antwortete er. »Woher kennen Sie mich?«

Evchen lachte. »Wer kennt Sie nicht ... Man sagt, daß Sie ihren Sohn mit einer Prinzessin verkuppeln wollen. Ist sicher nur eine Lüge.« Ihr schlug das Herz bis zum Hals. Bis jetzt hatte er nichts, aber auch gar nichts gemerkt. Sie spürte die Blicke der anderen und nahm sich zusammen.

Sternberg machte eine einladende Verbeugung. »Würde mich freuen, wenn Sie einen mittrinken, schönes Kind.«

»Mir ist schon schlecht. Vielleicht ein andermal.«

Das war überstanden. Evchen ging zu Felix und Lucy zurück. Ihr schlotterten die Knie. Unmerklich nickte sie Justus zu.

Sternberg blickte ihr anerkennend hinterher. »Tochter aus reichem Hause, nehme ich an«, fragte er Specht.

»Kaufmannsadel«, sagte der und nickte, als sei alles andere undenkbar.

Justus kam auf seinen Vater zu, als habe er ihn gerade erst entdeckt. »Tag«, begrüßte er ihn erfreut.

Sternberg war mit seinen Gedanken immer noch beim Kaufmannsadel. »Den Namen solltest du dir merken«, schlug er seinem Sohn vor.

»Welchen Namen?« Justus tat völlig ahnungslos.

»Edith Anders. Ausgesprochen hübsche Person.«

»Geschmackssache.« Justus tat die Versuche seines Vaters ab, ihn für andere Mädchen zu begeistern, mit einer verächtlichen Handbewegung ab. Sein Herz machte mindestens einen so großen Hüpfer wie das seiner Freundin. Bisher lief alles bestens.

Sternberg nahm sich ein weiteres Glas und prostete Justus zu. »Daß du keinen Geschmack hast, weiß niemand besser als ich, Sohnemann. Darauf sollten wir anstoßen.«

Eine halbe Stunde später ließ sich Sternberg in sein Hotel fahren. Er hatte sich auf unbestimmte Zeit in einer weitläufigen Suite eingemietet. Vollkommen zufrieden mit sich und der Welt ließ er sich eine gute Flasche Cognac bringen, überlegte sich's nach dem ersten Schluck aber anders und zog in die Bar um. Den Erfolg, endlich ein passendes Internat für seinen Sohn gefunden zu haben, wollte er lieber in angenehmer Gesellschaft begießen, die er dort zu finden hoffte.

Justus und seine Freundin fielen sich in die Arme, als Sternbergs Wagen um die Ecke fuhr. Evchen drückte vor Freude und Erleichterung Sunny, Lucy und Josefine an sich, bis sie nach Luft schnappten. Die erste und wichtigste Hürde schien übersprungen zu sein. Jetzt brauchten sie nur noch genügend Ausdauer. Erst einmal war aber Ruhe vor Justus' Vater. Während Evchen hier ganz normal zur Schule ging, natürlich als Edith Anders, würde Sternberg sich freuen, wenn sein Sohn sich mit der Zeit für den Kaufmannsadel interessierte.

»Das ist ja noch schöner als ein Liebesdrama« , schwärmte Josefine. Sie umarmte Felix, der puterrot wurde und tat, als würde sie ohnmächtig vor Verzückung.

Felix rollte mit den Augen. Frauen waren seltsame Geschöpfe. Es stimmte schon ein wenig, daß sie zur Hysterie neigten.

Specht bedankte sich bei der ausgelassenen Bande und erinnerte sie ans Aufräumen. Er war mit Constanze verabredet und wollte noch einigermaßen pünktlich im Krankenhaus sein.

Auf dem Parkplatz traf er Suse. Sie hatte sich ein bißchen früher verabschiedet und wollte gerade mit dem Rad losfahren.

»Ach hier bist du. Ich hab dich schon vermißt«, sagte Specht.

»Ich muß nach Hause«, antwortete sie entschuldigend. »Fräulein Lydia wartet auf mich.«

Specht trug ihr ein Küßchen von ihm auf. »Es kann heute ein bißchen später werden, Suse.«

Sie klemmte ihre Luftpumpe fest und schwang sich aufs Rad. »Grüßen Sie Frau Dr. Engel«, rief sie ihm hinterher.

Specht winkte ihr zu. »Klar, Suse. Macht sie ganz bestimmt.«

Er hupte dreimal kurz, als er an ihr vorbeifuhr. Diesmal standen die Chancen gut. Suse wollte freiwillig einen Entzug machen. Bei Constanze war sie in den besten Händen. Außerdem hatte sie jetzt eine ganze Reihe von Freunden, die sie nicht im Stich lassen würden.

Katzer hatte Specht und Suse aufmerksam beobachtet. Er hatte sein Auto ganz in der Nähe geparkt und wartete in Seelenruhe ab, bis Spechts Wagen nicht mehr zu sehen war. Kein Mensch weit und breit. Daß es so einfach sein würde, die Kleine alleine zu erwischen, war eben Glückssache. Stand ihm zu, fand Katzer. So einfach ließ er sich seine Mäuse nicht abspenstig machen.

In großem Abstand fuhr er eine ganze Weile hinter Suse her. Vielleicht sollte er sie erst einmal ein bißchen nervös machen. Die Kleine dachte sich wohl, sie könnte ihm entkommen. Der mußte ein für allemal gezeigt werde, wer ihr Herr und Meister war. Und wenn sie das nicht freiwillig einsehen wollte, mußte er eben ein bißchen nachhelfen.

Katzer gab Gas, überholte Suse und bremste unmittelbar vor ihr. Suse war bei der Vollbremsung, die sie machen mußte, fast vom Fahrrad gefallen und hielt sich zitternd am Lenkrad fest. Katzer stieg aus, schlug die Autotür zu und ging ganz ruhig auf sie zu. Er strich mit der Hand über den Sattel. »Kannst bei mir einsteigen, Suse«, sagte er fast freundlich.

Suse bemerkte seinen boshaften Unterton und wich zurück. »Will ich nicht«, stieß sie hervor.

Katzer lächelte. »Und warum nicht?«

»Ich nehme keine Drogen mehr.«

In Suses Kopf wirbelte alles durcheinander. Katzer war stärker als sie, daran gab es keinen Zweifel. Suse sah sich hilfesuchend um. Wäre sie bloß auf dem

Schulgelände geblieben. Jetzt war kein Mensch da, um ihr zu helfen.

Katzer legte eine Hand auf ihr Handgelenk, strich mit betonter Sanftheit darüber. »War ein teures Vergnügen mir dir, Mädchen. Ich habe dir jeden Morgen eine Spritze aufgezogen. Frühstück gemacht ... Mittags wieder eine Spritze, abends noch eine. Hat mich nicht nur Zeit, sondern auch 'ne Menge Geld gekostet.« Seine Stimme war vollkommen ruhig.

Suse entzog ihm ihr Handgelenk. »Du kriegst es wieder, Katzer ...« Sie zitterte so sehr, daß sie das Fahrrad fast nicht halten konnte.

Katzer lachte. »Aus deiner Sparbüchse?« Seine freundliche Maske veränderte sich im Bruchteil von Sekunden, wurde zu der gemeinen Visage, die Suse kannte. Er packte sie unvermittelt am Nacken und zerrte sie vom Fahrrad weg. »Ich weiß, wie du mir schneller zu Geld einbringst«, zischte er und stieß sie in seinen Wagen.

Constanze war nicht in ihrem Arztzimmer. Specht traf dort allerdings den seltsamen Mann, der ihm schon am Eingang der Krankenhauses aufgefallen war. Er hatte Blumen auf Constanzes Schreibtisch gelegt und es sich gemütlich gemacht. Er grüßte Specht, als würde er ihn seit Jahren kennen. Specht musterte ihn. Nein, er hatte ihn vorher noch nie gesehen. Von Constanzes Erzählungen kannte er ihn ebenfalls nicht.

»Ich wollte eigentlich zu Frau Dr. Engel«, sagte er.

»Ich auch«, entgegnete der Unbekannte. »Kaum hatte ich sie im Arm, wurde sie abberufen. Eine Notoperation.«

»Hat sie gesagt, wie lange das dauern kann?« fragte Specht.

»Halbe Stunde. Für den Fall, daß Komplikationen auftreten, habe ich eine Flasche Sekt kaltgestellt. Darf ich Sie zu einem Schluck einladen?«

Der Mann nahm die Sektflasche aus einem Eiskübel und hielt sie Specht entgegen. »Ich heiße übrigens Engel.«

»Specht.« Seltsam, Constanze hatte nie etwas von einem älteren Bruder gesagt. Sah gut aus, der Mensch, das mußte Specht neidlos zugeben.

Engel machte sich an der Sektflasche zu schaffen und meinte: »Ich dachte, mein Name würde Sie stutzig machen?«

»Sie sind mit Constanze verwandt, nehme ich an.«

»Kann man so sagen.« Engel lockerte den Korken und zog ihn vorsichtig aus der Flasche. »Ich bin ihr Ehemann«, sagte er. »Wir haben es immerhin fünf Jahre zusammen ausgehalten.«

Specht starrte ihn an. Das konnte nicht wahr sein! Wie hatte Constanze ihm dieses kleine Detail, was ihr Leben betraf, verschweigen können. Verheiratet ist sie, fuhr es ihm wie ein Blitz durch den Kopf. Er schluckte und wandte sich zur Tür. »Na dann schönen Gruß an die Frau Gemahlin. Ich wünsche ihr weitere glückliche Jahre mit Ihnen.«

Er knallte die Tür des Zimmers so heftig zu, daß zwei Schwestern, die draußen vorbeigingen, erschrocken zusammenfuhren. Sie kannten Specht. Bisher hatten sie ihn nie wütend erlebt. Eine der beiden fächelte mit der Hand durch die Luft, als hätte sie sich gerade verbrannt. Wenn der Freund von Dr. Engel so in Fahrt war, mußte es bestimmt ganz schön geknallt haben.

Auf der Fahrt nach Hause hatte Specht das Bedürfnis, das Gaspedal so weit durchzudrücken, wie es nur ging. Er wollte so schnell fahren, daß ihm Hören und

Sehen verging. Er bremste, als er merkte, was für eine Dummheit er gerade machte.

Sie hatte einen Mann! Er konnte es nicht fassen. Aber da hatte kein Gespenst in ihrem Arztzimmer gesessen, sondern ein leibhaftiger Vertreter des männlichen Geschlechts. Ein gutaussehender Noch dazu.

Specht fühlte sich wie erschlagen. Was hatte Constanze denn bloß von ihm gewollt? War er ein nettes Abenteuer, unterhaltsame Zwischenstation für einsame Abende nach der Klinikarbeit? Blöd genug, das mitzumachen, war er. Nichts gehört und nichts gesehen hatte er. Und auch noch geglaubt, was sie ihm alles in den vergangenen Monaten an Liebesschwüren in die Ohren gesäuselt hatte.

Ihm fiel die Szene vom Morgen ein. Das war überhaupt die vollkommene Verhöhnung. Ihm einen Heiratsantrag zu machen, weil Lydia Mama zu ihr gesagt hatte.

Specht hatte sich ihr vertrauensvoll und mit Haut und Haaren hingegeben. Jede ihrer Gesten liebte er, ihre Stimme, ihre Neugier, dieses ganz und gar Praktische, das sie immer das Nächstliegende tun ließ. Er liebte es, wie sie zuhörte und ihn in Ruhe ließ, wenn er nicht antworten wollte. Wenn er ein Problem mit sich herumtrug, sprach sie genau das Thema an, das ihn die ganze Zeit beschäftigt hatte. Er war jedesmal zutiefst erstaunt über diese schier grenzenlose Fähigkeit, sich in einen anderen Menschen hineinzuversetzen. Das Wunderbare war, daß er ihr nichts, absolut nichts erklären mußte. Sie hatten eine Vertrautheit miteinander, die ihn zutiefst glücklich machte.

Warum verriet sie das alles? Gott, war es tatsächlich möglich, daß er sich so sehr in ihr getäuscht hatte?

Er umklammerte das Lenkrad fester und hätte gerne geweint. Er starrte blind durch die Windschutzscheibe und wollte plötzlich nichts als nach Hause und sich betrinken.

Als Specht aus seinem Wagen stieg, begrüßte ihn Karin Anselm vor dem Bauernhaus. »Sie machen aber keinen sehr glücklichen Eindruck.«

»Wie viele Flaschen Wein haben wir im Haus?« fragte er niedergeschlagen und bot ihr an, sich am Abend mit ihm zu betrinken.

Karin sah ihn nachdenklich an und tippte auf Liebeskummer. »Aber der hört erst wirklich auf, wenn die Liebe aufhört«, gab sie zu bedenken.

Specht stöhnte unwillig, als jetzt auch noch seine Stiefmutter kam und ihm erzählte, sein Vater sei da und wollte ihn sehen. Sie habe ihn in Spechts Zimmer eingeschlossen. »Eine Vorsichtsmaßnahme. Er hat mehrmals versucht, sich mir auf unbotmäßige Weise zu nähern.«

»Das ist doch kein Grund meinen Vater einzusperren«, rief Specht.

Das heute war eindeutig nicht einer seiner Glückstage. Jetzt konnte er sich noch zusätzlich um die Beziehungsprobleme seiner Eltern kümmern. Er gab einem der herumliegenden Spielzeuge Fräulein Lydias einen Tritt und stapfte ins Schlafzimmer.

Sein Vater war ein einziges Häufchen Elend. Ohne seine Frau verwelkte er offensichtlich wie eine vergessene Primel. Er beklagte sich über Pias Unnachgiebigkeit und Härte und hoffte, daß Specht sie umstimmen konnte.

»Du warst doch immer ein Herzensbrecher«, sagte er zu seinem Sohn.

Specht winkte ab. »Ist vorbei, Vater. Ich habe der Liebe inzwischen abgeschworen. So kann ich mich in Zukunft mehr um dich kümmern.«

»Um mich?« Spechts Vater setzte sich erstaunt auf.

»Mir scheint, ich werde mich wohl mehr um dich kümmern müssen.«

Leise schlich Specht sich in Fräulein Lydias Zimmer und betrachtete ihr friedlich schlafendes Gesicht. Er strich ihr ganz leicht über die feinen Haare und zog die Decke über sie und ihr Plüschpferdchen. Er mußte wieder an den Morgen denken und preßte die Lippen aufeinander. »Schlaf schön«, flüsterte er und zog leise die Tür hinter sich zu.

Specht wußte, daß er nicht würde schlafen können. Er wollte um keinen Preis allein sein. Das würde ihn nur verrückt machen. Im Wohnzimmer traf er auf Anneliese Fendel. Sie wirkte völlig aufgelöst und zündete sich gerade mit bebenden Fingern eine Zigarette an. »Suse ist nicht nach Hause gekommen«, sagte sie voller Besorgnis. »Ich bin den Weg dreimal abgefahren. Nichts!«

Als Specht sie nach der Schule fragte, erklärte sie ihm mutlos, daß sie natürlich auch dort gewesen sei. »Ich habe aus lauter Verzweiflung sogar Lukas Brahms gefragt, ob sie ihn um Stoff angebettelt hat. Aber der war genauso ratlos wie ich«, brachte sie kraftlos hervor.

»Wir könnten seinem Vater, Herrn Brahms, einen Wink geben«, schlug Specht vor.

Sie schüttelte den Kopf. »Die Polizei möchte ich lieber aus dem Spiel lassen. Ich warte noch bis morgen früh. Ich kann sowieso nicht schlafen.«

»Ich auch nicht«, sagte Specht. Er ließ sich in den Sessel ihr gegenüber fallen und rieb sich die Stirn. »Ich suche dringend eine Frau, die nicht mit mir schlafen, sondern wachbleiben will.«

Anneliese Fendel sah ihn traurig an. Specht schien es auch nicht gutzugehen. »Stehe zur Verfügung«, erwiderte sie leise.

Lukas wußte sofort, was los war, als Anneliese Fendel ihn nach Suse fragte. Noch am selben Abend fuhr er in die Stadt und suchte Katzer. Er fand ihn nirgendwo. Eines war allerdings klar. Die einzige Möglichkeit, Suse freizubekommen, war, Geld für Katzer zu beschaffen. Am frühen Morgen stieg Lukas unbemerkt auf den Dachboden, auf dem sich Justus und Evchen ein Liebesnest eingerichtet hatten. Ohne große Umschweife sagte er Justus, daß er Geld brauche.

»Es ist gerade halb fünf. Glaubst du, die Spielsalons haben jetzt schon geöffnet?« Justus' Stimme klang nicht gerade begeistert.

»Ich weiß, wo Suse ist«, sagte Lukas. »Ich brauche das Geld, um ihr aus der Klemme zu helfen.

Justus suchte in einer seiner Taschen und reichte Lukas ein Bündel Scheine. »Hier. Das ist alles, was ich besitze. Genügt hoffentlich.«

»Das hoffe ich auch«, entgegnete Lukas und war schon draußen.

Katzer hatte ein Motorboot am See. Vielleicht war er dort. Lukas hatte sich überlegt, Katzer einen Deal vorzuschlagen: Er bekam das Geld, dafür rückte er Suse heraus.

Katzer war schon auf. Er wienerte an seinem Boot herum und hörte sich Lukas' Vorschlag schweigend an. Ohne weiter von ihm Notiz zu nehmen, ging Katzer zum Heck und kam mit einem Spachtel zurück. Sollte der Kleine ruhig ein bißchen schmoren. Denen ging offenbar die Muffe in der Schule. Das konnte eine schöne Stange Geld einbringen.

Endlich legte er seinen Lappen, beiseite. »Ist gar keine schlechte Idee, Joker«, meinte er leichthin. »Du kaufst mir also Suse ab. Die ist sowieso so fertig, daß ich sie nicht mal auf den Strich schicken kann. Billiger wird sie dadurch zwar nicht ...«

»Wieviel?« unterbrach Lukas ihn heiser.

»Wieviel hast du denn bei dir?«

Lukas zögerte ein bißchen. Sollte er ihm gleich alles anbieten? Er zog entschlossen das Geldbündel hervor und reichte es Suses Entführer.

»Hoppla.« Katzer stieß einen bewundernden Pfiff aus. »Das hast du doch nie beim Glücksspiel gewonnen.«

Lukas stand auf. »Wo ist Suse?« fragte er wütend.

»Ich habe dich gefragt, wo du das Geld her hast«, zischte Katzer ihn an.

»Hat mir ein Freund geliehen«, entgegnete Lukas.

»Dem bestellst du einen schönen Gruß von mir, Kleiner. Wenn er dir nochmal soviel gibt, kannst du Suse mitnehmen.« Katzer wandte sich wieder seinem Motorboot zu.

Anneliese Fendel und Specht fuhren an diesem Morgen früher als gewöhnlich in die Schule. Sie waren beide völlig übermüdet. Anneliese Fendel hatte sich vorgenommen, Kommissar Brahms einzuschalten, wenn sie bis mittags nichts von Suse gehörte hatte.

Nachdem Specht seine Tasche in sein Zimmer gestellt hatte, lief er ruhelos durch die Gänge. Er wollte mit Lukas Brahms sprechen. Der hatte vielleicht doch eine winzige Spur, eine Ahnung, wo Suse stecken konnte. Als er Lukas nicht fand, ging er auf sein Zimmer zurück. Für eine halbe Stunde konnte er sich noch aufs Bett legen und ein wenig Kraft schöpfen. Er öffnete die Tür und drückte sie innen mit dem Fuß wieder zu. Der Nacken tat ihm weh. Er spannte die Schultern an und atmete tief ein und aus. Er fuhr erschrocken herum, als ein Schlüssel im Türschloß gedreht wurde.

Constanze stand an der Tür und schloß von innen ab. Sie zeigte ihm den Schlüssel. »Ich will nicht, daß du wegläufst. Ich muß mit dir reden«, sagte sie bestimmt. Sie ließ den Schlüssel in ihre Jackentasche fallen.

»Wozu?« fragte Specht gequält.

»Damit es nicht wieder zu einem Mißverständnis zwischen uns kommt«, antwortete sie.

Specht ließ sich auf sein Bett fallen. Er war todmüde. »Weiß dein Mann, daß du bei mir bist?« fragte er. »Oder weiß er wenigstens, daß du zeitweilig einen Liebhaber hattest. Aus Langeweile oder warum auch immer ...«

»Nein, weiß er nicht«, sagte sie trotzig.

Eigentlich wollte er nichts mehr hören. »Soviel also zu deiner Ehe, die du mit mir aufs Spiel gesetzt hast«, resümierte er bitter.

Constanze schüttelte mitleidig den Kopf. »Du bist so dumm, Specht ...« Sie ging an ihm vorbei und öffnete das Fenster. »Ich habe beschlossen, dich nie wieder aus diesem Zimmer zu lassen«, verkündete sie plötzlich und warf den Schlüssel in hohem Bogen nach draußen. » Jetzt kannst du die Tür eintreten, um Hilfe rufen oder mir einfach zuhören.«

Er drehte sich zur Wand. Vielleicht machte das Klima in dieser Gegend die Leute einfach verrückt, überlegte er. Constanze verhielt sich jedenfalls mehr als merkwürdig.

Constanze setzte sich neben ihn und sprach ganz leise: »Ich war fünf Jahre verheiratet. Meinen Mann habe ich seit zwei Jahren nicht gesehen. Und seit gestern bin ich geschieden. Darum ist Engel, den du ja flüchtig kennengelernt hast, mit Blumen und Sekt angerückt. Er wollte sich, nachdem er mich jahrelang nach Strich und Faden betrogen hat, endgültig von mir verabschieden.«

Specht drehte sich auf den Rücken und sah sie lange an. Ihm brannten die Augen, in seinem Kopf hämmerte ein wilder Schmied. »Wieso hast du nie mit mir darüber gesprochen?« fragte er.

Sie fuhr ihm durch die Haare und küßte ihn leicht. »Es soll Männer geben, die es ablehnen, sich mit verheirateten Frauen einzulassen. Darum, habe ich dir auch erst gestern, eine Stunde vor meiner Scheidung, einen Heiratsantrag gemacht.«

Specht umschlang sie mit beiden Armen. Er drückte sie ganz fest an sich und murmelte: »Jetzt kann uns der blöde Schlüssel gestohlen bleiben, was!«

Die Deutschprüfung

Karin Anselm hatte sich bei Specht eingehakt. Sie sah ihn von der Seite an und schmunzelte. Spechts Liebeskummer war überstanden, wie es schien. Ihr Kollege wirkte heute sogar besonders glücklich und mit dem Tag versöhnt.

Karin drückte freundschaftlich seinen Arm und sagte: »Ich habe gehört, daß Sie morgen heiraten wollen?«

»In aller Stille«, sagte Specht. »Ist immerhin schon das dritte Mal, daß ich mich auf so ein Wagnis einlasse. Sollte man dann nicht mehr an die große Glocke hängen.«

»Die Braut haben Sie aber eingeweiht?« flachste sie. »Ich meine, in Ihre Heiratspläne.«

Specht blieb vor der Treppe stehen und seufzte. Er schob die Unterlippe vor und legte seine Stirn in Falten wie ein verliebter Boxer, an dem eine hübsche Dackelhündin vorbeigezerrt wird. »Die Braut ja, aber nicht meinen Schuldirektor. Der fällt aus allen Wolken, wenn er hört, daß ich nicht nur heiraten, sondern hier eine größere Pause einlegen will«, sagte er.

»Wie bitte?« fragte Karin erstaunt. »Und wie lange soll diese Pause dauern?«

»Ein halbes Jahr, vielleicht sogar ein ganzes. Sie können sich denken, wie Böck reagieren wird.«

Karin entzog ihm ihren Arm. Sie stellte sich unwillig auf die erste Treppenstufe und meinte trocken: »Er wird Ihnen seine Schnapsflasche über den Kopf schlagen. Mit meiner Zustimmung übrigens. Sie lassen ja nicht nur ihn, sondern auch mich im Stich. Sie geben sich Ihrem häuslichen Glück hin, während ich versuchen muß, aus Ihren Schülern Menschen zu machen, die ein bißchen feinfühliger sind als Sie.«

Sie wandte ihm beleidigt den Rücken zu und stieg die Treppe hoch. Am Eingang drehte sie sich noch einmal zu dem irritierten Kollegen um. »Ende der Standpauke. Den Rest wird Professor Böck besorgen.«

Specht fuhr verlegen mit der Hand in seine Jackentasche. Er nahm sie wieder heraus und wußte nicht so recht, wohin damit.

Er hatte gar nicht damit gerechnet, daß sein Plan die Kollegin so kränken würde.

Auf dem Weg zu Böcks neuem Büro im Pavillon traf Specht Anneliese Fendel. Sie erzählte ihm, daß sie den Direktor gerade um ihre Entlassung gebeten hatte. Specht fragte nach dem Grund. Sie hatte sich gestern mitten im Unterricht eine Zigarette angezündet. In ihrer Angst um Suse hatte sie einfach nicht mehr daran gedacht, daß sie vor einer Klasse stand. Sie war völlig mit den Nerven fertig und für den Schuldienst wohl nicht mehr tragbar.

»Wie ich Professor Böck kenne, hat er Ihrem Kündigungswunsch nicht entsprochen«, erwiderte Specht. Suses Mutter hatte einen ausgeprägten Hang zur Gnadenlosigkeit mit sich selbst, wie er fand. Die Tatsache, daß sie sich die ganze Verantwortung für Suses Drogenabhängigkeit aufbürdete, machte sie zur Sklavin ihres schlechten Gewissens. Ihre Bitte um Entlassung war eine Art von Selbstbestrafung. Böck hatte da bestimmt nicht mitgemacht.

Anneliese Fendel bestätigte Spechts Einschätzung. »Böck sagte, wenn er jemals in die schreckliche Lage käme, eine Schulstunde geben zu müssen, würde er das nur mit brennender Zigarre und einer Flasche Schnaps durchstehen. Damit war die Sache für ihn vom Tisch. Er hat mir die Erlaubnis gegeben, im Unterricht zu rauchen, bis ich ein Lebenszeichen von meiner Tochter habe.«

»Böck macht sich, wie wir alle, große Sorgen um Suse«, sagte Specht ruhig.

»Wenn ich wenigstens wüßte, warum sie diesmal von mir weggelaufen ist.«

Er schüttelte den Kopf. »Sie ist nicht weggelaufen, Frau Fendel. Dazu hat sie sich in letzter Zeit viel zu wohl gefühlt. Sie war sogar bereit, eine Entziehungskur zu machen.«

»Also ist ihr etwas zugestoßen?« Die Augen der Lehrerin spiegelten blankes Entsetzen. Gerade diesen Gedanken hatte sie versucht, so weit wie möglich wegzudrängen.

»Kann man wohl nicht mehr ausschließen.« Specht war der Meinung, daß es besser war, der Wahrheit ins Gesicht zu sehen. Und das hieß in diesem Fall, alle Möglichkeiten in Betracht zu ziehen. »Ich habe Hauptkommissar Brahms gebeten, uns bei der Suche nach ihr zu helfen«, sagte er.

»Die Polizei wollte ich eigentlich erst später ...«

»Das geht nicht mehr«, erwiderte Specht entschieden. »Wir können nicht warten, bis aus dem Spiel tödlicher Ernst wird.«

Als Anneliese Fendel versprach, sich mit der Polizei in Verbindung zu setzen, war Specht etwas wohler. Doch ganz verbannen konnte er seine Sorge um Suse nicht.

Das Lager, auf dem Suse im Bootshaus lag, war eine harte Pritsche. Die ursprünglichen Farben des Kopfkissens waren nicht mehr zu erkennen. Verwaschen und mit Flecken übersät, sah es aus wie vom Rand einer Müllhalde aufgelesen. Es roch nach üblen Ausdünstungen.

Katzer hatte ihr sofort, als er sie ins Bootshaus gezerrt

hatte, einen Schuß gesetzt, um sie gefügig zu machen. Daß Suse sich auch danach noch aus Leibeskräften widersetzte, hätte Katzer nicht für möglich gehalten. Er hatte sie geohrfeigt, bis sie das Gleichgewicht nicht mehr hatte halten können und auf den Boden gefallen war. Als sie wimmernd den Kopf unter den Armen verborgen hatte, hatte er ihr einen Tritt gegeben. Danach war für eine Weile Ruhe gewesen.

Was bildet sich diese blöde Kuh überhaupt ein? Die stellte sich wahrscheinlich wirklich vor, ins normale Leben zurückzukehren, brave Schülerin zu spielen und am Wochenende Radtouren mit Mama zu machen. Katzer lachte hämisch und zog eine Spritze auf. Die Tour würde er ihr gründlich verderben.

Suse öffnete die Augen. Sie war blaß und sah elend aus. Kraftlos flüsterte sie: »Ich will keine Spritze mehr ... Du hast versprochen, daß du mich freiläßt, Katzer.«

Katzer setzte sich zu ihr aufs Bett. Er streifte ihren Ärmel zurück und sagte betont freundlich: »Augen zu und schön stillhalten. Dauert keine Minute, dann sind die Schmerzen weg, und du hast die schönsten Gefühle, Suse.«

Sie versuchte, ihm ihren Arm zu entziehen und sich ein wenig aufzurichten. Er verstärkte den Druck auf ihren Arm. »Gefällt dir wohl, wenn du Schmerzen hast«, höhnte er und setzte die Spritze an.

Du Flittchen, dachte er, noch zwei, drei Schüsse, dann bist du soweit, daß du für mich anschaffen kannst. Er konzentrierte sich auf den Einstichpunkt. »Kein Mucks mehr! Du weißt ja, was sonst passiert«, sagte er warnend.

In dem Moment klopfte es. Schnell ließ Katzer die Spritze und das Besteck in der Schublade des Tischchens verschwinden. Er ging zur Tür. Als es noch einmal klopfte, fragte er: »Wer ist da?«

»Lukas.«

Katzer öffnete die Tür. Lukas ging an ihm vorbei zu Suses Bett. Sie lag mit geschlossenen Augen wie halbtot da. Lukas spürte, wie ihm übel wurde, doch er biß die Zähne zusammen.

»Sag bloß, du hast schon wieder Geld aufgetrieben?« Katzer lehnte an der Tür und beobachtete den Besucher lächelnd.

Lukas griff ihn seine Tasche und hielt ihm ein kleines Geldbündel hin.

»Fein! Wo hast du das denn diesmal her«, fragte Katzer erfreut, während er schnell die Scheine zählte.

»Nicht so wichtig«, entgegnete Lukas. Er setzte sich zu Suse aufs Bett und berührte leicht ihren Kopf. »Wie geht's dir, Suse?«

Sie schlug die Augen auf. »Nicht so gut«, sagte sie schwach.

Lukas strich ihr mit der Hand übers Gesicht. Sie sah mehr als mitleiderregend aus.

»Ich habe dich was gefragt, Joker«, kam es aggressiv von der Tür.

Lukas ballte eine Hand zur Faust. Er durfte sich von diesem Mistkerl nicht aus dem Konzept bringen lassen. Er tat so, als habe er Katzers Frage nicht gehört.

Mit zwei Sätzen war Katzer bei ihm und riß ihn vom Bett hoch. »Wo du das Geld her hast, will ich wissen.«

Er grub seine Klauen in Lukas Schulter und schüttelte ihn. »Wieder von deinem Schulfreund, he?«

Lukas nickte, bemüht, nicht vor Schmerz zu schreien.

Katzer stieß ihn von sich, so daß Lukas ins Taumeln geriet. »Der scheint einen reichen Vater zu haben, der außerdem nicht ganz dicht ist«, sagte er grinsend. »Wie heißt denn der feine Herr?«

»Von Sternberg.«

»Dem bestellst du schöne Grüße von mir. Wenn er nicht weiß, wohin mit dem Geld, bin ich ihm gern behilflich.« Katzer bückte sich nach der Fernbedienung auf dem Boden und drückte auf irgendeine Taste. »Kannst gehen, Joker.«

»Und Suse?«

»Du hast doch gehört, daß es ihr nicht gutgeht.«

Katzer starrte zwei Sekunden auf die Bilder irgendeines Auslandsberichts und suchte ein anderes Programm. Im tristen Grau-Weiß eines hektisch geschnittenen Musikvideos stampften düstere Gestalten durch heruntergekommene Straßenzüge und stillgelegte Fabriken. Ihre Botschaft bestand aus drei, vier kurzen Sätzen, einer Mischung aus Werbesprüchen und Dialogfetzen von schlechten Krimiserien. Sie hämmerten ihrem Publikum ein, sich zu nehmen, was im Überfluß da sei. Die düsteren Bilder waren mit dumpfen Rhythmen untermalt. Slum als Kultur, Stumpfheit als neuer Mythos.

Lukas warf einen kurzen Blick auf Katzer. Dann zog er eine Pistole aus seiner Jacke und richtete sie auf ihn.

»Steh auf, Suse«, sagte er. Er ließ Katzer nicht aus den Augen. »Es war abgemacht, daß ich sie mitnehme, Katzer. Wenn du dich nicht daran hältst ...«

»... erschießt du mich mit deiner Wasserpistole«, ergänzte der und ging feixend auf Lukas zu.

Lukas' Hand zitterte vor Aufregung. Er hatte keine andere Wahl. Ein Schuß knallte durch den Raum.

Katzer taumelte zurück. Er griff sich mit schmerzverzerrtem Gesicht an den Oberarm. Seine Hand war voller Blut.

»Los, raus hier«, schrie Lukas. Er packte Suse, riß sie zur Tür und verschwand mit ihr.

Ich muß mit Böck reden, dachte Specht während er sich auf den Weg zum Pavillon machte. Am besten bringe ich das jetzt gleich hinter mich. Er wird zwar noch weniger begeistert sein als Karin Anselm, aber mehr, als mich fristlos rauswerfen, kann er nicht. Er sah Böck aus dem Pavillon kommen, einen Karton in beiden Händen. Zog der Direktor wieder mal um? Vielleicht war es jetzt doch nicht gerade der passende Moment, um ein Jahr Urlaub zu beantragen. Er blieb unschlüssig stehen und beobachtete Böck eine Weile.

Ich vertrete mir noch ein bißchen die Beine, entschied Specht und drehte sich wieder in Richtung Schule um. Das war jetzt schon der zweite Anlauf, mit Böck zu reden. Na, ja, aller guten Dinge sind drei, dachte er, gleich probiere ich's nochmal. Kann ja schließlich nur schiefgehen.

Amanda kam ihm entgegengerannt. Sie war auf der Suche nach Specht durch das halbe Schulhaus gelaufen. Sie wunderte sich über Spechts hastigen Gang und fragte, ob er es eilig habe.

»Sieht nur so aus«, erwiderte Specht. »Ich laufe im Kreis, weil ich ein unangenehmes Gespräch vor mir habe.«

»Mit Herrn Böck?«

Specht verzog das Gesicht, als rieche er etwas Verdorbenes. Er nickte. »Ich bin für jede Ablenkung dankbar.«

»Es geht wieder mal um Lukas«, sagte Amanda dem Lehrer. »Ich glaube, er weiß, wo Suse ist. Er hat zwar nur eine Andeutung gemacht ... Ich meine, vielleicht kriegen Sie mehr aus ihm raus.«

Specht war stehengeblieben. Er hörte ihr aufmerksam zu. »Ich weiß nur, daß Katzer was mit der Sache zu tun hat, Herr Specht.« Amanda machte ein besorgtes Gesicht.

»Du meinst, mit Suses Verschwinden?«

Sie nickte. »Ja. Wenn Sie sich Lukas vorknöpfen, müssen Sie einfach ein bißchen schummeln. Sie tun so, als wüßten Sie über alles Bescheid. Vielleicht packt er dann aus.«

Specht war nicht so optimistisch wie Amanda. Er erklärte ihr, daß er sich Lukas leider nicht vorknöpfen könne. »Er hat sich verkrümelt, weil er Angst vor der Deutschprüfung hat. Ganz schön feige. Und so was will in sechs Monaten Vater werden!«

Amanda nahm ihren Freund in Schutz. »Männer sind eben manchmal auch feige ... Sie trauen sich ja auch nicht zu Professor Böck rein.«

Das stimmte auch wieder. Specht gab sich geschlagen und bedankte sich bei Amanda.

»Sowohl für deinen Hinweis, was Suse angeht, als auch für die Kritik an meinem Charakter«, fügte er lächelnd hinzu.

»Warum klopfen Sie an?« fragte Professor Böck, als Specht zögernd den Pavillon betrat. Er war im Hausmeisterkittel und räumte den Inhalt seines Schreibtischs in einen Karton.

»Hätte ja sein können, daß ich Sie bei der Arbeit störe ...«, sagte Specht unsicher.

Böck verstaute einen Tesafilmroller und setzte sich zufrieden hin. Der Schreibtisch war fast leer. »Sie wissen genau, daß ich während der Dienstzeit nicht arbeite.« Er griff nach einer vollen Schnapsflasche und reichte sie Specht.

»Aufmachen!«

Specht öffnete sie gehorsam. Er war froh, über die kleine Galgenfrist, die Böck ihm verschaffte. »Wie ich sehe, ziehen Sie wieder mal um.«

»Aus!« stellte Böck klar.

»Was heißt aus?«

»Ich ziehe nicht um, sondern aus. Ich räume das Feld für meinen Nachfolger.«

»Wer soll das sein?«

Böck nahm zwei Gläser aus dem Karton und schob Specht eins hin. »Ist ja wohl keine ernstzunehmende Frage, Specht!«

Er goß die beiden Gläser voll. »Heute trinken Sie einen mit. Wir haben einen Grund zum Feiern. Ich höre auf. Sie werden den Laden hier übernehmen.«

Specht sah Böck zerknirscht an. »Da bin ich mir nicht so sicher, Herr Böck ...«

»Aber ich!« Böck hob sein Glas und prostete ihm zu. »Auf Ihre Ernennung zum Schuldirektor! Sie können schon mal Probesitzen auf meinem Stuhl.« Er kippte seinen Schnaps herunter und atmete in zufriedener Erwartung seiner Zukunft als Handwerker wohlig aus.

Specht schob sein Glas hin und her. Er nahm seinen ganzen Mut zusammen und sah Böck in die Augen. »Ich bin nur noch eine Woche an Ihrer Schule, Herr Böck. Ich heirate morgen und habe vor, eine längere Pause einzulegen.«

»Eine Pause?« fragte Böck verständnislos.

Specht nickte. »Ein halbes Jahr, vielleicht auch ein bißchen länger.«

»Und Sie glauben, das lasse ich zu?« Böck stützte sich mit beiden Ellbogen auf den Schreibtisch und fixierte Specht.

Specht schob das volle Glas endgültig von sich. Er wollte reinen Tisch machen. »Jeder normale Mensch verläßt die Schule nach zehn, zwölf Jahren«, verteidigte er seine Entscheidung. »Nur wir Pauker müssen lebenslänglich dafür büßen, daß wir nichts Brauchbares gelernt haben. Wohin das führt, sehe ich an Ihnen, Herr Böck. Sie spielen den Hausmeister, weil Sie wissen, daß Sie als Lehrer längst in der Klapsmühle gelandet wären.«

Böck goß sich schweigend einen weiteren Schnaps ein. Er sah Specht nicht an, sein Gesicht ähnelte einer Gewitterwolke.

Bei allen Turbulenzen in den letzten Monaten hatte Specht den Direktor in allen möglichen Lautstärken toben hören. Die fast bedrohliche Stille, die Böck durch sein Schweigen nun heraufbeschwor, war neu.

Er versuchte den Schulleiter milder zu stimmen. »Sie können mir ruhig Ihre Flasche über den Kopf schlagen. Sie würden sich nicht mal strafbar machen, Herr Böck«, schlug er ihm spaßhaft vor.

Böck zog unwillig die Augenbrauen zusammen. »Wäre trotzdem schade«, grollte er. »Nicht um Sie, sondern um den Schnaps.«

Die von Specht angesetzte Deutschprüfung war ins Freie verlegt worden. Es war kaum einzusehen, sich bei dem warmen Wetter auch noch drinnen aufzuhalten. Specht, Karin Anselm und Leitmeier saßen im Pavillon und nahmen sich die Prüflinge einzeln vor.

Evchen Lamprecht und Kaspar waren aufgeregt. Evchen, weil sie Angst hatte, es nicht zu schaffen, obwohl Specht ihr sehr geholfen hatte. Kaspar hatte zwar von Blümchen einen Spickzettel zugesteckt bekommen, aber er stand auf einer Fünf und hatte, das mußte er zugeben, keinerlei Ahnung von der deutschen Grammatik.

Als Evchen endlich an die Reihe kam, nahm sich Kaspar den Spickzettel nochmal vor. Die Buchstaben tanzten vor seinen Augen. Er las ›Subjekt, Prädikatsnomen‹ und verstand nichts mehr. Er würde alles ablesen müssen. Wenn Specht nur das geringste merkte, war er durch und blieb bei seiner Fünf.

»Eine Schußfrage noch, Edith, dann bist du erlöst und kannst aufatmen.« Specht lächelte Evchen aufmunternd zu. Sie hatte vor Aufregung ganz rote Wangen.

»Was versteht man unter einer Konjunktion?«

»Eine nicht flektierte, das heißt unveränderliche Wortart, deren syntaktische Funktion darin besteht, Wörter oder Wortgruppen miteinander zu verbinden«, kam die Antwort wie aus der Pistole geschossen.

»Sehr gut!« sagte Specht.

Leitmeier schaltete sich ein. »Darf ich von meinem Recht, eine Zwischenfrage zu stellen, Gebrauch machen, Herr Kollege?«

»Bitte.« Specht schien nicht sehr erfreut darüber, daß Leitmeier sich in die Prüfung einschaltete. Hoffentlich legte Leitmeier Evchen jetzt kein faules Ei ins Nest.

Der stellvertretende Direktor nahm umständlich einen Zettel zur Hand. Er hielt ihn erst verkehrt herum und stutzte, dann drehte er ihn um und las seine Frage ab. »Wir unterscheiden zwei Arten von Konjunktionen, nämlich koordinierende und subordinierende. Worin besteht der Unterschied?« Er sah Edith-Evchen erwartungsvoll an. Ihm waren ihre Antworten zu schnell gekommen. Vielleicht hatte sie gut gelernt, aber sicher nichts verstanden. So intelligent war sie nicht. Bei ihm in Mathematik stand sie schließlich auf einer Fünf. Mit einer Zwischenfrage hatte sie bestimmt nicht gerechnet, damit konnte er ihr so richtig auf den Zahn fühlen.

Evchen nahm seine Frage lächelnd zur Kenntnis.

Ohne jede Scheu antwortete sie: »Sie kennen sich in der deutschen Grammatik wohl nicht so aus. Sie lesen ja alles ab, Herr Leitmeier.«

»Wie Sie wissen, bin ich Mathematiklehrer, Fräulein Anders. Aber beantworten Sie jetzt bitte meine Ausgangsfrage.«

Evchen war wirklich nicht auf den Mund gefallen. Ihre Antwort auf seine Frage war geistreich. »Bin weder Fräulein, weder schön. Kann ungeleit nach Hause gehn«, zitierte sie und fuhr fort: »Das koordinierende Konjunktionspaar müßte eigentlich ›weder-noch‹ heißen. Aber da der Vers von Goethe stammt, müssen wir wohl ein Auge zudrücken.«

Specht freute sich über ihren listigen Schachzug. »Wie nennt man das, wenn sich ein Mann wie Goethe einen grammatikalischen Schnitzer erlaubt?« fragte er.

»Dichterische Freiheit.«

»Ich schlage vor, daß wir es dabei bewenden lassen«, entschied Specht mit einem Blick zu Leitmeier und bedankte sich lächelnd bei Evchen.

Evchen wußte, daß Justus gespannt auf das Ergebnis ihrer Deutschprüfung wartete und trat mit sehr ernstem Gesicht nach draußen. Ein bißchen mußte sie ihn doch auf die Folter spannen. Er und Kaspar sahen ihr entgegen. Sie machte nicht gerade den Eindruck, als sei es für sie da drinnen gutgelaufen. Justus wollte sie tröstend in den Arm nehmen, da hellte sich Evchens Gesicht plötzlich auf.

»Geschafft!« sagte sie und strahlte ihn an. »Habe ich alles Specht zu verdanken. Er hat mir die Fragen vorher verraten. Ich brauchte die Antworten nur noch auswendig zu lernen. Hat keiner gemerkt.«

Justus gab ihr einen Kuß. »Gut gemacht, Evchen.«

Sie wandte sich zu Kaspar, der ihr zugehört hatte. »Ich soll dich reinschicken. Du bist der letzte.«

»In Deutsch war ich schon immer der letzte«, erwiderte er mutlos und öffnete die Tür. Er blieb in der Mitte des Pavillons stehen und grüßte die drei Lehrer. Karin Anselm warf er einen hilfesuchenden Blick zu.

Specht bemerkte bereits nach der ersten Frage den Spickzettel in Kaspars Handfläche. Solange Leitmeier nicht einschritt, würde er Kaspar gewähren lassen. Dümmer als der Junge konnte man es allerdings nicht mehr anstellen. Jedesmal, nachdem eine Frage gestellt wurde, sah er umgehend auf die Innenseite seiner Hand. Specht klang leicht ungehalten, als er Kaspar bat, die Nomina aufzuzählen.

Kaspar befragte seinen Zettel. »Nomina acti... actiomis, agentis.« Er stockte und warf wieder einen Blick in seine Hand, »... instrumenti, patientis, qualitatis.«

Leitmeier räusperte sich sehr vernehmlich. »Verzeihung, Herr Kollege«, sprach er zu Specht, »Sie haben entweder noch nicht bemerkt, daß sich Ihr Prüfling ... wie soll ich sagen ...«

»... verbotener Hilfsmittel bedient«, vollendete Specht den Satz.

»Scheint bei Ihnen üblich zu sein«, beschuldigte ihn Leitmeier. »Sie wären sonst längst dagegen eingeschritten und hätten dem Betrug ein Ende bereitet.«

Specht ignorierte den Mathematiker. »Was steht als nächstes auf deinem Zettel?« fragte er Kaspar.

»Modus, auf das Verbum bezogen«, antwortete er und wußte, daß es das gewesen war. Eine richtige Wut auf Specht stieg in ihm hoch. Gerade hatte er's doch mit eigenen Ohren vor dem Pavillon gehört. Justus Freundin hatte Specht geholfen, während er hier wie ein Idiot vorgeführt wurde.

»Beim Verb unterscheidet man drei Modi«, erklärte Specht mit ruhiger Stimme, »den Indikativ, den Konjunktiv und den Imperativ, durch den eine Person nachdrücklich zu einem Tun aufgefordert wird. Auf dich bezogen heißt das: Spickzettel her und raus! Deine Fünf in Deutsch bekommst du schriftlich von mir.«

Kaspar gab Specht den Spickzettel und lachte ihm rauh ins Gesicht. »Ich weiß, daß ich nicht zu Ihren Lieblingen zähle, Herr Specht. Ich konnte also nicht damit rechnen, daß Sie mir die Prüfungsaufgaben vorher verraten. Zumal ich kein Mädchen bin ... Ich mußte mich also an anderer Stelle nach Hilfe umsehen.« Er wandte sich an Leitmeier und Karin Anselm »Schönen Tag dann noch!«

Specht sah ihm betroffen hinterher. Evchen hatten ihren Mund nicht halten können. Das war ja wieder ein gefundenes Fressen für den Kollegen aus der Moralfraktion!

Er packte schweigend seine Unterlagen zusammen und verließ den Pavillon, bevor es schon dort zu einer Auseinandersetzung mit den Kollegen kommen konnte. Karin Anselm folgte ihm und holte ihn ein. »Sie haben nicht protestiert«, sagte sie verwundert. »Ich schließe daraus, daß Kaspar die Wahrheit gesagt hat. Sie haben eine Schülerin begünstigt und gehofft, daß es nicht rauskommt.«

»Ich habe Evchen Lamprecht geholfen«, erwiderte er gereizt, »weil ich weiß, daß sie versetzungsgefährdet ist. Leitmeier will ihr eine Fünf verpassen. Dabei ist sie nicht nur intelligent, sondern so lernfähig, daß sie den Stoff spielend aufholen könnte.«

»Tja«, meinte Karin Anselm bedauernd, »leider ist sie nicht so intelligent, daß sie dichtgehalten hätte. Woher sonst sollte Kaspar wissen, daß Sie Evchen geholfen haben?«

Specht warf ihr einen wütenden Blick zu. »Ihren

Lieblingsschüler sollten Sie besser nicht erwähnen. Der war so ungeschickt, daß er seine Fünf redlich verdient hat. Außerdem hat er Sie ganz schön reingeritten.«

»Mich?«

»Sie!« Seine Stimme bebte vor Zorn. Warum tat sie wie die pure Unschuld. »Wenn Sie ihn schon mit Spickzetteln versorgen, könnte er wenigstens etwas vorsichtiger sein«, pflaumte er sie an.

»Sie haben wirklich Glück, daß wir unterbrochen werden.« Karin Anselm deutete mit einer Kopfbewegung auf die Schulsekretärin, die ganz außer Atem auf sie zueilte und vor ihnen stehenblieb.

»Herr Specht«, japste sie, »kommen Sie schnell. Hauptkommissar Brahms sucht Sie überall. Man hat ihm heute morgen, als er noch schlief, die Dienstwaffe gestohlen. Als Täter hat er seinen Sohn in Verdacht. Lukas hat einen Schlüssel. Er konnte sich also unbemerkt in die Wohnung schleichen. Aber ich will Herrn Brahms nicht vorgreifen.« Sie blieb stehen und hielt sich die Seite. »Ich bin so gelaufen, daß ich Seitenstechen habe. Warten Sie bitte drei Sekunden, gleich geht's wieder.«

Specht fragte, wo Brahms denn warte. »Atmen Sie erst mal ruhig durch Blümchen. Ich geh' dann schon vor. Bis gleich.«

Was mochte Lukas sich gedacht haben? Specht legte einen Schritt zu und versuchte sich in die Psyche eines Halbwüchsigen zu versetzen, der verzweifelt versuchte, von seiner Spielsucht loszukommen, hohe Schulden hatte und Kontakte zu Leuten pflegte, die man besser mied. Möglicherweise war Lukas so unter Druck, daß er zu allem fähig war.

Der Vater des Jungen war erleichtert, Specht zu sehen. Er schien verzweifelt und machte den Eindruck, als rechne er mit dem Schlimmsten. Brahms fragte Specht nach seiner Einschätzung, nachdem er ihm die dürftigen Einzelheiten berichtet hatte.

»Ich vermute, Lukas hat nach wie vor Schulden bei Katzer«, mutmaßte Specht. »Die kann er nicht bezahlen ...«

»... also beschafft er sich eine Waffe und geht damit auf Katzer los, um ihn einzuschüchtern«, nahm der Kommissar seinen Gedankengang auf. »Wäre die eine Möglichkeit. Die andere, weniger harmlose ist, daß er damit eine Bank überfällt.«

Spechts Gesicht war voller Zweifel. Lukas mochte in Schwierigkeiten sein. Aber was Brahms da in Erwägung zog, konnte er sich nicht vorstellen.

»Trauen Sie meinem Sohn wohl nicht zu?« fragte der Kommissar.

»Sie doch auch nicht, Herr Brahms«, antwortete Specht. »Ich glaube eher, daß er sich in einer Zwangslage befindet, die womöglich auch irgendwas mit Suses Verschwinden zu tun hat.«

Spechts Instinkt sagte ihm, daß Katzer die Hauptrolle in dieser Geschichte spielte. Der hatte schon einmal Suse mit Drogen und Lukas mit Geld in seine Hand gebracht. Daß jetzt beide verschwunden waren, konnte fast kein Zufall sein.

»Wahrscheinlich«, sagte er schließlich, »ist Katzer unser Dreh- und Angelpunkt.« Er sah Lukas' Vater an. »Dem sollten Sie unbedingt auf den Zahn fühlen.«

Es war nur ein Streifschuß. Katzer hatte im ersten Moment, als er seine blutüberströmte Hand gesehen hatte, gedacht, sein Arm sei hin. Er zog die Schulter hoch und preßte den Arm fest an seinen Körper. Das Kinn auf die Brust gepreßt, betrachtete er die Wunde.

Sein Hemd war auf der einen Seite blutdurchtränkt. Nicht nur sein Oberarm, sein ganzer Körper schien in Flammen zu stehen.

Ich muß das Hemd ausziehen, dachte er. Vorsichtig, als sei er auch am Bauch verletzt, nestelte er mit der anderen Hand die Knöpfe auf. Schon bei der geringsten Anspannung fuhren ihm Schmerzstöße durch den Arm, als säße eine ganze Legion Teufel darin und jeder einzelne stäche mit seiner Gabel tief in sein Fleisch. Katzer stöhnte, biß abwechselnd die Zähne zusammen oder riß den Mund in stummem Entsetzen weit auf. Er litt Höllenqualen. Vor allem tat er sich leid. Finden durfte ihn so niemand. Also mußte er sich selbst helfen.

Er ging vorsichtig zum Tisch. In der Schublade war noch Verbandszeug. Verdammt, hoffentlich verblute ich nicht! Der Gedanke, daß Joker dann einen Mord auf dem Gewissen haben und im Knast verschwinden würde, ließ ihn diese Möglichkeit schon fast als nicht mehr so schlimm ansehen.

Katzer kamen die Tränen; weil er Schmerzen hatte, weil er verloren hatte, weil das kleine Aas ihm eins ausgewischt und gewagt hatte, ihn, Katzer, zu bedrohen. Wo hatte der bloß die Knarre her?

Als er sich Millimeter für Millimeter den Stoff von der Wunde zog, zog er die Luft pfeifend ein. Ab und zu kniff er die Augen zusammen und krallte die Fingernägel in die Brust, um sich von den Höllenqualen abzulenken. Die Wunde blutete nach wie vor stark, Haut- und Muskelfetzen säumten den häßlichen, unregelmäßigen Rand.

Er mußte die Wunde fest verbinden. Daß ist die einzige Chance, daß sie aufhört zu bluten, dachte er. Und am besten legte er noch einen dicken Verband darüber, den das Blut nicht mehr durchtränkte. Sein

Hemd konnte er vergessen. Das stand vor Blut. Bevor die Bullen hier auftauchten, mußte das verschwinden. Und er mußte auch alle Spuren beseitigen, die darauf hinwiesen, daß er Stoff gehabt und gespritzt hatte. Verdammt, dieses Luder, Suse, hatte ihn eine schöne Stange Geld gekostet!

Wie hieß der Kerl noch, von dem der Kleine die Moneten hatte? Er hatte den Namen doch genannt. Katzer überlegte krampfhaft. Irgendwas mit ›von‹ ... von Berg oder so. Genau, von Sternberg heißt der. Katzer lachte hämisch vor sich hin. Vielleicht war es ganz gut, daß der Kleine das Zuckerpüppchen mitgenommen hatte. Hätte nichts als Scherereien gemacht Außerdem winkte ihm jetzt womöglich ein viel besseres Geschäft.

»Von Sternberg«, sagte Katzer genüßlich vor sich hin. »Jetzt wollen wir doch mal sehen, wo du die ganzen Moneten her hast, Freundchen.«

Er nahm sämtliche Spritzen und das Besteck aus der Schublade und warf alles auf das blutdurchtränkte Hemd, verknotete es zu einem festen Bündel und warf einen prüfenden Blick durch den Raum. Während er sich seine Jacke überzog, unterdrückte er ein Stöhnen. Bis das Ding durchgezogen war, mußte er seinen Arm vergessen.

Katzer nahm seine Pistole aus der Schublade. Er überprüfte, ob sie geladen war, und steckte sie ein. Er schloß die Tür des Bootshauses sorgfältig ab und startete sein Motorboot. In der Mitte des Sees nahm er das geschnürte Bündel und warf es in hohem Bogen ins Wasser. Mir kommt keiner in die Quere, dachte Katzer und beschleunigte so, daß das Wasser zu beiden Seiten des Bootes hoch aufspritzte.

Lukas brachte Suse auf dem schnellsten Weg ins Krankenhaus zu Constanze Engel. Sie versorgte Suse fürs erste und beruhigte sie. Jetzt könne ihr kein Katzer mehr etwas tun. Sie würde sie hierbehalten, bis er hinter Schloß und Riegel sei.

Lukas bat sie um ein kurzes Gespräch und erzählte der Ärztin genau, was geschehen war. Er überreichte ihr die Dienstwaffe seines Vaters. Constanze versucht ihn zu überreden, nach Hause oder ins Internat zu gehen.

Lukas schüttelte den Kopf. »Ich muß mich verstecken«, sagte er. »Wenn Katzer mich findet, bin ich fällig. Bitte, kümmern Sie sich um Suse.« Und weg war er.

Constanze fuhr sofort in die Schule. Spechts Zimmertür war verschlossen. Während sie noch überlegte, wo sie Specht jetzt finden könnte, hielt ihr von hinten jemand die Augen zu. Sie nahm, ohne sich umzudrehen, die Hände in ihre und schnupperte daran. »Ich tippe auf einen rastlosen Vogel.«

»Was soll das heißen?« fragte Specht.

»Daß dieser Vogel meistens ausgeflogen ist«, erwiderte Constanze und küßte Specht. Sie deutete auf ihre Jackentasche. »Ich habe dir etwas mitgebracht.«

Specht schloß die Zimmertür auf. Er ließ sie vorgehen und schaute neugierig auf die Ausbeulung im Stoff ihrer Jackentasche. »Ein Hochzeitsgeschenk?« fragte er neugierig.

»Könnte man sagen.« Sie nahm einen in weißes Tuch gehüllten Gegenstand aus ihrer Tasche und überreichte ihn Specht. Sie grinste. »Damit unsere Ehe nicht so langweilig wird«, sagte sie.

Specht prüfte das Gewicht. Ganz schön schwer. Was mochte das sein? Vorsichtig wickelte er das Tuch ab und ließ den Gegenstand beinahe fallen. Er starrte ungläubig auf eine Pistole. Einen so ausgeprägten Hang zu makabren Scherzen hatte er bisher nicht bei Constanze bemerkt.

»Die hat mir Lukas ins Krankenhaus gebracht«, erklärte Constanze. »Eine Patrone fehlt. Damit hat er auf Katzer geschossen und ihn glücklicherweise nicht voll erwischt.«

Specht sträubten sich die Nackenhaare. »Die Pistole hat er seinem Vater geklaut.«

Sie schüttelte den Kopf. »Er hat sie sich ausgeliehen, weil er Suse befreien wollte. Die hat er mir auch gleich mitgebracht.«

Vorsichtig, als habe er ein rohes Ein in der Hand, legte Specht die Waffe auf den Tisch. »Lukas hat Suse befreit?« fragte er erstaunt nach.

»Ja. Sie ist in keinem sehr guten Zustand. Ich habe sofort ihre Mutter verständigt. Ist natürlich klar, daß Suse bei uns bleibt, bis dieser Katzer zur Strecke gebracht ist.«

»Was ist mit Lukas?« fragte er fassungslos.

Sie machte ein ernstes Gesicht. »Er hat Angst, daß Katzer sich an ihm rächt. Bevor ich vernünftig mit ihm reden konnte, war er schon weg.«

Specht ließ sich aufs Bett fallen. Grundgütiger Himmel! Wo konnte der Junge sein? Jetzt war er wirklich in Gefahr. Katzer schreckte mit Sicherheit vor nichts zurück. Lukas' Vater mußte sofort verständigt werden.

Nach der Deutschprüfung machte sich Kaspar auf den Weg zu Blümchens Bürozelt. Spechts Verhalten war wirklich unfair gewesen. Auch wenn er, Kasper, eine absolute Nulpe in Deutsch war, so war es doch ungerecht, daß Specht Justus' Freundin beim Schummeln half, ihn dagegen auffliegen ließ. Zweifellos hatte es der Deutschlehrer mit den Frauen. In der ersten Zeit hatte er ja auch Frau Anselm dauernd nachgestellt. Dabei hatte er wirklich genügend Weiber um sich. Kasper würde sich das jedenfalls nicht gefallen lassen. Trotzdem wollte er sich erst einmal bei Blümchen bedanken.

Er trat mit hängenden Schultern in ihr Zelt. »Schiefgegangen, Blümchen«, meldete er kläglich.

Sie sah von ihren Akten hoch. Einen glücklichen Eindruck machte auch sie nicht gerade. Sie zuckte die Achseln. »Bei mir auch, Kaspar. Leitmeier weiß, daß du die Spickzettel von mir hast. Er hat meine Schrift erkannt. Er will Böck überreden, mir zu kündigen.«

»Da bin ich ja mit meiner Fünf glimpflich davongekommen«, stellte Kaspar fest. Blümchen tat ihm leid. Er ging zu ihr und legte den Arm leicht um ihre Schulter. Jetzt sollte sie auch noch bestraft werden für ihre Hilfsbereitschaft und seine Unfähigkeit.

Sie lächelte ihn an. »Du bekommst keine Fünf. Ich war bei Specht, habe ein Geständnis abgelegt und die Schuld auf mich genommen. Ich habe ihm einfach erzählt, daß wir uns lieben, Kaspar.« Blümchen seufzte. »Eine Notlüge. Du liebst mich ja nicht . . .«

Kaspar drückte sie dankbar an sich. »Kann ja noch werden. Blümchen.«

Leitmeier war zutiefst empört. Blümchens Spickzettel klebte er fein säuberlich auf ein großes DIN-A4-Blatt, damit er das Beweismaterial nachher ordentlich lochen und in der Personalakte der Sektretärin ablegen konnte. Eine Sekretärin, die Schülern mit Spickzetteln unter die Arme griff, war ihm bisher noch nicht untergekommen. Nicht nur schamloseste Überschreitungen ihrer Kompetenzen als Vorzimmerdame hatte sie sich da angemaßt, es war ein wirkliches Delikt, dessen sie sich schuldig gemacht hatte. Vorsätzliche Beeinflussung von Prüfungsergebnissen durch illegale Mittel, im Klartext: Betrug!

Blümchen war ein Liebling des Direktors. Nun, das wußte jeder. Aber diese Dinge konnte Böck unmöglich durchgehen lassen. Wo käme man sonst hin? Das hieße, den Bildungsbetrieb unterwandern. Solche Manipulationsversuche waren ja nichts anderes als verdeckte Anarchie. In diesem Fall mußte Herr Professor Böck das Übel mit der Wurzel ausreißen. Und eine tüchtige, ernsthafte und zuverlässige Person an Frau Blums Stelle setzen. Für die Zukunft, in der Böck sich nun bald ausschließlich seinen privaten Interessen widmen wollte, war ohnehin keine andere Lösung denkbar. Diese personelle Entscheidung jetzt durchzuführen war also im Grunde für alle das beste.

Wenn ein Schuldirektor, wie Leitmeier wieder einmal mitansehen mußte, seinen Pflichten nicht nachkam und als Hausmeister verkleidet eher niederen Tätigkeiten nachging, mußte das schiefgehen. Wie sollte er so ein Beispiel für seine Angestellten sein? Strenge, Ordnung, Disziplin, das waren die drei hohen Tugenden, die den jungen Menschen täglich eingetrichtert werden mußten.

Nun, die Dinge würden sich ja bald ändern. Er ging zu Böck, der gerade mit der Säge ein Holzstück bearbeitete, und informierte ihn über die verwerfliche Tat der Sekretärin. Böck legte seine Säge beiseite. Er zündete sich seine Zigarre an und hörte aufmerksam zu. Als Leitmeier mit seiner ausführlichen Schilderung des Tathergangs fertig war, kratzte er sich nachdenklich am Hinterkopf.

»Wenn ich Sie richtig verstanden habe, soll ich

meine Sekretärin entlassen, weil sie einem Schüler beim Schummeln geholfen hat.«

»Richtig«, stimmte Leitmeier zu. »Zumal Sie nicht mehr lange Direktor sind. Frau Blum, Ihre Sekretärin, würde bald also in meinem Vorzimmer sitzen. Ein, wie Sie sich denken können, unerträglicher Gedanke für mich.« Leitmeier versuchte ein kollegiales Lächeln.

»Wußte ich gar nicht«, sagte Böck.

»Was bitte?«

»Daß Sie ein eigenes Vorzimmer haben.«

Leitmeier hob abwehrend beide Hände. »Ein Mißverständnis. Ihr Vorzimmer ist selbstverständlich erst dann mein Vorzimmer, wenn Sie sich die wohlverdiente Ruhe gönnen, von der Sie kürzlich wieder sprachen, Herr Professor.«

»Verstehe«, sagte Böck und paffte vor sich hin. »Sie glauben, daß Sie mein Nachfolger werden?«

Leitmeiers Gesicht hellte sich freudig auf. Schön, daß dieser Punkt endlich zur Sprache kam. »Ich gebe zu«, sagte er mit verlegener Höflichkeit, »daß ich mir berechtigte Hoffnungen mache. Ich bin ja nicht nur Ihr langjähriger Stellvertreter ...«

»Sondern?« fragte Böck erheitert und lauernd zugleich.

»Durchaus auch befähigt für diesen Posten«, antwortete Leitmeier überzeugt.

»Ist mir nie aufgefallen. Ich hätte Sie sonst in die engere Wahl genommen.«

Böck nahm sich sein Holzbrett wieder vor und legte es umständlich auf die andere Seite. Leitmeier wich dem langen Holzstück erschrocken aus. Er starrte Böck an. War das möglich? Er rang nach Luft und mußte gleich wieder aus dem Weg springen. Der Professor im Hausmeisterkittel schob das Brett in Leitmeiers Richtung zurück, die Lage schien ihm auch wieder nicht zu passen. Er gab dem Brett einen Stoß. Es rutschte knapp vor Leitmeiers Schuhspitzen.

Leitmeier trat wieder einen Schritt zur Seite. »Soll das heißen ...« Er konnte die Worte einfach nicht auszusprechen.

Böck nickte kurz. »Ich habe den Posten anderweitig vergeben, Leitmeier. Pech gehabt.« Er schaltet die Schleifmaschine an und fuhr mit ihr über das Brett. Sägemehl sprühte mit Getöse aus der Maschine auf Leitmeiers Anzug und Schuhe.

Der starrte den Schulleiter fassungslos an. Jahrelange Ergebenheit und Aufopferung hatten nichts genützt. Was müßte man denn noch bei diesem Unmenschen tun, um seinen verdienten Lohn zu erhalten?

Auf dem Nachhauseweg stellt sich Specht Fräulein Lydia vor, wie sie am kommenden Tag bei der Hochzeitsfeier verwundert schauen würde, wenn das geschmückte Auto am Bauernhof vorfuhr, an das Dosen gebunden waren, die laut schepperten. Pia und Sunny hatten ihr ein Kleid gekauft, das sie ›das kleine Hochzeitsgewand‹ tauften. Bestimmt würde Sunny ihr Blumen ins Haar flechten. Er stellte sich die großen Augen seines kleinen Schätzchens vor, wenn sie auf Großmutters Arm das Hochzeitsauto nahen sah.

Es war schon wieder so spät geworden. Der sternenklare Himmel über ihm verhieß Traumwetter für morgen. Lydia schlief bestimmt schon, aber Sunny war vielleicht noch wach. Und hoffentlich auch Karin Anselm. Bei der hatte er etwas gutzumachen. Auf dem Beifahrersitz lag ein dicker Strauß roter Rosen für sie. Böck hatte ihm erlaubt, so viele aus seinem Garten abzuschneiden, wie für eine glaubwürdige Entschuldigung, wie er sich ausdrückte, nötig waren.

Im Bauernhaus war schon alles dunkel. Nur in Karin Anselms Zimmer brannte noch Licht. Er schloß die Haustür auf und tappte ins Dunkel der Diele.

»Endlich!« Sunny machte Licht. Sie hatte im Wohnzimmer auf ihn gewartet.

»Hallo, Sunny«, grüßte er.

»Am letzten Abend vor der Hochzeitsnacht hättest du ruhig ein bißchen früher nach Hause kommen können.«

Specht gab Sunny einen Kuß auf die Wange. »Ich mußte noch Klassenarbeiten korrigieren«, murmelte er zur Entschuldigung.

Sunny schnupperte an den Rosen. »Die sind sicher auch nicht für mich«, fragte sie und zog einen Schmollmund.

Specht nestelte ein besonders schönes Exemplar aus dem Strauß und reichte sie ihr.

»Und wer bekommt den Rest?«

Er lächelte. »Karin Anselm.«

»Schade«, sagte sie und seufzte. »Ich hatte gehofft, du würdest deinen letzten freien Abend mit mir verbringen. Ich habe sogar dein Bett frisch bezogen. Eine solche Gelegenheit bietet sich dir so schnell nicht wieder, Herr Specht.«

Er drückte ihr einen dicken Kuß auf die Wange. »Danke.«

»Wofür?« fragte Sunny.

»Ich schlafe gern in frisch bezogenen Betten«, meinte er schalkhaft.

Karin Anselm saß an ihrem Schreibtisch und korrigierte die letzte Biologieschulaufgabe. Als es klopfte, erhob sie sich, durchaus erfreut über die Unterbrechung. Specht steckte den Kopf zur Tür herein.

»Ich hoffe, ich störe Sie nicht ...«

»Sie können mich gar nicht stören. Ich warte seit Jahren darauf, daß Sie nachts in mein Zimmer kommen, Blumen mitbringen und mir eine Liebeserklärung machen. – Zu spät, ich weiß. Sie wollen mir sicher gratulieren.«

»Wozu?«

»Professor Böck hat mich zu seiner Nachfolgerin ernannt. Das heißt, er hat mir ein Nacht Bedenkzeit gegeben.«

Karin schaltete eine Stehleuchte an und die Schreibtischlampe aus. »Wenn Sie mir nicht dringend abraten, bin ich ab morgen Ihre Vorgesetzte und werfe Sie raus, Specht«, drohte sie spaßhaft. »Sie wissen, warum?«

Specht nickte und reicht ihr mit um Vergebung bittendem Blick die Blumen. »Ich habe Sie verdächtigt, Kaspar Riedel mit Spickzetteln versorgt zu haben.«

»Das ist doch kein Grund Sie rauszuschmeißen«, gab Karin zurück. Sie reichte ihm eine Weinflasche, aus der ein halber Korken ragte. »Hier, übernehmen Sie. Meine Kräfte erlahmen scheinbar langsam.«

Specht zog einmal kräftig an dem Korken. Als die Flasche offen war, schnupperte er daran. »Hm, der riecht gut. Aber sagen Sie mir jetzt lieber, was es noch für einen Grund gibt, mich zu entlassen.«

Karin Anselm wartete, bis Specht eingeschenkt hatte. Sie hob ihr Glas. »Sie fliegen, weil Sie mich mit Leitmeier allein lassen!«

»Werfen Sie den doch raus«, gab Specht zurück und prostete ihr zu.

Karin Anselm lächelte. »Würde nur mit Ihrer Hilfe gelingen. Ohne Sie und Ihre faulen Tricks bin ich doch aufgeschmissen, Specht.«

In Lebensgefahr

Katzer stieg am Anlegeplatz in sein Auto und fuhr zur Schule. Er stellt den Wagen auf dem Parkplatz ab. Wie ein zufälliger Besucher spazierte er über das Gelände. Die Schmerzattacken in seinem Arm ließen nicht nach. Ab und zu krümmte er sich leicht zusammen, hielt sich den Arm und fluchte vor sich hin.

Auf dem Sportplatz entdeckte er die Jungen der 10b. Katzer kannte einige von ihnen. Er versteckte sich in sicherer Entfernung hinter einem Baum und beobachtete die Schüler bei ihren Übungen. Joker war nicht dabei. Der wird sich vor Angst in die Hose machen, dachte er. Aber der kann sich gar nicht so gut verstecken, daß ich ihn nicht finde. Ob dieser von Sternberg dabei war? Katzer sah sich jeden einzelnen genau an. Alles Fliegengewichte, dachte er abfällig.

»Grüß Gott.« Plötzlich stand Franziska neben ihm. Er konnte von ihrem Gesicht ablesen, daß sie ihn nirgendwo einordnen konnte.

»Morgen.« Katzers bemühte sich zu lächeln. »Ich suche einen Freund ... Lukas Brahms.«

»Da haben Sie leider Pech. Der ist seit gestern verschwunden. Er hat Angst, daß ihn jemand umbringen will«, sagte sie in einem vertraulichen Ton.

»Warum?«

»Weil er eine Freundin aus der Hand eines miesen Dealers befreit hat.«

Katzer nickte verständnisvoll. Er tat, als müsse er nachdenken. »Kennst du einen von Sternberg«, fragte er nach einer längeren Pause.

»Meinen Sie Justus oder seinen Vater?«

»Justus«, antwortet Katzer in aller Selbstverständlichkeit.

»Das ist der mit dem Ball da drüben.« Franziska deutete mit der Hand auf den Sportplatz. »Sehen Sie ihn?«

Katzer gab ihr die Hand und lächelte gewinnend. So mußte man mit diesen verwöhnten Mädels umgehen, dann erzählten sie einem alles. Himmel, waren die naiv.

»Danke«, hauchte er mit heiserer Stimme.

Franziska entzog ihm ihre Hand. »Nichts zu danken.« Komischer Vogel, dachte sie. Wen Lukas so alles kannte ...

Am Morgen des Hochzeitstages mußte Specht alleine frühstücken. Constanze war schon weg, Sunny stand noch im Bad, Karin Anselm war noch nicht aufgestanden oder bereits in der Schule. Und Suse, die oben in ihrem Zimmer lag, wäre kaum eine aufmunternde Gesprächspartnerin. Ihr ging es immer noch schlecht, nach allem, was sie erlebt hatte. Sie litt wieder unter Entzugserscheinungen, nachdem Katzer ihr erneut Heroin gespritzt hatte, doch sie war fest entschlossen, diese zu meistern, und auch Pia Kleinholz war nicht in der Laune, sich jetzt mit ihm zu befassen. Sie befahl ihm, die kleine Lydia nicht auch noch nervös zu machen. Das Kind brauche Ruhe vor den Aufregungen am Nachmittag. Dabei tat er gar nichts. Er hatte Pia nur gefragt, ob denn kein Mensch mit ihm frühstücken wolle. Als er sie darauf hinwies, daß er die Ruhe in Person sei, sah sie ihn verständnislos an.

»Essen Sie jetzt Ihr Frühstück, und kommen Sie wenigstens pünktlich nach Hause. Ihr Vater will auch noch versorgt werden.«

Specht schüttelte den Kopf. Pias Logik machte heute seltsame Sprünge. Er löffelte sein Ei aus, aß ohne Appetit seine Brote und ließ es bei einer Tasse Kaffee bewenden. Frühstück ohne Gesellschaft war nichts für ihn.

Auf dem Weg ins Schulhaus sprach Kaspar Riedel ihn an. »Ich möchte mich bei Ihnen entschuldigen, Herr Specht.«

»Gibt es für soviel Dämlichkeit eine Entschuldigung?« fragte Specht rauhbeinig, fügte jedoch sofort mit einem Lächeln hinzu: »Wenn du das nächste Mal einen Lehrer betrügen willst, kommst du vorher zu mir. Ich weiß, wie man so was macht, ohne erwischt zu werden.« Er ließ Kaspar stehen und verschwand in Richtung Lehrerzimmer.

Kaspar atmete erleichtert auf. »Danke«, murmelte er Specht hinterher. Der war ja doch nicht so verkehrt, wie er gedacht hatte.

Nachdem Böck ihm unmißverständlich gesagt hatte, daß er ihn nicht zu seinem Nachfolger bestimmt hatte, setzte Leitmeier alles auf eine Karte. Er rief Sternberg an und riet ihm, dringend ins Internat zu kommen. Ungeheuerliches geschehe hier. Sternberg fragte ungeduldig am Telefon nach, was denn schon wieder los sei. Leitmeier bat ihn um Verständnis, die Vorkommnisse bedürften einer persönlichen Unterredung.

Leitmeier legte sich eine Strategie zurecht. Die Wahrheit würde er preisgeben und dem reichen Geldgeber von der wahren Identität dieses Fräulein Anders' erzählen. Er würde reuig beichten, daß der Direktor der Schule ihn zu feigem Schweigen verurteilt und er sich seinem Vorgesetzten untergeordnet habe. Und daß er seitdem kaum eine Nacht Schlaf gefunden hätte, denn solche Betrügereien stünden in krassem Gegensatz zu seiner Auffassung von Pflicht und Verantwortung.

Sternberg würde sich sofort als Geldgeber zurückziehen, da war Leitmeier vollkommen sicher. Wenn er nicht Direktor werden würde, so sollte es Böcks Favorit erst recht nicht werden. So einfach ließ er sich nicht übergehen.

Der Industrielle hatte sich für den späten Vormittag angemeldet, so daß Leitmeier ihn von der großen Pause an ungeduldig auf dem Schulgelände erwartete. Besser, er empfing ihn persönlich, damit ihm keiner mehr in die Parade fahren konnte.

Katzer wartete gelassen in der Turnhalle, bis die Schüler der 10b nach dem Sportunterricht in den Umkleideraum verschwanden. Er hatte Glück, Jokers Freund ließ sich Zeit. Die anderen kamen einer nach dem anderen umgezogen und mit nassen Haaren aus dem Umkleideraum und verließen die Halle. Das war ja alles einfacher als gedacht. Dieser Justus läßt sich Zeit, dachte Katzer. Kann sich's wahrscheinlich leisten. Ich hab' auch Zeit, Freundchen. Gespannt beobachtete er die Tür zur Umkleide.

Schließlich trat Justus auf den Gang. Er hatte ein Handtuch in der Hand und rieb sich die Haare trocken. Katzer ging auf ihn zu. »Justus von Sternberg?« fragte er.

»Richtig geraten«, erwiderte Justus überrascht.

»Lukas möchte dich sprechen«, sagte Katzer vertraulich. »Er wartet im Auto.«

Justus musterte ihn kurz. Schräge Figur, dachte er. Paßt irgendwie zu Lukas. Er fragte, wo das Auto stehe. Katzer zeigte in Richtung Parkplatz.

»Ich bringe dich hin.«

Wahrscheinlich braucht Lukas wieder Geld, überlegte Justus, während er das Handtuch in seiner Tasche verstaute.

Sie gingen schweigend nebeneinander her, Justus ein wenig gedankenverloren, Katzer angespannt wie ein lauerndes Raubtier.

Plötzlich blieb er wie angewurzelt stehen. Ein Polizeiauto bog gerade mit eingeschaltetem Blaulicht auf den Schulhof ein.

Katzer packte Justus und zerrte ihn hinter ein Gebüsch. »Kein Ton, sonst knallt's«, zischte er Justus zu und beobachtete, wie der Polizeiwagen anhielt.

Brahms stieg aus. Den kannte Katzer gut von verschiedenen Verhören.

»Haben wir etwa Angst vor der Polizei?« fragte Justus mit ironischem Unterton.

Statt zu antworten, zog Katzer seine Pistole. Er drückte sie Justus in die Nieren und kommandierte: »Los, weg hier!«

Blümchen hatte die Szene von der Treppe aus verfolgt, wo sie auf Kommissar Brahms gewartet hatte. Verwirrt sah sie, wie die beiden Jungen hinter ein Gebüsch liefen und dann in Richtung Aula rannten. Einen Moment lang wußte sie nicht, was das zu bedeuten hatte. In der nächsten Sekunde lief sie den beiden jedoch hinterher. Hier stimmte etwas nicht.

Sie kam zu spät. Blümchen hörte noch, wie die Tür der Aula zugeknallt und der Schlüssel von innen zweimal herumgedreht wurde. Was sollte sie tun, um Himmels willen? Auf Zehenspitzen schlich sie sich näher heran. Zu hören war nichts. Sie preßte ihr Ohr an die Tür und horchte angestrengt.

In der Aula probten einige Schüler gerade für die Aufführung eines Theaterstücks. Evchen, Sunny, Amanda, Franziska, Felix, Kaspar, Lucy und Josefine legten sich ihre Kostüme zurecht und halfen sich gegenseitig beim Ankleiden. Vroni Seelig saß am Klavier und machte ein paar Fingerübungen.

Als Katzer die Tür aufriß und Justus hineinstieß, verharrten alle wie versteinert. Katzer fuchtelte mit der Pistole durch die Luft und herrschte Justus an. »Abschließen!«

Justus drehte den Schlüssel zweimal im Schloß.

»Schlüssel her«, raunzte Katzer.

Die Musiklehrerin starrte wie gebannt auf Katzer und seine Waffe. Niemand wagte ein Wort zu sagen. Sie fand als erste die Sprache wieder, stand auf und ging unerschrocken auf Katzer zu. »Darf ich fragen, wer Sie sind?«

Amanda antwortete ruhig. »Der Mann heißt Katzer, Frau Seelig.«

»Schnauze!« brüllte der und war mit zwei Sätzen bei Amanda. Er versetzte ihr einen Stoß, so daß sie taumelte und fiel. Lucy sprang zu ihr und half Amanda wieder hoch.

Katzer richtete die Waffe nacheinander auf jeden einzelnen. »In die Ecke, alle, und hinsetzen!« bellte er. »Sie auch!«

Vroni Seelig blieb unbeirrt. Sie war völlig fassungslos. Sie dachte einzig an die Sicherheit ihrer Schüler und war bereit, jederzeit einzugreifen. Sie sah Katzer fest in die Augen. »Ich finde Ihr Benehmen nicht nur ungebührlich, sondern auch reichlich anmaßend, Herr Katzer«, wies sie ihn zurecht. »Ich heiße übrigens Seelig. Ich bin Musiklehrerin und als solche verantwortlich dafür ...«

»Setzen!« unterbrach Katzer sie und machte einen

Schritt in ihre Richtung. Widerwillig gesellte Vroni Seelig sich zu den anderen. Was für eine Nervensäge, dachte Katzer. Ihr Gesülze ist schlimmer als ein Jahr Knast! Die reichen Bälger waren leichter in Schach zu halten. Er betrachtete die schlotternde Schar grinsend. Ja, jetzt ist keine Mami da, die euch hätschelte, kein Kindermädchen und auch kein wachsamer Butler. Es gab nur hn, Katzer, und er hatte das sagen. Er lachte häßlich bei dem Gedanken. »Wenn ihr schön artig seid, passiert auch nichts«, sagte er und schwenkte die Waffe.

Bei der unbedachten Bewegung zuckte er vor Schmerz zusammen. Der Schweiß brach ihm aus den Poren, und eine Sekunde wurde ihm schwarz vor Augen. Katzer umklammerte seine Waffe fester. Ohne die Schüler aus den Augen zu lassen, zog er sich einen Stuhl heran und postierte sich ihnen gegenüber. Er betastete seinen verwundeten Arm. Für den Lottogewinn hier würde er das bißchen Schmerz auch noch aushalten.

Brahms war auf schnellstem Weg gekommen, um seine Dienstwaffe bei Specht abzuholen. Sie saßen zusammen mit Karin Anselm im Direktionspavillon. Erleichtert nahm Brahms die Waffe entgegen.

»Hat zum Glück noch keiner bemerkt, daß ich ohne Dienstwaffe rumlaufe.«

»Eine Patrone fehlt, wie gesagt«, erinnerte ihn Specht.

Brahms steckte die Pistole sorgfältig in seinen Schulterhalfter. Karin Anselm und Specht verfolgten seine Bewegungen interessiert. Sie hatten so etwas noch nie von nahem gesehen. Eigentlich kannten sie es nur aus dem Fernsehen. Wie mochte sich das anfühlen, den ganzen Tag mit so einem Ding herumzulaufen?

Brahms zog die Jacke wieder über. »Jetzt muß mir nur noch Katzer über den Weg laufen. Diesmal reicht die Beweislage aus, um ihn für ein Weilchen hinter Gitter zu bringen.«

»Viel Glück! Nicht nur bei der Verbrecherjagd«, sagte Specht mitfühlend, »sondern auch beim Aufspüren Ihres Sohnes.« Er stand auf und schüttelte dem Kommissar die Hand.

Brahms sah ihn traurig an. »Lukas sehen wir bestimmt erst wieder, wenn ich Katzer geschnappt habe.«

Er hielt der Biologielehrerin die Hand hin. »Ich drücke Ihnen die Daumen, Frau Anselm. Oder soll ich Frau Schuldirektorin sagen?«

»Schuldirektorin auf Probe, bitte«, sagte sie bescheiden und begleitete den Kommissar zur Tür.

Specht goß Wein in die zwei Gläser und hielt Karin eines entgegen, als Brahms gegangen war. Sie stießen auf ihre Beförderung an und blickten sich eine Weile versonnen in die Augen. Ganz schön viel hatten sie schon miteinander erlebt!

Karin setzte sich wieder auf Böcks Stuhl. »Daß ich Sie als Mann verliere, kann ich verschmerzen. Als Kollege hätte ich Sie gern noch ein Weilchen behalten. Und wenn es zehn, fünfzehn Jahre wären.«

»Na, dann Prost!« Specht schmunzelte und stieß noch einmal mit ihr an. Fast hatten sich beide verschluckt, denn von Sternberg stand mit einem Mal in der Tür. Er war nüchtern, das sah man auf den ersten Blick.

»Bitte mich bei Professor Böck anzumelden. Er soll die Papiere meines Sohnes fertigmachen«, sagte er, an Karin Anselm gerichtet.

»Darf ich fragen, was Sie zu diesem Schritt veranlaßt?«

Sternberg nahm Specht ins Visier. »Ihre kriminellen Machenschaften, die ein Nachspiel vor Gericht haben werden. Leitmeier wird als Zeuge gegen Sie aussagen.«

»Gegenstand der Verhandlung?«

»Schwerer Betrug, verbunden mit Vorteilsnahme. Ich habe, wie Sie wissen, eine Menge Geld in Ihren Saftladen gesteckt ....«

»... um Ihren Sohn«, vollendete Specht den Satz auf seine Weise, »vor einer Schuhverkäuferin in Sicherheit zu bringen.«

Sternberg sah beide mit vernichtenden Blicken an. »Evchen Lamprecht«, sagte er langsam, »heißt jetzt Edith Anders. Ich weiß Bescheid. Ich bin über Ihre faulen Tricks informiert.«

»Herr Specht?« Blümchens Stimme drang von draußen in den Pavillon. Die Sekretärin trat atemlos durch die Tür, ohne vorher anzuklopfen.

»Herr Specht, ich hab Sie überall gesucht. Katzer ...«

»Was ist mit Katzer?«

Blümchen hielt sich am Tisch fest. Sie hechelte nach Luft und preßte eine Hand auf den Magen. »Er hat Justus entführt. Sind auch noch andere Schüler in seiner Gewalt. Sie haben sich in der Aula verschanzt.«

Karin war entsetzt aufgesprungen. »Ist Katzer bewaffnet?«

»Pistole!« Blümchen nickte.

Specht wandte sich ernst an Justus' Vater. »Sie haben es gehört, Herr von Sternberg.«

Der lachte nur geringschätzig. »Ihre Tricks werden immer schwächer, Specht.«

»Wie erreiche ich deinen Vater!« Katzer zeigte mit dem Lauf der Waffe auf Justus.

Justus bewahrte eine bewundernswerte Ruhe. Oder er ließ sich zumindest seine Furcht nicht anmerken. »Keine Ahnung«, antwortet er gelassen.

Dieses arrogante Herrensöhnchen! Dem würde er zeigen, wie er sich zu benehmen hatte! Katzer sprang zu Justus und zerrte ihn hoch. »Muß ich deinem Gedächtnis wohl ein wenig nachhelfen!«

Felix und Josefine hatten zu Tode erschrocken aufgeschrien, was Katzer wütend die Augen zusammenkneifen ließ. »Maul halten, kapiert!« zischte er sie an. Er forderte Justus auf, gerade vor ihm zu stehen, und erklärte ihm das Geschäft, das ihm vorschwebte. »Ich möchte deinem Papa einen Handel vorschlagen: Geld gegen seinen Sohnemann. Vorausgesetzt, daß er dich lebend wiedersehen will.«

»Ich weiß leider wirklich nicht, wo mein Vater zu erreichen ist«, sagte Justus in einem gespielt bedauernden Ton.

Katzer faßte sich an den schmerzenden Oberarm. Die Stiche können einen wahnsinnig mache, dachte er und riß die Pistole hysterisch hoch, als Vroni Seeligs Handy unvermittelt auf dem Klavier läutete.

Er rannte zu dem Telefon, wobei er seinen Weg sicherte, indem er fortwährend die Waffe auf die Schüler gerichtet hielt. Er reichte der Musiklehrerin das Handy. »Rangehen, aber kein falsches Wort. Sie haben Probe und möchten nicht gestört werden.«

Sie meldete sich und lauschte ein Weile. Dann hielt sie Katzer das Handy hin. »Herr Dr. Specht möchte Sie sprechen.«

Katzer riß ihr das Handy aus der Hand und starrte das Gerät ein paar Sekunden an. »Ja!« kläffte er schließlich in den Hörer.

Specht erklärte ihm am anderen Ende, daß Justus' Vater neben ihm stehe und Katzer ihn sprechen könne, wenn er wolle.

Katzer wartete. Jetzt war es soweit. Als Sternberg das Handy übernommen hatte, stellte Katzer sich dessen Gesicht vor: angstverzerrt, kurz vor dem Tränenausbruch. Er machte es kurz. »Sie haben mitgekriegt, daß Ihr Kleiner bei uns ist. Er fühlt sich nicht sehr wohl. Im Tausch gegen Ihr Herzblättchen schlage ich vor: eine Million, bar, innerhalb von zwei Stunden, Fluchtauto vollgetankt, keine Polizei, keine Tricks. Sie wissen, was sonst hier passiert.«

Zufrieden beendete er das Gespräch. Das Handy steckte er in die Tasche.

Kaum hatte Katzer seine Forderungen am Telefon geäußert, krümmte sich Amanda zusammen und wimmerte. Sie hatte schreckliche Unterleibsschmerzen, so, als habe es in ihrem Bauch einen Riß gegeben. »Mir geht es nicht gut, Herr Katzer«, brachte sie mühsam hervor.

»Mir auch nicht«, gab er böse zurück.

Sie fing an zu weinen. »Ich glaube, ich blute . . .«

»Wenn du hier zu jammern anfängst«, blaffte er sie noch gereizter an, »bist du die erste, der ich das Maul stopfe!«

Lucy nahm Amanda in den Arm. »Amanda ist schwanger, Herr Katzer. Sie sollten Sie gehen lassen, bitte«, bettelte sie.

Katzer lachte geringschätzig. Schwanger! Entweder tischten die ihm hier Lügen auf oder das war auch eines dieser Flittchen. Ob sie nun ein Kind bekam oder nicht, jetzt war sie hier. Hätte sie sich ja alles überlegen können, bevor sie mit dem Kerl in die Federn gestiegen war.

Sein Mund fühlte sich trocken und rauh an. Er hatte

seit Stunden nichts getrunken. Er hob die Pistole vor sein Gesicht und zielte lächelnd auf Franziska. Sie kauerte sich zusammen und senkte den Kopf. »Schätzchen, du darfst einen Ausflug machen«, sagte er. »Du gehst Herrn Katzer jetzt schön was zu trinken holen. Und zwar dalli, dalli. Und weißt du, was passiert, wenn dir einfallen sollte, nicht zurückzukommen? Dann ist deine Freundin da neben dir mausetot.«

Franziska brach vor der Aulatür in Tränen aus. Sie rannte halbblind zum Direktionspavillon. Wenn sie das heute früh gewußt hätte! Sie hatte diesem Verbrecher auch noch gezeigt, wo Justus war. Der war fähig, sie alle umzulegen.

Sie stürzte in den Pavillon. »Ich komme aus der Aula, Herr Specht. Katzer will was zu trinken. Ich glaube, er hat Fieber.«

Karin drückte das weinende Mädchen an sich. »Du bleibst natürlich bei uns, Franziska.«

Sie machte sich los und sah Karin Anselm mit schreckgeweiteten Augen an. »Das geht nicht. Wenn ich nicht zurückkomme, erschießt er Amanda! Gott, der geht es jetzt auch schon sehr schlecht.«

Constanze betrat den Pavillon, um Specht abzuholen. Sie war schon spät dran. Sie sah Specht verständnislos an, als der sie nicht einmal begrüßte. »Du weißt, wo wir in einer Stunde sein müssen? Eine halbe Stunde brauchen wir schon zum Umziehen. Oder willst du mich so heiraten?«

Sie zeigte auf ihren Arztkittel und wunderte sich über seine düstere Miene.

»Ich werde dich wahrscheinlich weder so noch anders heiraten«, entgegnete er.

»Was heißt das denn jetzt?«

»Wir haben eine Geiselnahme, Constanze. Von

Sternberg läßt gerade ein bißchen Kleingeld aus seinem Tresor holen.«

»Ja, und dann?« fragte sie erschrocken.

»Dann läßt Katzer hoffentlich alle wieder frei«, antwortete Karin Anselm.

Constanze ließ sich von Franziska erzählen, was in der Aula vor sich ging. Sie holte ihre Arzttasche aus dem Wagen und entschied; Franziska zu begleiten.

Auf dem Weg zur Aula ließ sie sich von der Schülerin die Einzelheiten schildern. Es bestand die Möglichkeit, daß Katzer eine Blutvergiftung hatte. Darauf ließ zumindestens das Fieber schließen, an dem er offensichtlich litt. Doch bevor sie ihm half, mußte sie sich dringend um Amanda kümmern. Eine Fehlgeburt und das unter solchen Umständen war nichts, was man einer jungen Frau zumuten konnte.

Sie klopften dreimal an der Aulatür. Katzer öffnete einen Spaltbreit und zerrte Franziska hinein.

Constanze stellte geistesgegenwärtig den Fuß in die Tür. »Ich bin Ärztin, Herr Katzer!«

»Oder Polizistin!« entgegnete er mißtrauisch.

Sie blieb gelassen. »Ich werde mich um Amanda Klug kümmern, der eine Fehlgeburt droht. Danach können Sie mich erschießen.« Sie schob ihren Fuß weiter in die Tür.

»Keinen Schritt weiter!« drohte Katzer.

»Ich kann verstehen, daß Sie gereizt sind, Katzer. Zumal es Ihnen auch nicht besonders gutgeht.« Mit einem Blick auf seinen Arm sagte sie: »Ich vermute eine Lymphangitis, verursacht durch den Schuß, den Sie abbekommen haben.«

»Los raus hier«, brüllte Katzer zu Amanda. »Raus, beide! Dann hört wenigstens das Gejammere auf.« Er knallte die Tür hinter Amanda und Constanze zu, schloß ab und steckte den Schlüssel wieder ein.

Franziska hielt ihm mit zitternder Hand das Glas Wasser hin. Er trank gierig und wischte sich mit dem Hemdsärmel den Schweiß von der Stirn. Er glühte. Vor seinen Augen tanzten rote Kreise, wenn die Schmerzattacken durch seinen Arm rasten.

Sunny beobachtete ihn genau. Lymphangitis hatte Constanze vorhin gesagt. Vielleicht war das eine Möglichkeit. »Ich habe im Krankenhaus gearbeitet, Herr Katzer«, meldete sie sich zu Wort. »Mit einer Lymphangitis, also einer Blutvergiftung, ist wirklich nicht zu spaßen.«

Da er nicht reagierte, stand sie vorsichtig auf. »Sie führt, wenn der rote Streifen die Lymphknoten passiert und das Herz erreicht hat, unweigerlich zum Tod.«

Katzer starrte sie benommen an. »Willst du mir 'nen Vortrag halten?«

Sunny bewegte sich weiter auf ihn zu. Sie schüttelte den Kopf. »Ich will Ihnen helfen, Herr Katzer und gern mal nachsehen.«

Mißtrauisch hob Katzer den Kopf. »Was denn nachsehen?«

»Wie weit der rote Strich schon gewandert ist«, erklärte Sunny.

Katzers Schmerzen kamen jetzt nicht mehr nur in Schüben, sie quälten ihn permanent. Sein ganzer Körper brannte wie Feuer. Die Wunde muß schlimmer sein als offene Pestbeulen, dachte er. Soll sie meinetwegen nachsehen. Ich kann ihr immer noch eins überziehen, wenn sie dreist wird.

Sunny stand jetzt neben ihm. »Falls es ganz schlimm ist, können wir die Ärztin zurückrufen. Ja?«

Katzer nickte benommen.

Sunny zeigte auf seine Hemdknöpfe. »Das müssen Sie aufknöpfen und die Schulter freimachen.«

Mit verkrampften Fingern, die Pistole in der Hand öffnete Katzer sein Hemd. Sunny zog vorsichtig den Stoff beiseite und sah sich die Wunde an.

»Es sieht böse aus, Katzer«, murmelte sie so leise, daß die anderen sie nicht hören konnten. So hoffte sie, Katzers Vertrauen zu gewinnen.

Er wandte ihr das Gesicht zu und fragte: »Was heißt das?«

Sunny fuhr mit halbgeschlossener Hand langsam von seiner Schulter in Richtung Herz. Sie erklärte ihm alles fachmännisch wie eine Krankenschwester. »Vom Sepsisherd, also der Wunde, verläuft der Strich über die Schulter Richtung Herz. Dauert keine Stunde mehr, Katzer.«

»Und dann?«

Sie hob die Schultern. »Exitus.«

Sternberg saß unterdessen mit Specht, Karin Anselm, Constanze und Blümchen im Pavillon. Er hatte seine Bank informiert und den Chauffeur losgeschickt, die Million Bargeld in kürzester Zeit herzubringen. In zehn Minuten lief Katzers Frist ab. Der Chauffeur war immer noch nicht da.

Sternberg hatte bereits mehrere Schnäpse getrunken. Entsprechend umgänglich war sein Gesprächston, trotz der angespannten Lage. »Ich darf gar nicht daran denken, Specht«, sagte er.

»Woran?«

»Daß mein Chauffeur es nicht schafft. Er ist eigentlich ein zuverlässiger Mann. Und vor allem pünktlich.«

»Vielleicht ist er mit dem Geld durchgebrannt. Bei einer Million läßt die Moral schon mal nach«, sagte Constanze etwas gereizt.

Sternberg schüttelte verzweifelt den Kopf. »Sie wissen, was das heißt? In zehn Minuten, so die Vereinbarung, wird mein Sohn exekutiert.«

Er trank einen Schluck und sah vor sich hin. »Das Schlimme ist, daß ich ihm nicht einmal sein kleines Lebensglück gegönnt habe.«

Karin Anselm unterbrach ihn. »Es ist noch viel schlimmer. Sie haben ihm seine große Liebe nicht gegönnt.«

Sternberg trank sein Glas leer. »Daran werde ich ganz schön zu knabbern haben.« Er hielt Blümchen sein Glas hin. »Wenn Sie noch einen Rest für mich hätten . . .«

»Ich gebe Ihnen gern den Rest, Herr von Sternberg«, sagte Blümchen und nahm eine weitere Flasche aus ihrem Schreibtisch. Als sie eingießen wollte, nahm Sternberg ihr kurzerhand die ganze Flasche weg.

Das Telefon klingelte. Specht meldete sich und sah Constanze bedeutungsvoll an. »Ja, sag ich ihr, Sunny. Danke.«

Er legte den Hörer auf. »Katzer braucht ärztliche Hilfe, Constanze.«

Sie sprang auf und sah nach, ob alles, was sie brauchte, in der Arzttasche war. Specht hielt ihr die Tür auf. »Viel Glück!«

Sunny öffnete der Ärztin die Tür. Katzer hatte ihr den Schlüssel in die Hand gedrückt, als Constanze geklopft hatte. Allen anderen hatte er zuvor durch einen weiteren Tobsuchtsanfall in Todesschrecken versetzt. Er zwang Sunny, sich neben ihn zu setzten, damit sie die Behandlung verfolgen konnte.

Constanze stellte ihre Tasche auf einen Stuhl und zog eine Spritze auf. »In fünf Minuten ist alles vorbei«, beruhigte sie ihn.

»Was heißt das?« fragte Katzer mißtrauisch. Er beobachtete jeden ihrer Handgriffe mit äußerstem Argwohn.

»Daß die Gefahr gebannt ist und Sie keine Schmerzen mehr haben werden.« Sie desinfizierte die Einstichstelle. »Tief einatmen, Katzer!«

Er holte, die Pistole in der Hand, tief Luft und zuckte leicht zusammen, als die Nadel die Haut durchdrang. Constanze spritzte ruhig und drückte den Wattebausch auf den Einstich. »Festhalten!«

Katzer drückte den Daumen auf die Einstichstelle und starrte darauf, als müsse er im nächsten Moment gesund sein.

»Bleiben Sie jetzt einfach zehn Minuten ruhig sitzen und denken Sie darüber nach, was Sie im Leben alles falsch gemacht haben«, riet Constanze ihm und steckte ihre Instrumente wieder in die Arzttasche.

Die Schüler und Vroni Seelig blickten gebannt auf Katzer. Keiner wagte es, sich auch nur zu räuspern. Alle wußten, daß Constanze Engel etwas unternommen hatte, um ihnen zu helfen. Wenn es ihr nicht gelang, ihn außer Gefecht zu setzen, konnte das für alle übel enden.

Katzers Kopf fiel plötzlich zur Seite. Alle starrten ihn mit offenen Mündern an. Constanze wartete noch drei, vier Sekunden, dann nahm sie ihm die Pistole aus der Hand und ließ sie in ihre Tasche gleiten.

Katzer, offenbar in tiefster Bewußtlosigkeit, kippte langsam, wie in Zeitlupe, vom Stuhl.

Die Musiklehrerin stand mit den Mädchen und Jungen auf. Immer noch vorsichtig, näherten sie sich der schlafenden Bestie nur bis auf Schrittweite. »Was haben Sie mit ihm gemacht?« flüsterte Evchen.

»Erste Hilfe«, antwortete Constanze. »Ihr könnt Sternberg beruhigen.«

»Ich finde«, sagte Specht im geschmückten Hochzeitsauto zu seiner Braut, »Böck könnte uns allen den Rest des Schuljahres erlassen. Sind ja eh bloß noch ein paar Tage.«

»Aha, du willst also die Flitterwochen alleine antreten, schließlich habe ich noch keinen Urlaub. Das fängt ja gut an.« Constanze tat entrüstet.

Sie lachten beide, grenzenlos erleichtert. Hinter ihnen fuhr die ganze Schar ihrer Gäste. Fast alle Schüler und Lehrer waren auch dabei. Alle spielten die verrücktesten Rhythmen auf ihren Hupen, sangen und jubelten aus Freude über die Hochzeit. Und ganz sicher waren sie noch ausgelassener, weil sie soeben eine lebensgefährliche Situation unbeschadet überstanden hatten.

Pia Kleinholz, Fräulein Lydia, Spechts Vater Alfons und der ehemalige Priester Bonifaz erwarteten die Gesellschaft vor dem Bauernhof.

Fräulein Lydia kreischte vor Freude, als sie die scheppernden Dosen und das Hupkonzert hörte. Sie war kaum zu halten. Als Specht ausstieg, lief sie auf ihn zu und zeigte mit glänzenden Augen auf die im Sonnenschein blinkenden Dosen.

Alfons Specht umarmte seinen Sohn. »Gratulieren kann man dir ja immer noch nicht, mein Sohn«, meinte er ein bißchen enttäuscht.

»Wäre ein bißchen verfrüht, Vater. Aber du kannst mich doch zu meiner Braut beglückwünschen«, tröstete er ihn. »Sie gefällt dir hoffentlich?«

Pia umarmte Constanze und küßte sie herzlich auf beide Wangen. Sie wandte sich an Specht. »Sie können Ihrem Vater auch gleich gratulieren.«

Alle Gäste sahen Spechts Stiefmutter erstaunt an. Was konnte sie meinen?

»Ich habe soeben beschlossen, es noch einmal mit

ihm zu versuchen. Aber fast bedauere ich es schon wieder.« Sie warf ihrem Ehemann einen liebevollen Blick zu. Es war auf Dauer nicht mitanzusehen, wie der Mann litt, wenn sie ihn links liegen ließ.

Specht grinste seinen Vater an. »Was sagst denn du dazu?«

Alfons hob irritiert die Hände. »Trifft mich ein bißchen unvorbereitet. Ich weiß jetzt nicht mal, wem ich die Blumen überreichen soll ...«

»Der Braut natürlich«, sagte Pia und schob ihn in Constanzes Richtung.

Alfons machte eine Verbeugung vor der Braut. Er reichte ihr artig die Blumen. »Gnädige Frau ... »

»Danke, Herr Specht.« Constanze küßte ihn auf die Wangen. »Ich weiß, daß Sie ein bißchen enttäuscht sind, weil Ihr Sohn noch immer nicht wieder unter der Haube ist ...«

»Vielleicht kann Hochwürden Bonifaz euch den Segen erteilen«, schlug Sunny vor.

Bonifaz lehnte freundlich ab. »Privat schon, Sunny, aber nicht mehr amtlich.«

Sternberg bahnte sich einen Weg durch die Gästeschar. Er war schon recht angetrunken und blieb leicht schwankend vor dem Brautpaar stehen. Er hielt Specht einen schweren Metallkoffer hin. »Bevor die Nottrauung vollzogen wird, möchte ich mich erleichtern. Hier! Das Lösegeld! Eine Million. Können Sie als Schulgeld verwenden.«

»Dafür bin ich nicht der richtige Ansprechpartner, Herr von Sternberg.« Specht schüttelte den Kopf. Was für ein wunderlicher Kauz, dachte er. Verschenkt glatt eine Million, weil er sie gerade dabei hat.

»Wer dann?« fragte Sternberg.

»Frau Anselm.«

Sternberg trat zu Karin Anselm und überreichte ihr

das Geld. Sie nahm den Koffer und stellte ihn gleich wieder ab. Eine Million Mark waren gar nicht so leicht zu tragen. Sie bedankte sich bei Justus' Vater und hängte sich bei ihm ein. »Wissen Sie, die Million wird mich sicher darüber hinwegtrösten, daß ich Schuldirektorin geworden bin ... Andererseits: Eine Schule ohne Specht mag ich mir gar nicht vorstellen.«

»Das geht uns allen genauso«, pflichtete Evchen ihr bei.

Sternberg trat zu Evchen und genehmigte sich einen Schluck aus seinem Flachmann. »Zweitens«, sagte er, »möchte ich die Verlobung meines Sohnes mit Evchen Lamprecht bekannt geben.«

»Hoffentlich bereuen Sie das nicht, Herr von Sternberg«, sagte Specht skeptisch.

Sternberg lachte.

»Sie meinen, nüchtern betrachtet, könnte ich meine Entscheidungen rückgängig machen?« Er schwenkte seine Flasche und sah sie dann zärtlich an, wie die Fotografie eines geliebten Menschen. Er drückte einen Kuß auf sie. »Passiert nicht«, versprach er allen Anwesenden. »Ich meine, daß ich noch mal nüchtern werde.«

Justus' Vater drehte sich mit strengem Gesicht zu Evchen und seinem Sohn um. Beide sahen ihn erschrocken an, auf alles gefaßt.

»Bitte, sich zu küssen! Auch Sie, Specht!« befahl er im Generalston.

Sunny hielt Sternberg einen Eimer mit Konfetti hin. Sternberg nahm eine Handvoll und warf es sich selbst übers Haupt.

Constanze und Specht, Evchen und Justus sahen sich zärtlich in die Augen.

Fräulein Lydia war inzwischen bei Felix gelandet. Der hatte sie huckepack genommen, damit sie die jubelnden Gäste und die beiden Paare gut sehen konnte. Sie beobachtete genau, wie die Paare sich küßten, beugte sich zu Felix Ohr und gab ihm einen dicken Kuß. »Lydia heiratet Felix«, sagte sie und hielt ihn ganz fest an den Haaren.

ENDE

Von einer dunklen Verheißung geleitet, begeben sich Roç und Yeza, die Erben des sagenumwobenen Gralsgeschlechts, auf eine gefahrvolle Reise. Sie führt die beiden Liebenden aus den dunklen Wäldern Okzitaniens, wo die Scheiterhaufen der Inquisition brennen, zum Tempel von Jerusalem, der seit der Eroberung durch die Kreuzfahrer in Trümmern liegt. Dort soll sich das Schicksal der beiden jungen Menschen erfüllen, die von einem mächtigen Geheimbund ausersehen sind, Päpsten, Kaisern und Königen zu trotzen und der Welt den Frieden zu bringen. Doch die Mission des Königlichen Paares droht zu scheitern, denn dunkle Mächte entsenden ihre Spione und Häscher, und ein schwarzer Kelch kreuzt immer wieder unheilvoll ihren Weg...

ISBN 3-404-14262-4

BASTEI
LÜBBE